·主编寄语·

20世纪初，当茅以升先生在美国加州理工学院读到泰罗的《科学管理原理》（F.W.Taylor，1911）时，“管理”还只是象牙塔尖里的学问。今天，时隔不到百年，它已经成为人们使用最多的一个词汇了。而且，人们还把管理同技术一起并称为推动经济增长的“两个车轮”。更重要的是，在跨国界、跨文化的研究中，人们发现，国家间在经济发展上的差距并非只是由于技术的原因，而更可能是管理或其他因素出了问题。为此，第二次世界大战结束后，在欧洲大陆还曾展开过一场激烈的论战：欧洲的科学技术并不比美国落后，可经济发展为什么落在美国后面？于是，人们试图从比较研究的视角去“揭示工业增长过程与管理间的密切联系”，并形成了比较管理分析的最初范式，其代表作就是《工业世界的管理：国际分析》（F.Harbison和A.Meyers，1959），由此正式拉开了比较管理分析的序幕。美国纽约大学在1970年举办的比较管理学学术研讨会，被认为是比较管理学形成的重要标志。比较管理研究初期的特点是注重建立概念体系、分析框架，探讨管理是否具有可移植性，而20世纪80年代出现的“管理新潮流的四重奏”则采用案例研究方法比较日美企业管理的异同，更具有实证性特点。90年代以后，“硅谷模式”举世瞩目，比较研究的论著层出不穷，从最初的文化比较（AnnaL-eeSaxenian，1994）到后来的比较制度分析（Masahiko Aoki，1999），研究不断深入，越来越深刻、精细。这期间，福山先生的专著《信任——社会美德与创造经济繁荣》（Francis Fukuyama，1995）研究了信任结构与企业模式的关系，令人耳目一新，堪称比较文化管理研究的典范。

尽管比较管理研究的历史还相当短暂，但学者们的研究话题几乎涉及这一领域的各个方面：一国的管理特别是企业管理的方式和特点是什么？各国的企业管理有无异同优劣之分？影响各国企业管理的因素究竟有哪些？各国企业管理方式根植于何种不同的背景和环境？经历了怎样的演化过程？管理方式与经济发展究竟是什么关系？各国的企业管理方式之间是否具有可选择性、可移植性和互补性？是否存在特定的比较管理分析框架、范式和方法？无论从哪个角度观察和评价，这些问题的研究都还远远没有完成，更何况实践仍在发展着。因此，从比较研究的视角，用比较分析的方法去解读管理特别是企业管理问题，就成为我们创办《比较管理》的初衷，也是这本杂志所追求的特色。不知是机缘还是天意，它竟然是目前国内第一本专门立足于比较管理研究的学术刊物！因此，究竟如何迈步、走向何方，不仅要靠我们自己的努力，更有赖于作者和读者们的智慧。我们会竭尽全力，力图形成自己特定的分析范式、专业话语、品位和风格，同时又符合国际通行的学术规范，成为管理学界的一流刊物。因此，我们不仅突出其学术性、前瞻性，更注重其现实性，使其成为管理学领域解读“真实世界”的一个窗口。

《比较管理》的创办得到了国家自然科学基金委员会管理学部的悉心指导，以及清华大学、北京大学、中国人民大学、浙江大学、南京大学、中山大学、武汉大学、南开大学、大连理工大学、成都电子科技大学、山东大学、东北大学、汕头大学、北京交通大学、东北财经大学、西南财经大学、西北大学、南京工业大学、南京理工大学、重庆工商大学、江西财经大学、首都经济贸易大学以及辽宁大学等院校（还有许多院校，恕不一一列举）的同行专家及管理学院院长们的大力支持，中国企业管理研究会和经济管理出版社更是鼎力相助，我们非常欣慰，倍受鼓舞，在此一并表示谢意。

正值谷雨时节，绵绵春雨，处处新绿，启窗送目，气爽神怡，于不经意间发现，一粒种子已然植入土中……

高闯

比较管理

Comparative Management

蒋一苇企业改革与发展学术基金资助
全国MBA教育指导委员会指导性刊物

2011年第3卷第1期
（总5期）

目 录

学术演讲精粹

创新管理

公司治理

研究范式与方法

Contents

2011 年 1 月
第 1 期

比 较 管 理
Comparative Management

Jan., 2011
No. 1

【学术演讲精粹】

从多维视角看管理与领导研究

席酉民

大家早上好，可以说我在比较管理方面没有作太多的研究，只是在实践中，经常比较不同的管理方式，所以今天更多是从管理理论与管理实践的比较、实践中东方管理模式和西方管理模式的比较两个方面来谈比较管理研究，希望为比较管理研究提供一些案例。

一、管理理论和管理实践的比较

比较管理研究的核心是比较，我认为更多是跨国、跨文化和跨情景的管理比较，实际上，这里还有另外一种比较——理论和实践之间的比较，大家都知道，在管理研究中经常会看到很多问题，理论家所谈的问题和实践家所谈的问题之间有很大的不同。明茨伯格先生认为“管理的教学和研究者经常在山的一侧，而管理的实践者在山的另外一侧，等到两个队伍都走到山顶时，才发现管理原来是一回事儿。”这很遗憾，我们在爬山的时候，都是各爬各的山，管理实践中存在一大堆的管理问题，而管理学者有一大堆理论用不到实践中去。

1. 基于情景的视角进行管理的比较

我们有东方的情景和西方的情景，这两种情景区别很大，所以产生了很多问题。东西方背景下的管理、领导和实践的不同，导致了西方管理研究者和东方管理研究者也存在着很大的不同。西方管理研究者看世界时，运用逻辑和分析哲学的方法；东方管理研究者经常运用整体论中的方法分析。

那么，西方管理实践者和东方管理实践者也不相同。我印象很深的是：刚到西交利物浦大学上班时的某一天，突然一个教授气冲冲地闯进我的办公室，就说“Professor Xi，我知道不应该进你的办公室，但是我遇到一个麻烦。因为我知道中国的文化，在中国做事儿很难从底下朝上做事儿，很容易从上朝下做事儿，所以我就直接来找你说明情况”。It is easy from top to down，it is difficult from bottom to up，这是他的感觉。后来我问他什么事儿，他说学校可以用 IT 来支持办公室的更换，若换办公室，电话不用更换只是把电话号码进行调整即可，但由于 IT 工作人员是中国人，中国人就对他讲“我一会儿就给你换好”，这样他就把这句话理解为西方语境中的 few minutes，但是在中国文化下，“一会儿”可能表示一小时、一天，也可能表示两天。他是中午 11 点向 IT 人员反映的情况，结果到 12 点还没换好，他很恼火，就打电话过去，然后那个人还跟他说等“一会儿”，到了下午 1 点钟，他已经气得不得了了，才跑到我的办公室去说“为什么两个小时过去了还没换好”。从这个案例可以看出东西方在管理的情景、文化和理念方面都不相同。

2. 基于管理方法论视角进行比较管理研究

近几年来，在管理学研究中，徐淑英教授归纳出一套朴实的、中国情景的、中国专用的研究理论，但实际上管理的差异不仅仅来源于情景的不同，更多是由于管理者具有不同的分析视角和思维方式，有时后者是起绝对作用的，这样就不能只将情景作为调节变量，但是我们有很多做实证研究的学者恰恰忽视了这个问题。我举一个很简单的例子，比如中国的大学把学生看做孩子，学校对学生的一切负责，由于最近社会上发生了一些事情，学生产生不稳定的情绪，致使大学校长一天要开好几个会，我昨天刚从国内一所著名的大学出来，他们说一天开三个会，并且一些会经常半夜十二点钟开以此表示对这些问题的重视；那么西方人怎么看学生的？学生是成人，学校是给学生提供服务的，学生和学校间的关系就是消费者和服务员间的关系，学生对自己的学习生活负责，学校只负责提供课程，对学习效果的好坏不承担责任。上述案例就说明管理的不同不仅是由于情景不同而已，更多的是管理的分析视角和思维方式造成的，在做实证分析时只考虑一个情景变量是不对的。

通过管理方法论分析比较管理问题，如中国大学校长管理方式和西方大学校长管理方式的比较。西方大学校长经费较少，他们的预算经常被砍掉20%~30%，而中国大学校长的经费很多。中国大学校长比西方大学校长累，因为他们对管理对象的看法和观点是不同的，西方认为学生是消费者，学校和学生只是合同关系，当学生家长找校长了解学生的学习情况，校长可以拒绝，因为校长和家长之间没有合同关系，可以认为谈话是非法的，只能找学生谈；在中国，家长、社会统统都可以找校长来谈，这是校长的责任。

3. 管理实践和管理理论的比较研究

从这点来看，我现在在英国兼任大学副校长，了解一些国外的管理实践，而且在此之前也积累了一定的中国管理实践经验，所以我既有管理实践，又对管理理论有所研究；既是理论研究者，又是一个实践者；既对西方管理有所了解，又对中国管理有所了解，在山的两边都跑，对山看得更清楚一点，所以谈一点自己的想法。

我把管理研究区分为学者型和实践型。在座的各位大部分都是学者型，也有一部分实践家，在实践岗位里工作的学者，他们在看待管理学的观点是完全不同的，例如，明茨伯格就是偏学者型，德鲁克更应该是偏向实践的。

（1）从管理实践角度去看管理和领导。实际上，从实践中去看领导和管理时，有很多问题是难以研究的，比如说领导，我们经常会问什么样的管理，什么样的领导才是好领导。我认为首先要问的是领导是否清楚自己的任务，能否清晰地表达自己的看法。我经常和企业界的人谈管理，经常会问他“你能否对TMT（高层管理团队）清晰地表达你的看法，你的员工是否明白，你的沟通怎么样，你的员工明白了，他是否愿意干，你的制度化怎么样，你的平台建设怎么样”等。当让员工干一件事儿的时候，一定要给员工一个理由——我为什么要让你干这件事情；当员工提出希望建议时，也要给领导一个理由——我为什么要支持你。领导的视野直接影响到制度的设计，如果员工愿意干，那么需要考虑员工有没有能力去干，有没有条件去干，这又是人力资源问题；公司制度运行过程是否具有应变性，即运行过程是否有序，实际上是应变和调控问题……。所以从管理实践的角度来看，一个管理的真正实现，每个环节都具有不确定性，每个环节的不确定性都会导致一个管理实践的失败。

（2）从管理理论角度来看管理和领导。如果将不确定性作为纵轴，时间作为横轴来研究人、人与人、小群体、大群体、组织科层制度，人与人之间的互动，人与机器的互动，组织的行为结构和位置因素等问题。我们发现在环境、战略、组织结构、制度运行机制和预期效果等方面都会产生差距，这都来自于不确定性。由于不确定性使得我们所有的理论构想和管理实践之间存在差距，在现实世界里，不确定性日益增加，我们处于不确定性的世界里面，便产生了管理研究和管理实践之间的差异问题。我在西安做了一个报告说“我们习惯说的居安思危，现在应该把它反过来，作为一个领导者应该居危思安”，领导者应该能够在危险的情景下保证相对稳定来实现目标，管理和领导最重要的是对不确定性的认知和控制。

我在西交利物浦大学的管理实践就是让这个组织（组织内进行分工协作，但实际上每个组织部位都不清楚归属于什么）有机地工作。若使每个部门的人都清晰知道自己是哪个部门的，如是人事部的，是总经理办公室的或者是财务部的等，但又都忘记了协调合作，单位内存在着大量的不协作、不协调。怎么让组织协调起来？我在实践中做了一套方法，先做情景分析，然后做 vision mission，接着是 straight，战略管理后要形成机制，机制要结合每一时期的主题，其包含有两个方面：一方面是制度和流程；另一方面是人文。人文是可以形成一种环境的，这刚好是我过去做的——和谐管理理论，然后进行耦合形成了一种运行平台，让所有人在平台上有效运作，领导就做协调和服务，这是我在西交利物浦这几年的一个实践。

4. 从管理实践和管理理论相结合中得到的启示

(1) 从理论来看实践，最大的感受有六点。

第一，懂不懂管理大不一样，懂管理理论的人做实践和不懂管理理论的人做实践不一样，最大的不一样就是有套路，懂管理理论的人在实践中会使用套路，我在中国的大学做了十年的副校长，在西交利物浦大学才做了几年，通过我对大学的思考，包括它的组织管理以及它文化和教育模式的形成，形成了一套体系。在我与国外大学校长交流后比较发现，他们虽然对教育也有很深的感悟，但是很难形成一套有机的体系，原因就是他们都不是管理学教授，我觉得学管理，懂管理理论的实践家会有体系、有套路地去做一些事情。

第二，理论给予了实践过程中思想的启示，不要指望管理理论对实践有多大的套用价值，实际上仅仅是一种启示。

第三，理论和技术对管理过程具有参考意义。

第四，实践经常比理论复杂，能够给予理论研究很多启示。

第五，管理永远随情景变化而不断变化，理论的指导可以促进其不断的提升。

第六，理论和经验相吻合时，会强化理论的指导作用，例如管理咨询和管理实践的结合，首先你要信任一个管理的理论，信任后可以从内心中和实践结合，发挥理论的指导作用；其次若不信任则就不会将理论与实践结合。

(2) 管理实践对理论研究的感悟和启示。

第一，大背景社会氛围影响重大决策，如果从领导和管理的角度来讲，不论做什么研究，一定不能忽视研究对象（或现象）所处的大背景和社会氛围，特别是在做实证研究的时候不能简单抽取几个变量，而忽视了背景的现象。

第二，情景、情绪、某个突发事件给很多决策造成很大影响，但由于没有历史记录，我们在研究中经常忽视了这些特殊事件，比如说董事会重大决策，我们只能从董事会纪要里看到，而实际上有些重大决策的影响因素在纪要里面是看不出来的，可能是某个领导的一个眼神或一句话就有可能影响了这次重大决策。但是我看到国际上在研究中国文化时，做了大量的实证研究，最后得出的结论没有考虑关系在其中的影响作用，也就是说文化的调查问卷包含许多方面，但实际上忽视了本质东西。

第三，人际关系和亲情会影响管理行为，比如说熟人和陌生人不一样。在理性的西方社会里面，“business is business”，但也存在相似现象，只是说中国在这点上影响更大。

第四，个人认知、个性、阅历会影响管理的决策。

第五，即时启示和理论分析会影响判断和决策。即时启示就是本来你已经想好怎么做了，突然有人跟你说了一句话，这句话就可能影响你的决策，影响走的路线，可能走上不同的道路，这在理论研究上经常是看不到的。

第六，管理的规律和特征可从个性、行为方式长时间地在实践中去观察。这对我们管理研究，特别是比较管理研究提出了一个挑战，不能简单地以一个时间的断面去分析，它忽视了很多的东西。

二、东方管理和西方管理的比较

实际上东西方管理和领导的差异非常多，我结合这几年和外国人的接触，根据一些实践经验谈谈我的四点体会：

第一，西方管理是计划，东方管理是多变。比如说开董事会，英方和美方在一年前就商定，几月几日几点钟、开多长时间、在什么位置开会；对于中国人，有些重大的会议请西方的人来，他们会在两个星期前就问哪个领导参加，但是中国人不会告知，直到最后一刻他们才知道，这是因为中国领导只有在短期内才能确定自己的时间，我在当“863”专家时，短信发给你说明天开会，你就坐个飞机来了，西方人都说他们的事情都是半年前确定的，能不能半年前就把事情确定下来。在西方，时间是越早越容易确定，在东方是时间越晚越容易确定，这个现象说明了背后的一个文化差异。

第二，西方是清晰具体，东方是模糊笼统。很明显就是到当地办学，政府说以优惠价成本价给地建房子，西方人马上就问“什么叫做优惠，怎么算、每亩地多少、现在值多少，以后能卖多少”，都要写到合同里，通过律师过目和签字；东方人不会将合同写得很清楚，可以说但不能写，可以做但不能说，西方人认为既然不能说，怎么能敢做呢？但是，恰恰都是他不说到最后都做到了。西方人很不理解东方人总是将一个没有说出来没有写出来的东西拿出来说服他们。

第三，西方对责权利界定得非常清楚，东方是无限延伸。像大学与学生和父母之间的关系，东方社会里大学承担无限责任，出什么事儿都需要校长负责，所以为了不让学生出去把校门封起来；在西方式法理情，法是第一位的，理和人情都是在后面补充的，西方也讲人情，但是法是第一位的，中国人办什么事儿都是情第一，理是其次，最后没有办法才选择法的。

第四，西方重分析，东方重整体。西方经常分析哲学小题大做；中国人做事虎头蛇尾，总是从大地做。

这些区别是由于思维方式不同，并不是简单的情景问题。比如说研究领导，有荣耀领导如张瑞敏、柳传志等，还有一些领导已经退出了这个舞台如黄光裕等，这些领导有什么差别，这些领导和西方的领导有什么不同，他们是怎么样成为领导的，和员工之间是怎么互动的，管理在西方的运用有什么不一样，受文化什么影响，是如何被社会塑造的，又是如何选择组织方向和战略结构的，这些实际上你现在无法用传统的教科书去回答，西方有很多文献去研究领导，20 世纪 80 年代每天平均有 5 篇领导方面的文献产生，到了 20 世纪 90 年代 10 篇，到 90 年代末期就有 2000 多领导的书，领导理论目不暇接，其中最重要的是跨文化、本土化的研究，要描述分析领导，只看中国的不行，只看西方的也不行，我们需要一个全新的思路来看，现有的理论都难以理解、深入、剖析和揭示这些行为区别，我们一定要考虑到文化的差异、情景的差异，包括思维方式的差异才有可能找到在中国背景下可以使用的新范式。

在比较研究中，中国的情景有什么可以关注的呢？比如先有大情景，如社会转型、经济转型、文化转型，管理学家很难把这个事情讲清楚，所以需要去了解历史学家怎么看、经济学家怎么看、社会学家怎么看，对这个情景有深入认识后才能上升为理论；小情景也有很多，当然也都不是非常小的情景，大多是我们周围生活的情景，但不是抽象出来的情景，单靠实证得到的情景是不能完全刻画的，需要可见可查的组织真相，即组织中真正能发挥作用的规则和机制，而不是被测量出来的组织表象或漂亮的文本，有时我们从漂亮的文本中得不到真实的东西，就像我们很多成功的企业总结的经验一样广为传说，实际上那些都是事后诸葛亮，当时并不是那样形成的，只是回过头来说时，领导才把自己的过程说得非常伟大和聪明，实际上是演化或是演化与实际共同做出来的。像徐淑英对情景量化的情况下得出情景对于中国管理的作用很大，但是我们关注的不是简单的、类似文本的那种情景，更多关注的是嵌入性的、隐含知识的有些是需要现场参与的、实践的、用于洞察反思的、只有观察才有可能揭示出来的情景来得出关于领导的理论研究。

解读领导问题有很多困难的地方，特别是在中国情景下，比如说中国是捂在盖子里的社会，总是言行不一，就算跟领导人访谈也不见得是真实的，经常把不好的掩盖，同时将好的放大，那么得到的理论肯定是假的，领导自身依然也说不清楚，领导有时缺乏记录，我要从比较的角度上去理解领导人。

实际上，解读中国体制改革上也有许多问题，比如说领导的冒险精神和创新行为受市场机制的激发，并受旧体制和机制的约束，领导的认知行为受一系列重大事件的影响，还受传统文化和地方性亚文化的影响，如领导方式体现出东方文化的烙印，不同地方的领导，具有不同的地方烙印，例如在选拔干部时主要参考德能勤绩良，其中德是第一位的。

我们常用西方理论套用于中国实践，西方理论也有自身问题，其理论和时间也有隔膜，现在更多的是跟踪型的研究西方理论，忽视了中国的很多复杂的状态，在这个情况下需要一种新的范式，大家可以看到实证研究分为四个层次，测量、观测、猜想、验证；有四个层面，变量层、情景层、基质层、真理层；包括实证主义的研究历程，现实主义的研究历程，后现代主义的研究历程。有很多是真理无法揭示的，需要用新的范式去解释，需要挑战实证主义，比如还原主义曾遭受过动态复杂主义的挑战，有些情景铺设和情景导向在深邃复杂的管理问题面前总显得苍白无力，管理研究的普适性受到质疑，所以在管理研究中不得不去思考管理现实，其不仅有人的设计还具有共同演化的特点。最后一点就是领导和管理研究需要历史和现象导向，需要历史和情景依赖，研究方法论需要多元化，需要总体论，既见树木又见山林，需要关注主题、关注人物、关注事件。

三、结　论

谈一下我的结论：研究范式要来源于实践，要从实践中去发现问题，通过观察，反思和实地研究问题，然后通过规范、案例、仿真和实验，再回到实践中去学习和深化，这样才能形成一个完整的研究。

综合得出，好实践是有理论的实践，好理论是有实践的理论，好研究是历史互动的研究，好方法是种多元范式。这就是我今天要和大家分享的东西，谢谢大家！

（郭斌根据录音整理，未经本人审阅）

【学术演讲精粹】

管理层次论

于立

所谓的管理层次论的论纲是一个纲领性的东西，严格意义上不是一篇严谨的学术论文，主要是一些思想或者借鉴的各个方面的比较，主要目的在于能够提供学术研究的一些启示。

一、管理层次论概述

管理层次论借鉴的是马斯洛的“需求层次论”。“需求层次论”是管理学界的一个普遍理论，它从低到高可以划分为五种需求（后来曾演变成六种需求等）。马斯洛的需求层次理论主要研究员工需求，进而研究如何对员工进行激励约束。但对管理者而言，不应只局限于马斯洛需求层次论的本身内容，而应该更深层次地探寻需求层次理论新的启示，包括对社会问题的关注、对管理者需求的关注。根据需求层次论的思想和观点，进行激励的同时，更重要的还需要进行约束，从两个方面入手，这是需求层次论的基本思路，即需求层次论的逐次。

对应需求层次论，管理层次论可以分为三层：低层、中层、高层。此三层对应着四项基本职能，即管事、用人、建制及立言。

第一，管事。具体做事、亲自指挥，大体上相当于车间主任或办公室主任层次，相当于管家。

第二，用人。不再直接做事、管事，而是用人去做事、管事，侧重于用人、选人、管人，这一层次相当于将才。

第三，建制。处于管事与用人的中间层次，不侧重用人或管事，而是用规章制度去用人、管事，是一种新的层次。大多数企业的经理，或者组织部门的领导，包括国家领导人属于该层次。

第四，立言。这是一个高级层次，即很多人向往的立功、立德、立言。立功容易，立德也容易，做点儿事就能立功，不贪不占就能立德，但立言比较难。问题不是不想立，很多人想立，但立不住。尤其按照老子的《道德经》，“行不言之教，处无为之事”的方式指导建制、用人、管事就更难。中国比较典型的人物“无冕之王”邓小平可以归属于此层次。

二、管理层次论体系

管理层次论分成三个层次、四项职能，由低到高。这种划分不一定是严格意义上的非常离散，可以是连续性的，也可以是含义比较模糊的。但从低到高，对应着此三层次或四个职能可以依次划分成多个方面，即管理层次论分论。

1. 分论的基本关系认识

管理层次论分论中最基本的有普适与例外、柔与刚、情商与智商三对关系。其他的关系大体上可以认为是次生的，即所谓一生二，二生三，三生万物，属于万物层次。如此，假如用直角坐标系表示，纵坐标代表管理层次由低到高的四种职能，横坐标则表示各种对应关系；同样也可以借用数学上的微分求导思维，大体上相当于求取偏微分或偏导数，即找到每一层次所对应一对变量与某个变量之间的关系，并通过偏微或偏导找出其相关关系。在此，强调的是双向思维，而不是单独一项，比如单拿情商或者智商比较与管理层次的关系，只能是单向思维。按照中国传统文化，阴阳学说讨论的都是一对关系。正如看待太极图一样，通过一对的关系来研究它们之间的相关关系，中华文化也是比较文化的特点。

2. 相关概念区分

研究管理层次论分论，必须区分三个重要概念：组织层级、治理结构、管理层次。区分于现代流行的说法对其进行重新定义：组织层级就是一层一层的组织关系，如中央政府—地方政府—县乡—村等或者是企业母公司—子公司—孙公司—孙孙公司乃至十几层子公司等。严格起来，分公司不算一个层级，只能算是一个附属机构，没有独立的法人地位。治理结构就是在纵向层级的每一个横向层次上，出现一个软机构和一个硬机构，即一般所谓的董事会和经理班子，或者人民代表大会或其常设机构—人大常委会与市长和省长的关系。这个定义是比较狭义的治理结构，与公司治理结构的概念有点儿相近。如图 1 所示，圆圈代表软机构即董事会，三角形（或所谓金字塔）相当于命令层级代表经理班子，圆圈和经理班子的组合就是管理体制下治理结构的特征，如果两者全部组合，代表内部人员全部进入董事会；若完全分离，则表示内部执行人员一个也不进入董事会。管理层次是指在每一个管理层级中存在一刚一柔两个配套的班子，其中经理班子所存在的行政层级。比如总经理、副总经理、部门经理到车间主任一直到下边，如此层次。

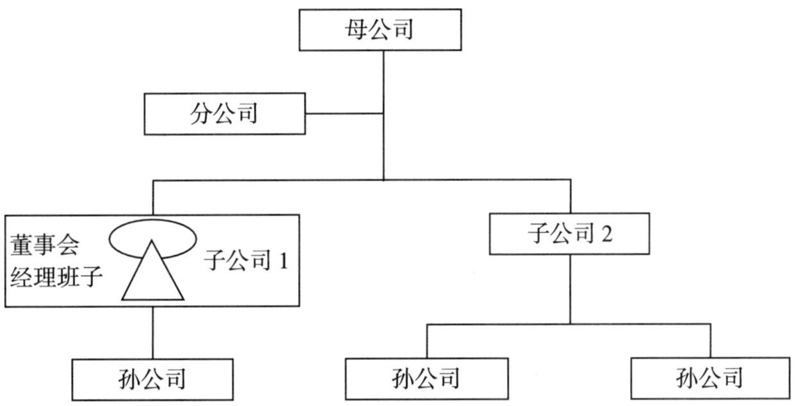

图 1　组织层级、治理结构与管理层次关系图

组织层级又可称作整体纵向，就是指一个组织中如中央政府或者一个集团，从上到下所有的层级关系。相对应，单级横向，即指治理结构，如在一个同平面的层次上，横向配套一软一硬两个组织。管理层次下，称作局部纵向，就是在一个具体的经理班子内部或者具体的市政府内部、具体的省政府内部所形成的管理层级。用这三个概念，可以用来研究总的管理层次论基本思想。

3. 管理层次论的管理原则

管理层次有低层、中层、高层三个层次，其中建制和用人属于中层，立言属高层，管事属低层（见图 2）。对一个单级横向的治理结构，一般可以采用一软一硬的配套组织，方式上柔管大事，软硬兼施。所以对于一个组织机构不能只注重一个方面，要同时兼顾软的机构和硬的机构，即所谓治理结构。例如董事会实行议决制，少数服从多数，即探讨机制；经理班子实行层级制，上下服从，下级服从上级，副职服从正职。董事会没有层级关系，董事会向股东负责，经理班子向董事会负责。董事会没有管理层次，经理层有管理层次。董事会成员包括董事长开会时，都是一票的权利（德国的公司董事长特殊情况下有投两票的权利，但其本身也不表示一个管理层次的概念），包括人大常委会也是如此。董事会管例外，管大事，经理班子管普适，管日常事务。研究发现，一刚一柔，议决制和层级制符合管理规律，柔管大事，硬机构管小事，亦符合道家文化。

（1）管理层的层次特点。组织层级是整体纵向，从上至下纵向层级结构，对于每一层级应该各行其是。例如对于省、地这一级概念，有些事情在上下分级中不一定全部服从中央，要向本地的人民代表大会负责，包括向当地的党代会负责。完全向中央、向全体全国负责，则失去本地人

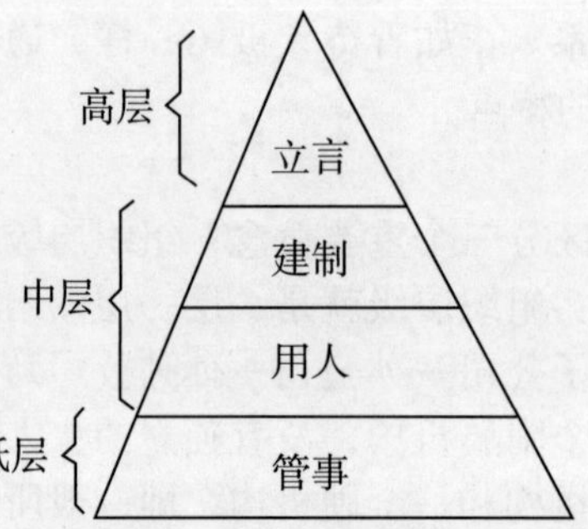

图 2　管理层次论图

民代表大会的作用。或如子公司一级，也不一定全部事项都向母公司负责，要各行其是。尤其是在中国目前体制下，更应该强调上下协调、各行其是。对于治理结构这个层次，应秉持“单级横向、一软一硬”原则。委员会实行少数服从多数，没有管理层次，而经理层实行下级服从上级，副职服从正职。管理层次是局部纵横，其机构运营机制称“令行禁止”，属行政层次。

如此三套机构，总的原则是“柔管大事，色字当先”，其中“色字当先”与“色戒”的“色”道理基本上一样。“柔管大事”非常有效，讲求以柔克刚、水滴石穿，而不是硬碰硬，而小事则可以由硬的机构管。“柔管大事”是总的原则之一，“色字当先”是另一原则。“色与戒”是一个永恒的主题，按照阴阳学说，有色有戒，有戒必有色，例如感情与理性、激励与约束、追求利润与社会责任、解放思想与坚持原则、部分先富与共同富裕、例外与普适、效率与公平、特色与规范等，都是色与戒的关系。如此还可以划分很多，从中可以找出治理的规律即“色字当先”治理。例如我国讲“效率优先兼顾公平”，这一原则在当时甚至到现在仍然可能符合中国特色（现在也出现了贫富差距过大的一些问题，那是另外问题）。“色字当先”对高层一般是重色，而对老百姓一般讲求平均。高层重色，百姓重戒，是普遍规律。

（2）领导层的层次特点。领导者的层次特点，应用老子的一句话可以概括之：“太上不知有之，其次亲而誉之，其次畏之，其次侮之。”（《老子·十七章》）

4. 管理原则创新

对比上述分析，笔者提出一个全新视角的管理原则：“因能设职，按功付酬。”具体上，对于特殊人物，具有特殊企业管理作用的人物，包括党和机关重要人物，对这些重要人物要根据潜能安排职位，而不应以“他现在做了什么，现在怎么样”来决定其职位。例如中国管理界杰出人物李维安教授的职位安排就应属于此原则，不必经过副校长的台阶，可以直接当校长，如此比较合适，符合因能设职的原则。确定职位后则按照贡献确定薪酬，房子、车、工资等均按照贡献确定，这与赵匡胤的“杯酒释兵权”及邓小平同志后来设的顾问委员会，道理上是一致的。位置让出来，待遇提高，按贡献确定薪酬，但重要的首先是按潜能安排职位，不是按台阶走。对企业包括对党政重要岗位的特殊人物应该秉持此原则，但对于普通人该原则不适用。

三、管理层次论分论

管理层次论有总论，也相应存在分论。总论是“上虚下实”，管理层次越高越讲究虚，层次越低越讲究实。分论可以简单以彼得定理加以说明。管理学上，每个人隶属组织的某个层次。美国学者劳伦斯·彼得研究发现：人们总是趋向于晋升到其不称职的层次。此规律简称“彼得定理”。中国人上进心特别强，其实就是这个道理，如某人当处长好多年，他就会想为什么不让我当局长，我现在都快 57 岁了，以后没有机会了等。人们都是如此，但每个人都不知道自己到哪个层次为止才不适合，找不出上限。所以人们一般对自己估量过高，这是管理学上一个基本道理。所以当教授后想当校长，运动员想当体育主管等。我国组织机构、管理机构中还有一条根据贡献决定晋升以及台阶论等，实际上都受此思想影响。

1. 分论：情商与智商

“智商高”是担任高层职位的大碍，对管理部门，对组织部门是一个重要启示。古往今来，有很多的例子，智商高者做不了大事，但可以当科学家，而“中智商，高情商”为担任企业领导或者国家领导人的最佳人选。智商非常高只能当参谋，当副手，当科学家。一般意义上所说的“傻子”是低智商与高情商的组合，而所谓的“疯子”则是高智商与低情商的组合。

2. 分论：艺术与科学

艺术与科学，其本身很有特点。管理学既是科学性的又是艺术性的，课程有侧重艺术也有侧重科学的。案例教学是进行艺术教学比较好的办法，科学性的课程则可以安排大课，甚至看录像自学都可以，而艺术性的东西需要讨论。再者，从管理层次的效果论上讲，理解得好不在于教师教得好，而在于学生的领悟程度，例如，日常教学中，如果某个学生学了十八门课后觉着自己学的脑子很清楚，包括概念等都很清楚，则该学生实际上不应该毕业，相反，越学越糊涂的人应该毕业，这主要是由于管理的很多东西尤其是管理高层的一些理论根本说不清道不明，越是深入学习问题越多。一般来讲，一流教授讲寓言，二流教授讲案例，三流教授讲课本，这就是所谓的管理学的层次论。

3. 分论：“高人重道，常人重术”

层级越高越重视“道”，此“道”等同《道德经》的“道”。“术”是雕虫小技。财经类院校一般都是培养雕虫小技，一般培养不出大师，而综合性大学不同，可以培养出道术兼备的大师，其道理即如此。所以，对于领导者最好是道术兼备，“精于术而以道为本，守于道而以术御事”，但问题也很突出，一般人很难能够做到。如中国管理学杰出人物席酉民教授某种程度上有此造诣。

4. 分论：刚柔相济，天人合一

“刚与柔”、“刚柔相济，天人合一”，越柔越管大事，越刚越管小事。例如科学与艺术，是刚与柔的关系，普适与例外、法治与德治、智商与情商也是刚与柔的关系。“色字当先”，也属于这个分论。

5. 分论：普适与例外

管理学上很多理论、原理是普适的，当然也有例外。普适需由普适的人去做，例外则由例外的人去做。例外的层次高，需要大量的创新，委员会讨论，例外切忌议而不决，普适强调分工明确，二者之间的工作相互区别。越高层越应重视例外，例如公司的董事长，如果一天到晚在研究普适，处理日常事务，则该董事长失职。相应来讲，董事长大部分时间应该用来打高尔夫球，或者打桥牌，研究例外，其他事情不研究才是董事长的主要职责。诚然若把例外研究通，有章可循，则可以把例外转为普适，下次以此办理，这也是董事会的职责。同样，如果是一次性例外，下不为例，也是董事会的职责。这是两套不同的处理办法。

6. 分论：文武（德与法）之道

越高层次越重视德，越低层次越讲究法，严刑酷律。对此，可以借用一副对联，大体上加以反映，武夫上联：两舟并行，橹速（鲁肃）不如帆快（樊桧）。鲁肃是个文官，樊哙是武将，其意思是两舟并行，比速度的情况。文人下联：八音齐奏，笛清（狄青）怎比萧和（萧何）。大体意思讲德与法，狄青是武将，萧何是文官，强调八音齐奏，讲的是社会和谐，文官比较重要。两舟并行，比速度，为了打仗，为了 GDP，则武官重要一些，讲究的是法治效果快，速效快。综观我国古代社会，法家治国见效很快，但问题是多不长久。而对于管理者而言，“内用黄老，外示儒术”（内圣外王，不折腾），这是中国改革开放 30 年的基本经验。胡锦涛同志对此概括为“不折腾”。“不折腾”体现了中国传统文化“内用黄老，外示儒术”的基本道理，也符合管理层次论的思想。日常所说的内“不折腾”，外“八荣八耻”，其实就是“内用黄老，外示儒术”的典型代表。

（李伟、王帅帅根据录音整理，未经本人审阅）

【学术演讲精粹】

管理思想的学派之争和比较研究

刘文瑞

一、引 言

在中国古代的佛教发展史上，禅宗有一个很有名的公案，即禅宗在思想方法、修炼路径和衣钵传承方面的两首偈语之争。这两首偈语的对照，可以看做古代比较方法的范例。围绕什么是禅，有两种不同的解释：

其一：身是菩提树，心如明镜台。时时勤拂拭，勿使惹尘埃。——神秀

其二：菩提本无树，明镜亦非台。本来无一物，何处惹尘埃。——慧能

相传，禅宗五祖弘忍，要考察僧人的悟性，确定自己的衣钵传人。神秀回答出上述偈语，强调不断修炼，克制自己，排除俗务干扰，弘扬佛性。这时，有个烧火的勤杂工，认为神秀对禅的理解有误，于是也做了偈语，让别人把它写在墙上，主张佛性本空，喻非所指，自然即修炼，主客无须别。众僧看后，举座皆惊。弘忍最终确定，把禅宗的衣钵传给了这位文盲思想家——慧能，这就是很有名的禅宗六祖。

从这两段偈语中间可以得出以下五个启示：

启示一：慧能在比较中提出了不同于神秀的思想观点。在一定意义上，思想的表达、观点的分歧，只有通过比较才能观察得更为清楚。当没有比较的时候，神秀的思想可以得到众人的认可。一旦有比较，神秀的不足以及慧能的优势马上就显示出来。故现实中，只有通过比较，才能对某一思想、某一观点产生更为深刻的认识。

启示二：正是由于这两段偈语，弘忍确定了衣钵传人。由此可以说明，权威和地位也是在比较中产生的，包括学术思想中所谓的主流和支流。在现实中同样如此，例如，在中共发展的历史上，如果没有王明、博古和毛泽东的比较，毛泽东的领导地位也无法形成。

启示三：禅宗正是在这种比较中，形成了学派分化。由此可以推论，学派的分化是由比较推动的，乃至学派的确立也是由比较形成的，没有比较就没有学派。

启示四：这两段偈语不但对当时有启示，对后人也有启示。通过对两段偈语的比较可以发现佛教修炼中“渐悟”和“顿悟”的区别。佛教中，关于“空”（这是佛教中非常重要的概念）的不同认识，了解“空”的不同内涵，这样对禅宗的认识把握才能更深刻。后人正是通过这种比较，掌握了禅宗的发展演变历史。思想的发展，是一种比较和鉴别之后的累积，而不是除旧布新式的更迭，管理思想也不例外。

启示五：类似的现象是具有广泛性的。不仅是禅宗，儒学也是如此。以儒学为例，汉代的今文经学和古文经学，宋明时期的理学（以朱熹为代表的理学和以王阳明为代表的心学）也有过类

似的争论。管理学中也有不少类似的争论，比如戴明的质量管理和德鲁克的目标管理之争，孔茨关于管理具有普适性和戴尔关于管理没有普适性的观点之争。对于这种争论，不能轻易地判断谁是谁非，但是可以从争论中看出不同的思想路线。

二、管理学的学派之争

管理学的学派之争，通常以孔茨的管理理论丛林为代表。实际上管理学从诞生以后，学派的分化和发展，比孔茨概括的管理学丛林更为复杂。不论是孔茨在初论丛林时提出的六大学派，还是在再论丛林时提出的十一种学派，都不足以概括管理思想学派分化的全部。而且学派之间的关系也远不是那样简单。比如，在孔茨的两次丛林学派划分中，不管是初论还是再论，都没有泰罗的科学管理，而按照孔茨的叙述是可以把科学管理归为数量学派的。但是，一旦把泰罗归为数量学派，则会出现一系列问题。这时的泰罗就是孔茨再加工过的泰罗，泰罗的理性精神、具体的技术研究得到了弘扬，而思想革命在数量学派里就消失不见了。而脱离了思想革命还是不是泰罗，这是一个问题。另外，孔茨把西蒙归为决策学派，这毫无问题，同时，孔茨在归结他的学派划分时，将大量立足于理性分析的经济学和政治学相关理论归结到决策学派，这也没有疑问。但问题是西蒙自己提出了不同意见，他并不太认同将他的观点作为理性选择理论看待。因此，同样是决策学派，西蒙的理论和奥尔森、布坎南的理论是有区别的。所以，对管理学的学派认识，孔茨的归纳存在一定的局限，这需要通过比较来得出更全面、更深刻的概括。

孔茨是通过给学派划定边界来区分学派的。而从比较出发，可以找出一条与孔茨不同的对管理思想学派的认知道路，大体如下：不必急于为学派命名或寻找边界，而应先梳理学派的思想内涵和精神实质。这样进行研究，学派的边界可能不清晰，不同学派有交融，甚至有大面积的重合，但是，对不同学派的思想内涵则可能会认识得更深刻、更准确。实际上，明茨伯格在他的《战略历程》中，对战略管理学派的研究就在一定程度上采取了这样一种倾向：他所提出的学派边界并不清晰，而是重在思想内涵的分辨。

从思想内涵的角度来看，可以从以下角度来比较不同学派的异同：

第一，管理学诞生时期，即通常所谓的古典管理学时期。一般来说，这一时期有三个很重要的方面可资比较：一是科学对应经验；二是宏观对应微观；三是理性对应感知。如果进行这样的比较，就可以把当时的整个管理学派进行重新划分、融合，从而对其产生整体性认知。

第二，管理学的发展时期，即通常所谓的行为科学时期。这一时期，也有三个重要方面可资比较：一是结构对应行为；二是动机对应效果；三是组织对应个人。

第三，管理学的变革时期。20 世纪 60 年代到 80 年代，是管理学变革时期的开端，这一时期，依然有几个核心概念可资比较：一是理论对应实践；二是他治对应自治；三是建构对应演化。

这样，我们可以列出管理学派发展史上的如下比较清单：

诞生时期	发展时期	变革时期
科学 VS 经验	结构 VS 行为	理论 VS 实践
微观 VS 宏观	动机 VS 效果	他治 VS 自治
理性 VS 感知	组织 VS 个人	建构 VS 演化

从上面这些角度来探讨管理学的学派发展，可能对管理学思想的整体把握会更为深刻。如此进行比较，就可能不仅仅是列出学派名称，而更多的是关注学派的实质。管理学派到底是六大学派还是十一大学派（实际上孔茨去世以后，他的后继者韦立克又增加了几个）并不重要，孔茨为此极力划清学派边界，从而陷于语义词义上的纠缠，他认为语义争论是造成丛林状态的原因之一。弄明白语义纠纷对于知识共同体的发展确实有意义，但是对于思想的进步意义不大。借用库恩的范式理论来说，孔茨的方法有助于对范式理论的完善，但无助于对范式的革命和突破。所以，对于学派的发展来说，孔茨的做法虽然有助于把握学科的现状，但不利于把握学科的演变，以致孔茨在初论丛林 20 年以后再论丛林，并且在他去世以后，他的后继者韦立克不得不续论丛林。孔茨的划分，其实是对现状的划分，而不是对趋势的判断。从思想内涵的角度梳理学派丛林，以比较的方式来处理学派论争，用生物学作比喻，就不是简单地对丛林进行物种划分，而是对丛林进行生态评价，这样更有利于把握管理学的产生、分化、融合、发展过程。所以，管理学思想的学派之争和学派发展产生于比较，深化于比较，而且后人也能认知于比较。尽管有可能边界不清晰，物种有混杂，但却能看清楚丛林的正态分布，更有利于把握学派地图。

三、管理学派的分析框架

对管理思想的学派进行比较研究，可以构建出坐标分析框架（见图 1 和图 2 ，它们可能很不完善）。图 1 选用两个坐标维度，一方面从方法论上，是演化主义还是建构主义；另一方面从认识论上，是理性主义还是经验主义。以这两个维度构建坐标，则可以发现，孔茨的六大学派，都可以在这一坐标系中找到合适的位置。如在理性主义和经验主义的维度上，经验学派很明显彻底偏到经验一边，而数理学派则彻底偏理性一边。在演化主义和建构主义的维度上，管理过程学派偏重于建构，人类行为学派则偏重于演化。其他学派都可以根据这两个维度定位学派之间的关系和距离。各个学派都有自己的核心思想点，但是各个学派的边界是模糊的。

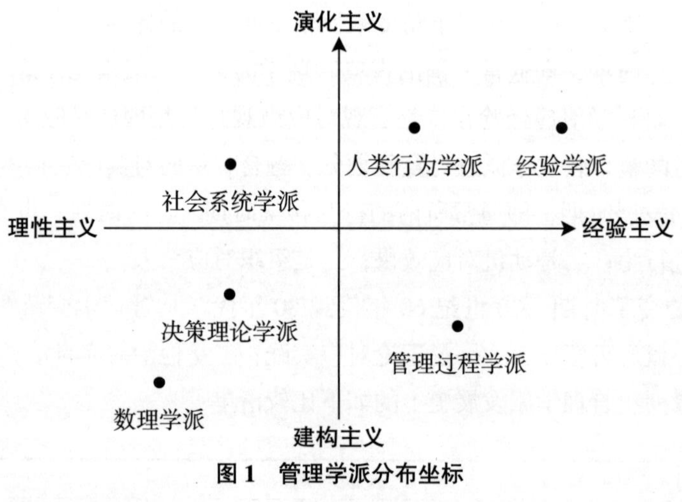

图 1　管理学派分布坐标

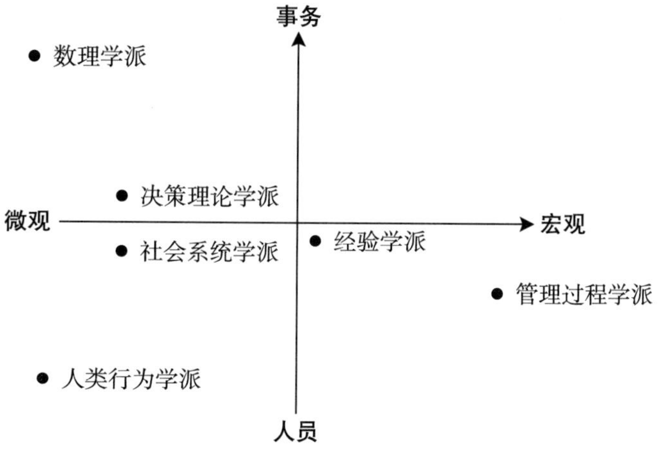

图 2　管理学派对象分布坐标

图 2 是从管理的关注对象上构建坐标，两个维度分别为：是微观层面还是宏观层面，是偏重事务还是偏重人员。这样，就能很方便地根据相应学派的侧重，将不同学派排在不同位置，从而可以看出学派之间的相互关系。

这两个坐标在一定程度上可以弥补孔茨的不足。从本质上讲，是以思想方法的差异和关注领域的差异来把握学派之间的关系。这样分析管理思想，侧重点不在于学派的分野，而在于学派的相关度。在一定意义上，第一个坐标立足于思想领域，而第二个坐标超出了思想领域进入对象领域。由此可以推论：比较研究不仅仅限于这两个坐标，而且可以在更广阔的领域展开。

这一分析框架下的管理学派，就不再是疆域清楚的"拼盘"，而是边界模糊交融的"彩图"。如果说学派的核心是"原色"，那么学派与学派之间会形成"间色"。由此，可以对管理思想得出更为全面的认知。

四、比较研究对于管理思想发展的意义

比较研究对管理思想发展有着重要的意义，只有进行比较才能发现不同管理思想的相对优势和局限。从前述思路，可以归结出以下五大意义：

第一，思维的变化。改变以往的线性思维方式为网络方式，不同的比较可以构建出不同的思维网，而不是思维线。

第二，方法的改进。在管理讨论中，常见的引起争论的对立范畴，如建构与演化、实证与规范、范式与证伪等，通过比较，可以做到兼容。

第三，知识的增加。显性与隐性知识、具体与抽象知识、感性与理性知识，这些不同的知识类型都可以通过比较互为补充，互为改进。

第四，学术共同体的发展。队伍的分化组合、知识的分化组合、工作领域的分化组合等，都可以在比较中获得更多的认同，同时，也可能分化出更多的差异，做到相得益彰。

第五，推动学科的进步。比较在学术研究中的作用，类似于袁隆平的杂交育种，可以促进生态的改善，理论的发展变化等。

五、四点思考

第一，建构式比较和演化式比较的差别。可以这样认为，建构是在不同的情景中间发现规律性趋势，演化是在同一规律下发现情景差异的作用。在管理学中，可以看成是戴尔（演化）和钱德勒（建构）的差别。推而广之，中国传统文化中管理思想和西方科学文化中的管理思想，与中医和西医的差别类似，中医的思路是抽象出一般概念，由医生根据情景的不同灵活运用；而西医的教科书必须给出具体的情景，医生根据检查（掌握情景）采取通用的治疗方法。简单地说，西方的理论途径是从情景到抽象，所以其理论到了别的情景下往往水土不服；而中国传统的《论语》是抽象出放之四海而皆准的一般原则，一旦具体化操作就有可能放到哪里都不准。

第二，因素比较和结构比较的差别。因素比较具有积极的作用，是研究的基础，但是因素比较有可能走向还原论，失去对整体的结构认识。结构比较是对整体之间相互作用的认识，但是有可能走向空泛。在管理学中，同样是讲战略，迈克尔·波特和大前研一的区别就属于这类。

第三，流程比较和职能比较的差别。流程比较把握的是组织动态，而职能比较把握的是组织静态，哈默和钱皮的流程再造，与古利克的职能设计相比，很明显地表现出这种差别。同样，实体比较和氛围比较也有类似现象。例如，对于组织人财物和实体运行、管理措施的比较，都是实体性的，但看不出组织的精神风貌。着眼于组织的氛围气质进行比较，是抽象性的，能看出“气场”但看不出实体。管理学中的哲学出身的往往偏重后者（如查尔斯·汉迪）。经济学出身者往往偏重前者（如迈克尔·波特）。一个务虚，一个务实。

第四，如何看待西方管理思想——对他山之石的辨析。我国管理界通常将西方管理思想当做他山之石，这里存在一个误解，要真正用来“攻玉”，就必须对他山之石中的“石”本身了解透彻。即便你的目的是用来“攻玉”，也需要了解“石”的结构、硬度、角度、成分等。过分地强调他山之石的应用性，可能会脱离对石头本身的认识，即忽视管理学的学术性。科学是不以有用为前提的，所以比较研究不能只着眼于是否有用，而要着眼于能否改善思维和增进知识。即便从用的角度讲，只有更准确更深刻地认知，才能更有效更合理地使用。

在比较研究上，历史学、政治学、法学由于长期的积淀有相当丰富的成果，可以将其作为管理学的参照。

（李伟、方晨根据录音整理，未经本人审阅）

【学术演讲精粹】

"上位解"与"下位解"的比较管理

李海舰

各位老师：

大家好，首先感谢大会给我这个机会，让我在此和诸位专家学者进行交流。我今天跟各位老师、同行交流的题目是"上位解与下位解的比较管理"。因为高闯老师创办了《比较管理》杂志，在进行比较管理的研究，那么我就从比较研究的角度来研究管理问题。我在很多高校上 EMBA 课，跟很多老板也交流过，在交流的过程中我把生活中的很多现象进行概括提炼，提出两个概念——一个叫"下位解"，另一个叫"上位解"，这和于立老师讲的那些东西形不似但神似。

那么，我想讲三个方面的问题：第一，问题的提出；第二，我想用三组每组五对关系来说明什么是上位解，什么是下位解；第三，结语。

一、问题的提出

那么我先讲第一部分——问题的提出。"解"是什么？我个人认为"解"就是解决问题的思路或方案，管理就是在解决问题。过去，我们在解决问题的过程和思路中重视的是下位解，现在我们要提出一个原创性的概念——上位解，要树立上位解的思维，懂得上位解的理论。

那么在下位解中，有一种思考叫"一分辛苦一分收获"，这是老师和父母在我们上学时说的"孩子，好好努力，一分辛苦一分收获"，我们称为等式思维，这是下位解。现在经过感悟，我们说在上位解中搞得好是一分辛苦十分、百分、千分、万分收获；搞得不好，一点儿失误就不是一点儿损失，而是十、百、千、万的损失，这就是不等式思维，"上位解"就是不等式思维，其实就是我们平常所说的"四两拨千斤"。小时候我们理解不了"四两拨千斤"，四两和千金怎么能够平衡，这是不等式思维。过去，我们把下位解当成了唯一解和最高解，现在看来我们必须转变思维方式，要找到问题的上位解，只有找到上位解，才能做到成本最低、效益最高。如果一件事情干得很苦、很累，效益又很低，就说明你还没找到问题的上位解。

二、上位解和下位解的关系

第二部分，我想用三组理论来讲上位解和下位解的关系。

1. 国学中包含的五组关系

第一，"虚"与"实"的关系。过去我们特别注重"实"，对不对？对！但现在看来，"实"是下位解，“虚”是上位解。过去对“虚”这个词我们认为是贬义的，说这个人虚头花脑、净玩虚的，不干实的。现在看来的话，我们说中央在做重大决策之前，开务虚会，我们讲的“务虚”包括虚拟企业、虚拟资本、虚拟经营和虚拟发展，这都要比“实”厉害得多，所以要想务实，首先要务虚。现在看来是高层务虚、低层务实，这和于立老师讲的观点相一致。“虚”是上位解，“实”是下位解。

第二，“软”与“硬”的关系。过去我们打硬仗，做硬汉，这是下位解。现在玩软的，我们叫“用软绳捆硬柴”，“软”能够战胜“硬”，例如博得“软实力”就最厉害。

第三，“柔”与“刚”的关系。如于立老师所讲，“柔”管大事，“刚”管小事，这点我非常同意，我们是异曲同工。以柔克刚，高层要“柔”，基层、下级要“刚”，所以“柔”是上位解。

第四，“动”和“静”的关系。特别是“动”，要动起来对不对？对！但现在看来“动”是不够的，对高层来说需要“静”。过去有句话叫“生命在于运动”，现在看来时运还在于“静”。“静”养心，“动”养身，养心高于养身。所以，要成大事者要心静，以静制动、宁静致远。“动”是下位解，“静”是上位解。越是高层越需要静，越是基层越需要动，基层要动起来，高层要静下来。

第五，“无”与“有”的关系。过去我们强调“有”，“有”是好事。但实际上，“有”是下位解，“无”是上位解。老子的“无为而治”和后边有个老师讲的“自组织”都是管理的最高境界，“无”是什么，“无为而治”、“无中生有”等。现在我给企业家讲课，“什么是企业”，企业就是把无形理念变成有形利润的组织。利润是有形的，思想是无形的，把无形思想变成有形利润，简称“无中生有”。“无中生有”、“无为而治”、“不战而胜”，还有“无招胜有招”等，都是“无”的概念。

这是我所讲的上位解与下位解，国学里面，我们可以找到依据，即虚、软、柔、静、无，这是第一组。

2. 企业运作中包含的五组关系

第一，选择与努力的关系。过去我们特别强调每个人要努力，努力，再努力，现在看来努力是下位解，选择是上位解。选择对了努力才管用，选择不对努力是不管用的，所以说选择很重要。老板负责拍板，拍对了才有利润，拍不对下边就白干了，拍板就是个选择，人生也是如此，所以选择要比努力重要。

第二，做得对与做得好的关系。过去我们的教育就是怎么做得好，做得好就是做到极致，对不对？对！但远远不够，做得好是下位解，做得对才是上位解，首先要做得对，然后做得好。做得对才有利润，做得好不见得有利润，做得对和选择是一个道理。

第三，作势与做事的关系。高层构布局就是作势，天下大势、顺势而为、乘势而为等，做管理必须和“势”对接，顺应大势。那么根据国学讲的“势”，我们叫上者造势，上者有话语权，成本很低，效益很高；中者要插势和借势，这个成本低；下者要顺势和付势，这个最重要。“不懂势者，不可为商也，不可为官也，甚至不可为人也”，这是国学中的话，说高层做事很厉害，所以作势是上位解。

第四，能力和资源的关系。过去我们做事情基于资源来做，巧妇难为无米之炊，有多少资源办多少事情，这是一种等式思维。现在要基于能力思考，能力为上位解，没有资源也可以办事情。我们可以通过整合能力来整合资源，过去我们说有多少钱办多少事儿，现在是能力化，是不等式思维。所以能力（核心能力）是上位解。基于能力思考，没有钱也可以办事儿。

第五，经营和管理的关系。过去我们特别强调管理，现在看来管理是下位解，经营高于管理，现在很多企业偏重于管理，管理为下位解，经营是上位解。一个企业的利润不是来自管理，而是来自经营。管理是学出来的，经营是悟出来的；管理注重方法，经营注重方向；管理注重效率，经营注重效益；管理注重内部，经营注重和外部对接，在内部的资源是有限的，小部分的利润来自管理，大部分的利润来自经营。我们将管理叫做小数点以后的思维，经营是小数点以前的思维，所以只有经营才是四两拨千斤，才是低成本高效率，才是不等式思维。

3. 日常生活中包含的五组关系

第一，文化与知识的关系。文化是上位解，知识是下位解。很多教授、博导是有知识没文化，很多企业家是有文化没知识，文化是选择做正确事儿的能力，知识是正确地做事情，做正确事儿的能力远远比正确地做事情更重要。

第二，品位与品质的关系。以前企业产品讲究品质、质量，现在产品不仅要讲品质、质量，还要讲究品位，品位比品质更重要，制造出品位比制造品质难。

第三，气质与素质的关系。过去说这个人素质很高，这是下位解，还要注重气质，气质是动态美，是骨子里的东西，素质能培养，气质需要三代才能培养出来一个贵族。

第四，搬家与搬山的关系。过去愚公移山，搬山是上位解，现在我们必须搬家，这个成本很低效益很高，所以要进行愚公移山的批判，要有搬家的思维。

第五，中医思维和西医思维的关系。中医是上位解，西医是下位解。西医只注重部分，头痛治头、脚痛治脚，是系统思维，是天人合一的思维。中医预防为主，是前管理思想，西医治疑病，是后管理思想。

三、结　语

第一，一定要找到解决问题的最高解，即上位解。

第二，下位解的功效大小要取决于上位解，上位解决定了下位解的空间。

第三，上位解和下位解并存，两者并不矛盾，不是对立的，要融为一体。融为一体的途径：一是传统思路，即从下位解到上位解，下位解做完后找到上位解；二是现代思路，即从上位解到下位解，先找到上位解，搞清了以后再找下位解，要想务实首先务虚，首先选择好，要想做得好首先要做得对；三是上位解和下位解并行，高层偏重上位解，下层偏重下位解，要把上位解和下位解融为一体。

好吧，我就讲这么多，讲得不对的地方请大家原谅。谢谢！

（郭斌、李伟根据录音整理，未经本人审阅）

【学术演讲精粹】

鞍钢宪法的批判与解放意蕴①

高良谋

中西方管理思想的异同及其移植问题是我们研究比较管理的一个重要议题，多年来，在发展经济的过程中我们一直提倡引进西方先进管理经验和管理理论，那么新中国成立以来我国是否诞生过富有强大生命力的本土化管理思想？这样，20 世纪 50 年代末 60 年代初的鞍钢宪法就进入了我们的研究视野。我们知道，鞍钢宪法曾在历史上对我国经济的发展起过重大的促进作用，在“文化大革命”后却逐渐在大陆被淡化。然而，近年来有学者（崔之元，1996；贾根良，2002）却发现国外盛行的后福特制有某种内在关系，并认为鞍钢宪法是后福特制的雏形。那么我们本土诞生的鞍钢宪法与后福特制是否具有这种内在关联？鞍钢宪法与西方主流管理理论有何根本不同？鞍钢宪法对于当代企业管理理论及实践还具有哪些意义？这是我们本文关注的主要问题。

一、鞍钢宪法及思想来源

我们首先来了解一下鞍钢宪法的内涵、制度安排及其思想来源等概况。历史上对鞍钢宪法曾有三种理解：一种是毛泽东的批示，可以看做广义概念的鞍钢宪法，包括政治挂帅、群众性技术革命、党委领导下的厂长负责制以及两参一改三结合；一种是辽宁省委、鞍山市委和鞍钢党委的理解，强调政治挂帅、群众运动和批判一长制，侧重于鞍钢宪法的“左倾”方面；另一种是刘少奇推出的成都量具刃具厂的经验和中央工业部的理解，把鞍钢宪法的具体内容定义为两参一改三结合，即工人参加管理，干部参加劳动，改革不合理的规章制度，工人、干部、技术人员三结合。本文对鞍钢宪法的界定就是指“两参一改三结合”。鞍钢宪法作为毛泽东批示的社会主义企业的根本纲领，在企业管理实践中有一系列管理制度和管理方法支撑，这些具体的管理制度包括：技术表演竞赛、一条龙协作赛、技术研究小组和职工代表大会等。

对于鞍钢宪法的思想渊源，我们应该从其产生的特定时代背景来分析。从鞍钢宪法出现的时间来看，毛泽东思想是当时整个社会的主导思想，整个社会的政治领域、文化领域已经开始了对于普通大众参与民主生活、当家做主人的追求与探索。这种追求在 20 世纪 50 年代中期毛泽东发表《论十大关系》之后逐渐渗透社会主义经济及管理领域。在当时，鞍钢的管理者、工人都有一种把毛泽东思想与鞍钢的管理结合起来的内在倾向。鞍钢的前几任管理者，大都有着多年的军队工作经验，因此，人民解放军对官兵一致、保证士兵的权利，对民主生活的强调及对思想政治工作的重视等做法都会通过这些管理者渗透到鞍钢的管理实践之中。从这个角度看，鞍钢宪法的出现是社会主义经济管理思想的一种自然延续。另外，苏共二十大（1956 年 2 月）以后，中央高层领导对企业管理中的苏联模式开始进行反思和批判，尤其强调了苏联“一长制”领导体制滋生的官

①本文是《中国工业经济》2010 第 10 期《鞍钢宪法的批判与解放意蕴》一文的主体思想。

僚主义与共产党长期追求的企业民主化管理目标之间的矛盾。由于毛泽东的批评和其他领导人的反思和努力，1956 年 9 月中共八大决定实行党委领导下的厂长负责制，并重视企业管理中的职工参与权利。也是在这样的背景下，毛泽东对体现平等、民主思想的鞍钢宪法极为重视并号召在全国范围内推广。因此说，鞍钢宪法的产生是我国主动反思和批判苏联模式并探索符合中国国情的企业管理方式的产物。

对于这种本土诞生的鞍钢宪法，我们认为它从两个方面超越了泰罗制以来的西方主流管理思想：一是批判，二是解放。

二、鞍钢宪法的批判意蕴

我们首先来分析鞍钢宪法蕴涵的对主流管理理论的批判意蕴。

鞍钢宪法的直接批判对象是苏联的马钢宪法。马钢宪法是对苏联以马根尼托戈尔斯克钢铁厂为代表的一系列企业管理制度的总称，它在管理制度上沿袭的是以斯密与泰罗分工理论为基础的福特制。所谓福特制，通常理解为泰罗主义加上机械化。泰罗主义最主要的特点就是计划和执行的相分离，这样就产生了管理者、专业技术人员以及工人三个不同的管理主体，各主体有各自不同的利益需求和价值导向，并在明确的规章、程序之下各司其职。专业技术人员负责工人动作标准的设定、生产流程的确定与维护，管理层负责组织的计划，而工人仅仅负责按照管理层和专业技术人员设定的标准进行生产。这种管理方式具有以下两大弊病：一是管理层级之间以及管理者与被管理者之间的控制与反控制斗争恶化了管理中的人际关系；二是在管理过程中的人被降低为物的层面，在泰罗制与福特制中，工人仅仅是被控制与管制的对象，丧失了对于工作流程的控制权，沦为组织庞大的分工体系上的一个零部件。这种“见物不见人”的管理理念，不仅使管理中的人性受到贬损，而且面对日益复杂的管理环境，也难以实现泰罗制所设想的高效率。

那么鞍钢宪法是如何批判这种“见物不见人”的管理理念的呢？我们可以从六个方面来分析这个问题。一是技术表演赛使组织中的知识实现了自由连接、扩散及传播。技术表演赛是一种收集工人的技术诀窍，进而在组织中进行传播的一种优良方式。在这种形式下，知识诀窍的收集和传播同时进行，没有延迟的情况。表演赛其实是一种展示与传播的过程，在此特定的、具体化的技术及其内含的隐形知识转换为普适性的显性知识并迅速在组织中扩散与传播，从而促进了知识在组织间的自由流动。二是技术竞赛增加了技术创新与决策中的员工自治权。技术竞赛意味在一定程度上解决了在缺乏市场竞争的情况下，如何使企业不断地进行工艺的升级和新产品的开发的问题。同时它意味着各个小组、车间都有一定的决策权来决定如何采取与竞赛对手不同的生产技术及不同的管理方法，从而争取在竞赛中胜出，这就与泰罗制条件下基层管理人员和一般工人缺乏决策权形成了鲜明对比。三是技术表演赛与技术竞赛的结合使创新成为企业管理中的重要环节。技术表演赛与技术竞赛的推行使技术更新、工人的技能升级成了一个持续不断的过程，有效地解决了企业实施泰罗制所带来的创新不足的问题。四是一条龙协作赛具有自组织意蕴。在鞍钢的一条龙协作赛中，各个部门围绕下游被称为“龙头”的核心部门展开，“龙头”带动“龙身”、“龙尾”，这样就解决了生产的连续性问题，而且各个部门、工序之间的协调不是来自于上一级部门的行政命令，而是各个部门通过彼此之间的沟通来完成的。这就具有了自组织管理的萌芽，从而与福特制强调依据行政命令的他组织生产方式形成了鲜明对比。五是三结合小组中具有团队生产萌芽。三结合小组与福特制的最大区别在于福特制以工人的“去技能化”为特征，也就是说工人只需要掌握单一的操作技能即可，而在技术研究小组等组织中，每个工人都有一定的专业技能，在解决所面临的问题时，往往是需要多个工人共同合作创造出新的知识才能找到问题的答案。正是在这种意义上，美国学者 Robert Thomas（1994）认为全面质量和团队合作是毛泽东思想的产物。六是鞍钢宪法具有丰富的经济民主思想。鞍钢宪法是社会主义民主在经济领域的进一步延伸，蕴涵着丰富的民主与平等思想。鞍钢的职工代表大会制度保证了代议制民主在企业中的实施。通过参与到职工代表大会之中，以及在班组层面上由工人进行日常核算，使得工人觉得参与到了企业的决策之中，增加了自己生产过程的控制，从而提高了工人自治、自主的程度，激发起了工人对于企业的参与感及主人翁意识。

三、鞍钢宪法的解放意蕴

下面我们继续探讨鞍钢宪法的解放意蕴。管理中的解放问题主要针对泰罗制以来的主流管理思想及管理方式对人性的奴役和控制。本文将“解放”界定为解除束缚与增加自治两个方面。就鞍钢宪法来讲，解除束缚主要体现在破除权威、破除人际关系束缚以及破除部门划分与责任分割的束缚等方面；增加自治主要体现通过职工代表大会等制度安排增加工人在管理中的参与权与自主权。具体来说，鞍钢宪法在以下五个方面具有解放意蕴。

一是鞍钢宪法解除了企业管理中权威主义的束缚。鞍钢宪法破除了以马钢宪法为代表的僵化的理性管理主义。这种理性管理主义认为操作规程一旦固定下来就不能进行改变，工人必须按照这种指令进行操作。然而鞍钢的工人通过三结合小组以及技术竞赛，对许多操作规程、技术动作进行了再设计，取得了非常好的效果。二是鞍钢宪法解除了科学管理中紧张的人际关系及群体身份的束缚。与高扬理性主体的科学管理造成的管理者与员工的对立关系不同，鞍钢宪法消解了科学管理中的基于中心性主体的控制与反控制的斗争，使领导者、技术人员与工人在结合中成为平衡和平等的主体，从而使权力“扩散”到作为现代管理的弱势群体的员工，有力地遏制了西方企业中作为特权阶层的管理者对作为弱势群体的员工的剥夺和压制。干部参加劳动，工人参与管理，工人、技术人员和管理人员的三结合破除了泰罗制下三方紧张关系的束缚，使得各方面的才能都能得到尽情的发挥。而且，这种结合打破泰罗制下的群体身份限制，工人不再把创新视作技术人员的事情，技术人员也不再把工人看作是机械性的零件，而是在日常的活动中积累了经验和具有技术诀窍的创造性个体。三是鞍钢宪法缓解了官僚统治与技术自治之间的矛盾，增加了工人与技术人员的决策自主权。在技术表演赛和技术竞赛中，管理人员关注的并非是技术人员的技术方面，告诉技术人员如何操作，而是打破技术人员自身群体的限制以及由此导致的与工人之间的对立，赋予技术人员和工人一定的决策权，也就是说技术人员在官僚制下通过理性化发展起来的职业特长并没有受到干涉，而其责任感、投入、忠诚等情感方面也被纳入到了企业的管理视野之中。四是鞍钢宪法解除了部门对立与责任分割的束缚，增加了员工的自由空间与组织的整体行动能力。在韦伯的官僚制理论中，官僚制的一个缺点是会导致部门间的隔阂与对立。鞍钢的一条龙协作赛，则使各个部门自发地组织起来进行主动协调，因此组织结构施加给行动者的束缚被打破了，个体不再受制于部门划分的约束，有了更大的行动空间。另外，鞍钢宪法与科学管理中的责任分割不同，技术革新小组内部的所有员工对整个小组负责任，小组成员之间是一种协作关系而非竞争关系。小组内部虽有分工但不明确，每一个成员都可以根据环境变化及时做出有利于整体的行为。五是鞍钢宪法增加了工人在生产管理中的参与权与自治权。鞍钢宪法的出现是为了保障落实工人的主人翁地位，增加工人的自决、自治的权力。首先，工人在日常的工作中可以就生产工艺、操作技术提出建议，有了初步的决策权。其次，工人通过职工代表大会极大地增强了其对企业的介入感、参与权及主人翁意识。最后，三结合的实施，不仅增加了工人的决策权，而且对于技术人员、管理人员来说，由于与工人的结合，使得他们在进行管理时，用合作代替了对抗，从而减少了乃至消除了来自于工人的抵制与反抗，由此增加了他们的权威。

既然鞍钢宪法对泰罗制、福特制为主要形态的西方主流管理理论具有以上批判与解放意蕴，那么鞍钢宪法与同样批判与超越了福特制的后福特制有何内在关联，这就是我们探讨的下一个重要问题。

四、鞍钢宪法与后福特制

后福特制来源于日本的“丰田生产方式”，也称“精益生产”，即工人、技术人员和管理者实施团队合作，各管理主体不再固守传统僵化的劳动分工，而是随时随地解决“无库存生产方式”中出现的各种问题。鞍钢宪法与后福特制出现在不同时代的不同国家之中，从管理思想演变的历程考察，我们认为两种管理思想具有时间上的延续与内容上的继承关系，但鞍钢宪法在传播过程中由于情景化的需要发生一定程度的变异；另外，鞍钢宪法与后福特制毕竟诞生在不同社会体制之中，这同时使两者也有根本性的不同。以下我们从三个方面梳理这一复杂关系。

第一，鞍钢宪法与后福特制的延续关系。既然马钢宪法是一种福特制的生产方式，那么作为马钢宪法的对立面而出现的鞍钢宪法就很容易被认为是一种后福特制的生产方式，崔之元等人指出，“两参一改三结合”用今日的术语表述的话就是团队合作，是对福特制下僵化、以垂直命令为核心的企业管理模式的挑战，他们认为鞍钢宪法经历了“墙内开花墙外香”的过程，在国内处于乏人问津的境况，而在国外则成为后福特制的萌芽，因而鞍钢宪法是后福特主义传播、扩散链条上的重要一环。如果考察两者产生的文化渊源，就能发现鞍钢宪法遗传给后福特制的文化基因是整体性思维及合作精神，这正是儒家文化的一个基本特征，两者能够分别在同属儒家文化圈的中国和日本诞生也绝非偶然。对于两者之间的承继与遗传过程，我们大体可以梳理出两条管理潮流的传播线路。第一条传播路线如下：美国的伯利恒钢铁厂（泰罗主义）—福特的“T型车”生产流水线（福特主义）—苏联的马根尼托戈尔斯克钢铁厂（马钢宪法）—中国的鞍钢（鞍钢宪法）。第二条传播路线如下：中国的鞍钢（1960年的鞍钢宪法）—日本的丰田等公司（20世纪七八十年代的丰田模式与质量管理）—美国、西欧的卓越公司（20世纪八九十年代的团队合作与全面质量管理）。从中我们可以清晰地看出鞍钢宪法与后福特制之间的延续关系。

第二，鞍钢宪法与后福特制在传播过程中的“变异”关系。内容上的相似并不能说明鞍钢宪法与后福特制是一回事。任何管理理论都与其特定的社会背景紧密结合，脱离了特定的文化共同体及政治体制就会在发生难以避免的变异。鞍钢宪法及后福特制是诞生在东西方不同时代、不同文化圈与不同政治体制中的两种理论形态，将二者联系起来，就其本质而言是一种翻译（translation），即用后福特制主义的词汇来表达鞍钢宪法的内容。对日本式管理深入透视，我们就会发现，后福特制在继承鞍钢宪法基本内容的过程中，也失去了许多本质性的东西，如人民当家做主的主人翁意识。

第三，鞍钢宪法与后福特制的本质区别及超越关系。鞍钢宪法与后福特制除了内容上的承继关系之外，还有着本质的不同。“后福特制”之所以被很多管理学者推崇备至，不是因为它富有多少对人性的解放意蕴，而是它在降低成本和提高质量方面提供的较“福特制”更大的效用和更多的利润。从这个角度讲，后福特制与福特制并没有本质的不同，都是站在资方的立场对工人进行压榨、控制或规训的手段，所不同的只是具体途径与方法上的差异。崔之元将鞍钢宪法与后福特制等同，忽视了鞍钢宪法的制度属性与根本宗旨，即在社会主义制度下保证工人对企业的主人翁地位。作为新中国对企业管理方法的一种尝试，鞍钢宪法具有后福特主义的某些特征，但根本的是，鞍钢宪法是毛泽东思想以及马克思主义所追求的解放目标在企业中的体现。仅仅用后福特制来剪裁鞍钢宪法，就会对鞍钢宪法的解放意蕴视而不见，并忽略了在企业这一重要的社会组织中批判反思的重要性以及在企业中实现人类全面自由发展的可能性。从这个角度看，后福特制并没有继承鞍钢宪法本质性的东西，鞍钢宪法依然具备对后福特制的批判与超越之处，这也是其理论本身的真正价值所在。

五、讨论与启示

以上分析使我们可以清晰地认识到鞍钢宪法对西方主流管理理论的批判与超越之处，并清楚了鞍钢宪法与后福特制的内在关系。那么，鞍钢宪法在今日的中国及世界管理中还有哪些现实意义？研究鞍钢宪法，不仅能够使我们深化对现有的管理理论获得批判性的认识，有助于我们对管理学研究本身进行反思，同时对于构建企业管理的中国模式也有诸多启发。根据我们的研究，鞍钢宪法至少可以给我们以下三个方面的启示。

第一，从管理思想演化的历程看，知识经济时代的知识管理延续了鞍钢宪法对解放思想的追求，也使鞍钢宪法在后工业社会具有珍贵的研究价值。面对着知识型员工的自身特点及其在管理中自主性与人性化的诉求，鞍钢宪法提供了一种与基于工具理性的西方科学管理理论不同的管理方式。

第二，从鞍钢宪法在中国的命运看，在不同的时期有不同的表现形式并发挥了不同的作用。现在我们在企业管理中推行鞍钢宪法，一方面，要强调其对当前管理理论的批判与超越之处，最大限度地发挥其合理作用并矫正转型时期盲目照搬西方管理制度而引起的“水土不服”问题；另一方面，必须剥离其在特定历史时期形成的过浓意识形态色彩，并结合新的时代背景赋予其新的时代内涵。

第三，鞍钢宪法对于管理学理论的范式转换及构建中国本土化的企业管理理论并探寻其世界价值具有重要的启发意义。研究鞍钢宪法既不能闭门造车，拒绝企业管理的世界潮流，片面强调本土特色而忽视管理中普适性的规律；也不能将产生于我们本土的理论非得贴上某一个世界管理理论的标签从而丧失或湮没其本身更为重要的价值。拓展鞍钢宪法的中国特色并结合中国国情构建企业管理的中国模式，是中国管理学界亟待解决的一个重要现实问题。

【学术演讲精粹】

比较管理：共时与历时、说明与理解

吕 力

一、嵌入式情境研究与比较管理中的“共时”与“历时”

著名管理学者徐淑英教授（2004）提出了两类情境化研究，即嵌入式情境研究（context-embedded research）和特定情境研究（context-specific research）。嵌入式情境研究指的是利用国家层面的特征（如文化、政治或经济系统）的差别作为先行变量或调节变量来解释不同国家中的组织或个人现象的方差。这类研究的结果通常是：哪些变量的差异导致了管理现象的不同。照此理解，嵌入式就情境研究就是比较管理的一种：这种研究通常利用现有文献中的构念和理论模型并且在新的情境中检验它们。例如，Cullen，Parboteeah和Hoegl（2004）研究了28个国家的不道德行为，他们使用国家文化价值观，如成就、个人主义、普遍主义和金钱至上的物质资本主义来预测管理者对普遍有违伦理的行为寻求合理解释。

显然，嵌入式情境研究属于一种“共时性”研究，著名学者索绪尔（1980）用如下的图示来表示共时（Synchrony）与历时（Diachrony）的关系。

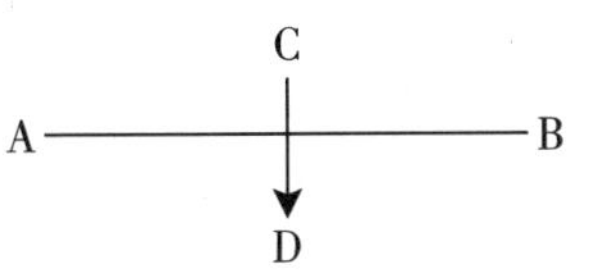

索绪尔（1980）指出，同时性的轴（AB）牵涉到存在的东西之间的关系，在那里排除任何时间的干扰；连续性的轴（CD）在它上面不能一下子看到多于一个以上的东西：共时的一切牵涉到我们科学的静态方面，历时的一切，牵涉到进化方面。在索绪尔看来，共时仅仅知道一个情境，它的一切方法可以归结为事实的收集，而历时的方法则可以随着时间从上往下探究或从下往上追溯。或者说，共时的方法是联系各同时存在并且构成系统的成分之间的逻辑和心理的关系，这些成分是同一集体意识所感觉到的；历时的方法恰好相反，它联系各个不为同一集体意识所感觉到的连续的成分间的关系，这些成分一个替代一个，互相间不构成系统。

根据索绪尔（1980）的观点，嵌入式情境研究显然暗含不同情境下的管理现象结构上的同构性，惟其如此，才能根据同一变量的不同取值来解释不同情境下管理现象的差异。因此，嵌入式情境研究是一种系统内研究，它隐含着不同情境下人们享有同一集体意识的前提假设，而这种假

［基金项目］教育部人文社会科学研究青年基金项目（09YJC630180）；湖北省教育厅人文社会科学研究项目（2010y044）；武汉市社会科学基金（whsk10005）。

设在比较管理中并不一定总是如此。

此外，共时研究与历时研究各自相对独立。索绪尔（1980）举例道："这好比把树干加以横切和纵切后看到的情形一样，纵的切口表明植物构成的纤维本身，而横的切口是纤维组织的个别的平面。"因此，既难以通过纵的切口发现不同的纤维如何组合，又难以通过横的切口发现作为系统某一要素的整体情况。

作为结构主义的重要创始人之一，索绪尔（1980）强调了共时研究的重要性，索绪尔说："共时方面比历时方面重要，（就语言研究而言）假如语言学家只注意历时的情境，他所看到的绝不是语言，而仅仅是它的现象变化的序列。"然而，索绪尔以上观点只适用于同一系统或同一集体意识之中，如果是跨系统的比较，就好比如果我们要比较两棵树的生长有何不同，不能单取横截面来进行比较。

就比较管理研究而言，基于演化的理论应属于比较管理中历时性分析。基于演化的比较管理借用了生物演化的概念，特别强调积累性因果关系（高闯、蔡立新，2009）。如在生物演化中，各种生物体特性的出现都会对其后代产生影响，生物体后代的外形、习性都要在其祖先的基础上进一步演化。同样，在管理系统中，人们先前学习到的知识或积累的经验对其后的行为会产生影响。高闯（2010）指出，演化的分析方法告诉我们，应当超越"存在"，进入"过程"，通过历史的时间长河分析其承袭机制、变异机制和选择机制，从而可以更好地解释一国管理模式今天为什么是这样，而不是那样。

二、嵌入式情境研究与比较研究中的"量"与"质"

比较管理采用比较分析的方法，旨在分析不同国家之间的政治、经济、文化、社会等环境差异对管理理论和实践的影响，并探索管理发展的模式和管理知识在不同国家的适用性（黄群慧，2009）。因此，比较管理本质上是研究差异的。差异理论和规律理论是比较管理研究最基本的认识论基础，所谓差异理论是以差异现象为对象，研究差异存在的普遍性、差异结构、运动过程及其发展和转化、差异对象及其差异场域、差异效应、差异原理及应用的学说和方法论（阎进宏，2008）。

李凯尔特（2007）曾提出著名的"现实的连续性与异质性原理"可用于说明如何看待现实中的差异。李凯尔特认为，一方面，现实中的一切都在渐进地转化，每个占有一定空间和时间的形成物都具有这种连续性，这一点可称为现实之物的连续性原理；另一方面，每个现实之物都有自己特有的、个别的特征，在现实中的一切不是绝对同质的，而是互不相同的，这一点可称为关于一切现实之物的异质性原理。按照李凯尔特这一论断，比较管理既可以把现实的异质性（包括民族、文化、地区的差异）看做同质的连续性，它所注意的是现实的"量"的方面；比较管理研究也可以将现实的连续性看成是异质的间断性，即认为各国管理模式存在"质"的差异。

基于"现实的连续性与异质性原理"，李凯尔特并没有完全偏向"连续性"或"异质性"中的任何一方。李凯尔特（2007）举例说："树上的任何一片树叶，化学家的蒸馏器中的任何一块硫磺，都是一个个体，它作为个体，跟任何伟大人物一样，是不能完全包括在任何概念之中的。但是，只要我们面前有一些树叶或许多块硫磺，我们的确会不由自主地把这些给予我们的单一个体变成概念。也就是说，（某些情况下）我们不会去注意使之成为个体的东西，而且我们也应该这样做，因为，只有这样，我们才能得到自然科学意义上的'硫磺'或'树叶'。但是，如果谈的是一个人，那就完全不可能不管这种区别了，在这里，如果把某个人，譬如说歌德变成概念，那我们一定会发现这一点，因为那时候我们脑子里留下来的只是诗人、部长和人的概念，已经不是歌德了。”

由此可见，李凯尔特并未否定普遍规律的意义，李凯尔特只是强调现实的另一面——它的个别性——这种个别性体现了管理现象与管理模式在“质”上的区别。显然，嵌入式情境研究完全是基于“量”上的研究，然而，它们绝不是比较管理的全部，因为并非所有的管理现象差异都可以表达为某一个或某几个变量在“量”上的差异。

Tony Fang（2003）批评了作为嵌入式研究典范的Hofstede的价值观的五个维度（即五类变量）的局限性，并对Hofstede的理论是否能有效解释管理现象的差异提出怀疑。在此基础之上，Tony Fang认为Hofstede之后的所有嵌入式情境研究在方法论上的缺陷：永远希望找到能解释一切现象的“根源性”的变量，但理论界多年来的努力并没有结果——Tony Fang（2005）将这种研究方法类比于“洋葱式”的研究，在层层剥离之后，仍然找不到所谓的“根源性”的变量——因为在Tony Fang看来洋葱本来就没有中心。由此可见，尽管嵌入式情境研究并非完美，其不完美的根源就在于它试图将丰富的管理现实归结为有限的几个变量在“量”上的变化。

杜鹃（2010）在“法默—里奇曼比较管理研究框架修正”一文中开门见山地提出了避免国家同质性的假定，并借鉴符号学的研究成果，直接指出在不同的语境下的同一词汇甚至有不同的含义——既然概念的定义都大异其趣，更谈不上对这些概念进行量化分析了。

区分“量”上与“质”上比较的意义在于，基于“量”上的比较与基于“质”上的比较其方法是迥异的。基于量上的比较是一种科学说明，而基于“质”上的比较是一种人文理解。自然科学收集并处理事实，试图把握这些事实包含于其下的普遍法则，然而从人文学科的方法论来看，人文学科首要的并不是关注这些普遍的法则，相反它指向独特性、个体性的东西——在研究者看来存在“质”的区别的东西。因此，传统的纯粹自然科学如物理、天文和化学等，寻求普遍性的无时间性的发展规律，在这个意义上，它们是规则性的，所有差异表现为“量”上的区别——自然科学追求的是将所有差异的现象统一在一个单一的模型中；而人文学科，关注描述独特性和个别性，在这个意义上它们是描述性的，它所追求的是人文理解。

各国管理现象的“质”的差异最集中体现在管理的本体价值上。管理作为人类社会存在的方式，必定寄寓了人们实现生存的最终目的或最高理想：一种合适于人性理想的存在方式和社会协调方式。管理的本体价值是自足的，它与效用无关，而关乎人类的信仰与文化本质（吕力，2010）。这种本体价值在很长的历史时期为人们所信奉并给他们以族类认同和情感慰藉，如中国古代的儒家管理思想以及儒家价值观下人与人的协调关系。管理的本体价值不同于管理的工具价值，工具价值是指客体符合或满足主体需要的某种效应或属性。从这一视角来看，若我们承认管理现象的比较可以在“量”的层次上进行，那也只能是在工具价值的层次上，本体价值上的区别是不可以量化的。

三、比较管理：共时与历时、说明与理解

在现有的国内比较管理研究中，一般认为比较管理研究中存在三大范式：法默—里奇曼范式、尼希根—艾斯塔芬范式以及孔茨范式，这三种范式的共同特点就是抽象出若干影响管理行为的变量，以此为基础来解释所有管理现象的差异，毫无疑问，这三种范式都属于共时性的、基于“量”上的研究。

然而，在比较管理“三大范式”之外，刘文瑞（2010）注意到欧内斯特·戴尔的《伟大的组织者》对于当代比较管理研究的潜在的巨大影响——在笔者看来，它实际上是比较管理研究另一种思路的直接思想源泉。戴尔指出，比较方法并不打算像哥白尼或爱因斯坦那样囊括一切，用少数简要公式解释所有的组织。刘文瑞（2010）认为，这种比较的方法具有如下的特征：

（1）注意可比较性。运用比较法研究组织与管理，必须要有比较的价值和意义，而这一意义建立在可比较性上。可比较性的基础是相似性，两个不相似的组织进行比较，其意义显然不大。

（2）以组织目标为基准。对组织进行研究，势必涉及评价问题。如果忽视组织自身的目标，那么对组织的评价工作将无法展开。有的组织追求利润，有的组织追求个人幸福，假如离开组织目标的这种差异，去比较金字塔组织和扁平式组织的优劣，那么这种比较将会走上歧途。

（3）注重比较结论的适当性。比较分析的结果并不要求得出放之四海而皆准的真理或理论，而是要求得出在特定条件下适用于特定的情况。运用比较的方法要防止把某一特定的成功经验扩大到其他背景和情景不同的公司的倾向，一旦走到这种盲目扩大比较结论适用范围的地步，就不再是经验主义者而是普适主义者。

与钱德勒的比较分析方法进行对比，可以看到，钱德勒进行比较研究的目的不是总结具体的管理经验，而是寻找大公司发展中的整体制度变迁，所以，戴尔的比较形成的是洞见，而钱德勒的比较形成的是解释（刘文瑞，2010）。换言之，戴尔的洞见包含了对管理个别现象的差异性的理解，而钱德勒是试图对管理现象的差异性进行科学说明。

从管理是工具价值与本体价值的统一这一观点来看（吕力，2010），比较管理是既可以在“量”的层次也可以在“质”的层次上进行的。也就是说，比较管理研究既要求科学说明，也要求人文理解。从共时研究和历时研究的视角来看，比较管理既可以是共时的，也可以是历时的。因为各国管理现象无论表面上看来差异如何大，总存在一定程度的同构性，这是共时性研究的基础；而同样重要的是，同构性也绝不会取消差异性本身，各国管理总会处于不同的集体意识之中，这就要求我们就其中某单一的因素作纵向的考察。也就是说，比较管理既要求共时性分析也要求历时性分析。

不过从比较管理的学科结构上看，本文主张比较管理作为一门学科，应该主要是基于历时的、人文理解的方法。因为在纯粹的自然科学领域，并不存在比较数学、比较物理学或比较天文学这些分支——并不是说在这些学科中不存在比较的方法——恰恰相反，在这些纯粹的自然科学中，比较方法已经如此普遍地融入到一般研究中去，因此将“比较”独立出来反而是一种画蛇添足。当前主流管理学日益自然科学化，本文前述之徐淑英教授提出的嵌入式情境研究就是一种典型的自然科学化的研究方法——本质上它当然是比较管理，然而一定要改变学术界约定俗成的称呼，将这种主流的管理学硬性地称为管理学的一个分支，似乎意义并不大。因此，从学科发展的视角来看，较为繁荣的比较学科都在人文学科领域之中，如比较文学、比较历史等。

基于上述考虑，从学科发展的角度而言，应强调历时的、人文理解的比较管理研究——这似乎是比较管理能够成为一个独立的分支学科的立足点。至少，这种比较管理研究应该是综合了共时与历时、科学说明与人文理解的学科，本文不排除采用情境化的方法，它仍然是比较管理的重要内容，采用情境化的方法得出的结论仍然非常重要，但是作为一个学科来说，它可能会被淹没在主流管理之中而被自我取消。

【学术演讲精粹】

东方管理为什么能赢

杨兆宇

非常高兴有机会站在这个讲坛上演讲。我为这次研讨会准备的文章是“福特和盖茨的管理比较”和“企业狼文化和企业羊文化”，但我今天想讲的题目却是“为什么东方能赢?”。因为这半个月来我一直在想这个问题。由头是10月7日，我的一位在美国明尼苏达大学做访问学者的朋友给我打的一个越洋电话，说她在美国的同事 Kit R. Christensen 正在讲一门课，叫做“为什么西方能赢?”。这位同事让她和他唱反调，讲一下“为什么东方能赢?”。为此，她打电话给我，让我帮她出出主意，看看怎么讲。我觉得这个题目挺好，就深入地思考了一下，现在和大家讲一讲我对这个问题的思考。我先告诉大家我的结论，然后再讲我是怎样得出这些结论的。我的基本结论是：无论东方还是西方，谁也不能总“赢”，东方的“赢”和西方的“赢”具有交替性。农业社会，是东方赢的时代；工业社会，是西方赢的时代；现在是信息化时代了，又到了东方赢的时代了。其实我今天讲的这个题目应该叫“东西方交替赢规律”更准确。我正是在“交替赢”这个规律下得出“东方能赢”这个结论的。但我并不认为东方会一直赢下去，东方赢到一定时候，还是会轮到西方赢的。

我今天的演讲分四个部分，一是“象棋上的发现”；二是“推理管理领域”；三是“东方管理是盾”，“西方管理是矛”；四是“交替赢”。

一、象棋上的发现

我最初发现“交替赢”这个规律是在象棋领域。我是个棋迷，非常关注各种棋类比赛，每当全国象棋个人赛和国际象棋世界冠军挑战赛时，都是我的盛大节日，就像球迷看足球世界杯一样，在对全国象棋个人赛的持续关注中，我发现全国象棋冠军是防守型棋手和攻击型棋手交替出现的，上一位全国冠军是防守型棋手，下一位冠军就是攻击型棋手；而再下一位全国冠军又会是防守型棋手，如此循环下去。中国象棋的第一位全国冠军，有“魔叔”之称的广东杨官璘是一位防守型棋手，用他自己的话说，他玩的是意大利足球，靠的是防守反击。杨官璘棋风工稳，常常是先谋得一兵，靠一兵之微残棋取胜。第二位冠军有“神童”之称的湖北李义庭是一位攻击型棋手。第三位是有“胡司令”之称的上海胡荣华。他是两种棋风结合最好的棋手。但是，细细分析就会发现，他的防守可以和最好的防守型棋手杨官璘、李来群、许银川相比，但攻击不如最好的攻击型棋手柳大华、吕钦、赵国荣，故可说仍属于防守型棋手。从胡荣华手中夺去桂冠的是攻击型棋手湖北柳大华，相当长一段时间里，强弓硬弩的柳大华堪称中国第一攻击手。柳大华之后的全国冠军是有“智多星”之称的河北李来群。他的棋风和杨官璘相似，是一位防守型棋手，他的缜密防守也达到了当时无人能及的程度。李来群之后的全国冠军是有“飞刀”之称的广东吕钦。毫无疑问，他的棋风属于攻击型。吕钦之后的全国冠军是有“笑面佛”之称的江苏徐天红。他是一位在两万种选择中选择一种最稳健着法的棋手，无疑是一位防守型棋手。徐天红之后的全国冠军是有“新东北虎”之称的黑龙江赵国荣。他的棋风酷似其师王嘉良，属于攻击型棋手。根据上述规律，我虽然不能具体说出下一位全国冠军是谁，但我可以告诉你下一位象棋全国冠军的棋风。结果证明还是很灵验的，赵国荣之后的全国冠军的是有“少年姜太公”之称的广东许银川，棋风细腻稳健，靠“太极神功”和“鬼魅残功”称雄棋坛，是典型的防守型棋手，许银川之后获得全国冠军的是有“草莽英雄”之称的吉林棋手陶汉明，又是一位攻击型棋手。同样的规律也出现在国际象棋领域，1972 年的世界冠军波比·费舍尔是一个攻击型棋手，他的利矛刺穿了斯帕斯基的坚盾获得了世界冠军。而下一位世界冠军亚历山大·卡尔波夫，就是一位防守型棋手了，他的盾在当时世界上谁也刺不穿。下一个世界冠军是卡斯帕罗夫，一个典型的攻击型棋手，他的矛锐利无比，刺穿了卡尔波夫的坚盾，获得了世界冠军。阻挡住卡斯帕罗夫利矛的又是一个坚盾，防守型棋手克拉姆尼克，这面坚盾让棋坛巨无霸卡斯帕罗夫感叹道：“克拉姆尼克是世界上最难击败的对手。”围棋领域也是如此，时间关系就不多说了。

我发现的这个规律可以用我们中国道家的阴阳图来解释。世界是由阴阳两种相互依存又相互对立的概念组成的，阴中有阳，阳中有阴，在运动中，有时阴盛过阳，有时阳盛过阴，但阴或阳谁也不会一直盛下去，如果一方永远盛下去，就没有世界了。棋手由攻击型棋手和防守型棋手构成，攻击型棋手也有防守，只会攻击、不会防守的棋手，根本就下不了棋；防守型棋手也有攻击，如果一点儿不攻就不会赢了，这一点就像阴阳图里白色中的黑点和黑色中的白点一样，我中有你，你中有我。象棋的发展就是在攻击型棋手和防守型棋手的交替获胜中完成的。每一次攻击型棋手或防守型棋手的获胜都不是简单地重复他前面攻击型棋手或防守型棋手的获胜方法，而是把攻或防的获胜方法向前推进一步。如果只有一种类型的棋手能获胜，象棋就不能向前发展了。

二、推理管理领域

象棋领域如此，管理领域也如此。下面就用我在象棋领域的这个发现，解释一下为什么在管理上“东方能赢”。为了解释得更明白，我得先讲几个重要概念。

首先，讲一下我应用的东西方概念。关于东西方概念，有很多划分标准，有政治解、经济解、地理解和文化解、种族解、肤色解等。直到今天人们用得最多的还是政治解和文化解，而采用经济解和地理解的不多。这可能和现在有兴趣、有能力思考东西方问题的人的经历有关，他们的年龄应该超过 25 岁，心理学认为，超过这个年龄的人思想已经成型，很难接受新思想，直言之，他们还是“冷战思维”，还受丘吉尔的铁幕讲话的影响，仍然思考社会主义和资本主义谁胜谁负的问题。具有反讽意味的是，现在西方人中有“冷战思维”的比东方还要多，而“冷战时代”这种情况是相反的，因为邓小平早就告诉我们不去争论“姓资”、“姓社”了。我对东西方概念采用地理解，认为东方的典型是东北亚，西方的典型是西欧，而对美国和俄罗斯这两个具有重要意义的大国的东西方身份是要做些具体分析的，因为这两个国家的东西方归属直接影响世人对东西方的看法，也影响着人们对东西方谁“赢”、谁“输”的讨论。我们先从比较容易理解的俄罗斯说，俄罗斯虽然政治、经济和文化中心在欧洲，但它的大部分领土在亚洲，从历史上看，它一直想融入欧洲，但一直没有融进去，因此，俄罗斯应该归属东方国家。美国的归属要复杂一些，我认为美国这个移民国家是一个具有东西方双重身份的国家，工业时代的美国是大西洋国家，它的东海岸发展更快，更多地属于西方，信息时代的美国是太平洋国家，西海岸发展快，更多地属于东方。这样看美国既不完全属于西方，又不完全属于东方，既属于西方，又属于东方，这个观点和过去的观点有很大不同，过去一提西方就是“欧美”，而且 20 世纪以后，多数人认为美国是西方的代表。我的这个观点可以给人一个全新的视角去重新审视东西方的经济版图，对讨论东西方目前和未来谁“输”、谁“赢”的问题影响极大。根据这种观点，我认为东方的主要国家和地区是中国、日本、俄罗斯、印度及美国西海岸地区，而西方的主要国家和地区是英国、德国、法国、意大利及美国东海岸地区。这是我现在的东西方观。

其次，我想讲一下怎样理解“赢”?“赢”可以表现在n个方面，就东西方两个博弈方而言，“赢”可以表现在经济、军事等硬实力的比较上，也可以表现在政治、道德和文化等软实力的比较上。我认为带有根本性意义的“赢”是“赢”在经济上，无论东方还是西方，谁把经济搞上去了，谁就赢了，经济上的“赢”是基础，其他的“赢”都建立在这个基础之上。在后工业时代和信息时代，或者从后算起，东方的经济发展快于西方，世界上的经济奇迹都是在东方发生的，首先是日本的“东洋奇迹”，接着是“四小龙”，接着是改革开放以后的中国，从1979年起，连续30多年，中国经济飞速发展，现在已稳居世界第二位，2010年在8月16日日本已承认中国经济第二的地位了，而西方在5年前就认为中国经济已经居于第二了。还有信息经济是从美国西海岸地区发展起来的，硅谷、微软等著名IT企业都在这一地区，再加上俄罗斯经济的复苏和印度经济的发展，可以说，信息时代，东方的经济发展超过西方。所以说东方“赢”了。无论东方还是西方，不从经济上论“输”、“赢”，只讨论意识形态或文化是不能服人的。

最后，我想讲一下“大管理”概念。我用这个概念是为了把“赢”从经济上转移到管理上。管理就是整合资源，东方人管理东方的资源，西方人整合西方的资源。一切的“赢”都是管理上的“赢”，一切“输”都是管理上的“输”，大到东西方的管理、一个国家的管理，小到一个企业，甚至微小到下棋打牌的“赢”都是管理上的“赢”，资源整合得好就“赢”，整合得不好就“输”。这样，我们就可以把经济上的“赢”理解为管理上的“赢”了。就像下棋中的“赢”一样，“赢”了就说明资源整合得好，也就是管理得好。这就是我的“大管理”概念。

三、东方管理是“盾”，西方管理是“矛”

上来就讲东方管理是“盾”，西方管理是“矛”可能不好理解。但我说这种说法只是东方管理是“柔性管理”，西方管理是“刚性管理”的一种更简单的说法，我这样说是为了用“盾”来代表象棋中的“防守型棋手”，用“矛”来代表象棋中的“攻击型棋手”，然后用我在象棋大赛中发现的规律解释东西方的“交替赢”，再从“交替赢”中论证出“到了东方赢的时候了”，相信这样更容易被理解。

管理是柔性管理和刚性管理的配合体，就像任何防守型棋手都有攻击性和任何攻击型棋手都有防守性一样，我们说东方的管理是柔性管理并不是说其中没有刚性管理，也不是说西方的管理刚性管理中没有柔性管理，只是说东方管理中更多地表现出柔性，西方管理更多地表现出刚性。在这种共识下，我们讨论东方的柔性管理和西方的刚性管理。

首先，让我们看管理的人性假设。人性假设是管理的基石，全部管理都建筑其上，有什么样的人性假设，就有对应的管理理论、管理手段、管理方法和管理风格。无论东方的管理还是西方的管理，这个逻辑都是成立的。东方管理的基石是“人性善”，西方管理的基石是“人性恶”，我认为这是东西方管理最大的不同，因为东西方管理上其他的不同都是在这个不同基础上演化出来的。“善人善治”，“恶人恶治”，东方的管理假设是“人性善”，或者说管理对象是君子，只能采用柔性管理；反之，如果你假设人性恶，或者说管理对象是小人，只能采用刚性管理。这是我们说东方管理是柔性管理和西方管理是刚性管理最主要的根据。

其次，让我们看管理方法。从方法上看，管理可以靠“情”、“理”和“法”，在这三者中，“理”是中性的，我们可以认为东西方在管理上对“理”的依赖是一样的，在比较中把共同部分排除，就会明显看出：东方的管理更侧重依靠“情”，而西方的管理更侧重依靠“法”。这是任何一个比较过东西方管理的人都能认可的。主要依靠“情”的管理是柔性管理，主要依靠“法”的管理，当然就是刚性管理了。在我这里就应该是“盾”式的管理和“矛”式的管理了。

最后，我们看管理文化。东方的管理文化是以集体主义为主要特征的，西方的管理文化是以个人主义为主要特征的；东方管理文化是“抬轿”式文化；西方管理文化是“硬汉”文化；东方的管理更注重管理的软三角，注重员工、技能和风格，而西方的管理文化更注重管理的硬三角，注重制度、战略和结构。东方更注重管理的艺术性，西方更注重管理的科学性……所有这些都说明东方的管理是柔性管理，西方的管理是刚性管理，即我这里所说的“盾”式的管理和“矛”式的管理。

四、交替赢

现在，我们再回到“交替赢”这个前面已经提到的话题。但我们不再谈论象棋上的交替赢，而是借助东西方在经济上的交替赢，谈论东西方在管理上的交替赢。我对管理上的输赢是持“生产力标准的”，或者说实用主义态度的，谁在经济上赢了，我就认为谁在管理上赢了，就像体育运动中那样，谁在运动场上赢，我都会认为他在管理上赢了，比如，NBA 比 CBA 打得好，我就认为 NBA 的管理比 CBA 好；中国乒乓球队在世界比赛中的成绩最好，我就认为中国乒乓球队是世界上管理最好的乒乓球队。用这种观点看人类历史，在漫长的农业社会，东方的经济一直好于西方，所以我们说，东方的管理也好于西方，或者说农业社会是东方的柔性管理“赢”过西方刚性管理的时代；工业社会这几百年，西方的经济好于东方，我们说西方的管理也好于东方，或者说工业社会是西方的刚性管理“赢”过东方柔性管理的时代。现在是信息社会了，东方经济又将超过西方经济，所以我认为东方的柔性管理又该“赢”过西方的刚性管理了。这就是我要表达的管理上的“交替赢”。中国俗话说：“三十年河东，三十年河西”，就一个家族而言，“赢”的交替过程是三十年，就国家或东西方来说则是“三百年河东，三百年河西”，西方已经赢了三百年了，到了东方赢的时候了。

我这里说东方会赢，或者东方能赢，东方应该赢了，并不是说东方会赢了以后就会一直赢下去，按我的“交替赢”理论，在信息社会后的那个时代，西方还会再赢东方，然后又是东方赢。坚持东方总“赢”，那么不是东方人歧视西方，就是西方人自己看不起自己，认为黄种人优越了；反之，如果坚持西方会总“赢”，那么不是西方人歧视东方人，就是东方人自己看不起自己，认为白种人优越了。

从 20 世纪 80 年代以前，管理还是西方“赢”的局面，表现为东方人到西方“西天取经”。20 世纪 80 年代以后，已经开始出现西方人到东方的“东土就教”，开始出现东方在管理上“赢”的端倪，从管理理论上看，80 年代出现的“企业文化热”就是在“东土就教”中热起来的。90 年代出现的“学习型组织”理论虽然是西方人提出来的，但里面已经有大量的东方管理元素，比如“五项修炼”的中的“系统思考”，用的就是东方的整体思考；“共建愿景”和“团队学习”两项都有东方价值观中的集体主义。篮球队管理最好的菲尔·杰克逊，外号“禅师”，显然在他对球队的管理中融进了大量的东方管理元素。

东西方管理上的每一次交替赢，都不是简单重复自己过去的柔性管理和刚性管理，都把自己的柔性管理和刚性管理提高到一个新的水平，“矛”和“盾”的每一次交替赢都使“矛”变得越来越锐利，使“盾”变得坚固，由此推动着管理的发展。需要指出的是每次交替赢中都使东方人看到西方管理的优点，也让西方人看到了东方管理的优点，这促进了东西方管理的相互融合，这种整合趋势使东方管理的柔性中增加了西方的刚性元素，使西方管理的刚性中增加了东方的柔性元素，但在我们可以看到的未来，东方管理中的刚性元素不会超过东方管理基因决定的柔性元素，西方管理的柔性元素也不会超过其管理基因决定的刚性元素。

以上就是我个人这半个月的一些思考，不对的地方请大家批评。

【创新管理】

产学研合作创新与企业间合作创新的比较研究

徐向艺　任　荣

（山东大学管理学院，济南　250100）

［摘　要］合作创新是一种突破传统企业边界的外部技术协同活动，根据其参与主体的不同可以分为产学研合作创新和企业间合作创新两种类型。本文根据比较管理“环境比较+系统内比较”的基本思想构建了一个可以普遍适用于合作创新领域的比较研究分析框架，通过选取三省两市的31组典型样本，对比分析了两类合作创新的差异。研究发现：产学研合作创新中，参与企业越多，合作创新绩效越差；主导企业规模越大，合作绩效越好；产学研合作创新比企业间合作创新更需要政府的支持。对于企业间合作创新，参与企业数量与合作绩效呈倒U形关系；主导企业规模越大，合作绩效越差；企业合作创新比产学研合作创新要求更高的客户参与度。企业如何根据自身特点选择恰当的合作方式是创新取得成功的重点。

［关键词］产学研合作创新；企业间合作创新；比较研究

一、引　言

20世纪80年代，国际技术创新领域开始出现不同的主体间合作共享资源和能力，共同进行技术开发和应用的现象，称之为“合作创新”（Malmberg，Solcell和Zander，1996；赵树宽、王慧军、张晶敏，2010）。根据参与主体的不同，合作创新可以分为产学研合作创新和企业间合作创新两类。其中产学研是我国目前普遍采用的一种形式，通过较长时间的发展积累了一定的经验并取得了显著成果，但此类合作常会出现主体间有关专利、技术购买、知识产权等方面的纠纷和问题，这也导致近年来产学研合作创新的比例在逐步降低。1999年我国产学研技术输出合同成交额的比例高达68.3%，2005年降为30.8%，2008年仅为12%（何爽、谢富纪，2010）。

随着企业开始成为技术创新的主导力量，由多个企业联合起来参与完成技术创新已经逐步成为目前我国日益兴起和发展的合作创新方式，并受到越来越多学者的关注。世界最大的150家跨国公司中，已有90%的企业与其他企业存在合作创新关系（卢福财、周鹏，2006）。然而在企业间合作创新的发展过程中也存在众多的问题，如合作的范围、伙伴的选择、利益的分配和获取政府支持等，这些实践问题尚缺少理论上的指导（阮国祥、毛荐其，2007）。这就引发我们去思考，在两种合作创新模式并存的现实环境中，如何处理好这两种合作创新的关系？它们可否借鉴各自在

［基金项目］山东省自然科学基金青年项目“企业合作技术创新的界面管理与知识共享研究”（批准号2009ZRB02426）；山东省博士后创新项目“企业合作技术创新的界面管理研究”（批准号200903085）。

［作者简介］徐向艺（1956—），男，山东鄄城人，山东大学管理学院、山东大学公司治理研究中心教授、博士生导师。任荣（1979—），女，山西临汾人，山东大学管理学院讲师、管理学博士、应用经济学博士后。

发展中的成功经验来引导合作创新的顺畅发展？本文通过构建比较研究框架对产学研合作创新和企业间合作创新进行比较分析，希望从中发掘出可以借鉴之处来为合作创新的发展提供参考和依据。

二、文献回顾

竞争背景下的合作创新管理问题已经吸引了越来越多的学者们的关注和兴趣（Malmberg，Solcell 和 Zander，1996）。作为一种由不同类型主体（如企业、高校、研究机构等）所构成的复杂组织体系（Mierlo et al.，2009），合作创新不仅是当前企业降低风险和缩减成本的重要战略，更是企业获取外部知识、资源和能力的重要途径（Badaracco，1991）。其中产学研合作创新是指企业、高等院校、科学技术研究开发机构或其他组织机构，以企业的发展需求和各方的共同利益为基础，以创新为驱动，以市场为导向，以具有法律约束力的契约为保障形成的联合开发、优势互补、利益共享、风险共担的技术创新合作行为（李恒，2010）；企业间合作创新则是指由多个企业主体组成同类型组织体系的合作技术创新行为（任荣，2009）。两类合作创新活动存在一个共同之处，即企业是这一组织体系的核心（喻科，2010）。另外，两种合作创新模式会因其在规模、投入、创新源等方面产生的诸多不同而显著地影响合作创新过程的行为，进而在一定程度上决定最终产出（曹静、范德成、唐小旭，2010；车维汉、张琳，2010）。两类合作模式中，处于主导位置的企业会与属性不同的主体产生对接，例如产学研是通过技术研发、中试、商业化过程的任务交错来实现不同社会分工在功能与资源优势上的协同与集成化（孙伟、高建等，2009）；企业间合作创新则是在每一个技术创新时间点上伙伴企业实现任务的共同介入（罗炜，2002）。

虽然目前两种合作创新模式并存于中国经济环境中，但就发展而言，已经开始出现产学研合作创新模式让位于企业间合作创新模式的趋势（卢福财、周鹏，2006）。然而不可忽视的是，产学研合作创新模式已经经历了长期的运用、积累和发展，必然存在一些优秀的做法值得继承。如果能将其经验移植到企业间合作创新模式中，则可以促进后者进一步发展。同样地，如果能总结和提炼出企业间合作创新模式的新做法、新经验来服务于产学研创新模式，也可以使这种传统的合作创新模式得到不断完善、继续发展。因此，辨析和认识这两种合作创新模式的差异性是企业投入技术创新合作的重要基础。在这个基础上进行相应的技术创新管理才能得到最佳效果，这也是比较管理学应用的前提和基础。然而在以往的研究中，鲜有学者对此展开研究，这也导致现有的研究中将两种创新模式隔离开来而未能实现有效的融合。

比较管理理论是一种非常好的针对和利用对象差异性特征进行对比分析的工具（刘兰剑、党兴华，2007；陈华、付春、邓群钊，2008），它能较好地反映两个内外部特征相异的组织间的差异，以及如何在比较的基础上进行管理经验的移植来提升各自的运行效率（Courpasson 和 Gaillard，2000）。但目前的比较管理研究处于分散状态，缺少集成的模式，且许多研究只是简单地指出比较对象的异同点，缺乏对原因及可靠性的分析（Barratt 和 Bass，1976）。Beaty 和 Mendenhall（1990）认为在比较管理学科中缺乏具有普适性的理论构建，而且十分缺少对于研究框架的探讨（Sullivan，1992）。同样，Bass（1965）和 Roberts（1970）也对此提出了批评。因此，本文试图建立一个比较管理理论在合作创新研究领域应用的分析框架，在此框架指导下，对不同类型合作创新的特征及其涉及的部分内外部影响因素进行对比分析，寻找和辨析两种合作创新模式取得卓越成效的条件，并指导企业的技术创新管理实践。这不仅是对以往合作创新理论的进一步延伸，还可以帮助实践中企业对上述两种模式进行更好的认知，并使其服务于企业总体战略目标。

三、产学研合作创新与企业间合作创新的比较研究

1. 一个新的比较研究框架

比较管理可以探讨不同环境和背景下企业和管理体系的异同点（江西茜，1998）。由于参与主体在构成及其承担责任等方面的差异，产学研合作创新和企业间合作创新分属于不同网络节点的创新网络体系（张靓、何龙飞，2010），其管理方式和手段存在显著差异。为此，要构建一个具有相对普遍适用性的比较管理分析模型，既兼顾比较管理的理论价值，又体现合作技术创新的实践，就显得十分必要，以 Child（1981）、Sechrest（1977）、Bhagat 和 McQuaid（1982）、Bhatt 和 Miller（1983）、Boyacigiller 和 Adler（1991）、Triandis（1992）和 Redding（1994）为代表的学者均对此进行过论述。

一般而言，比较管理研究包括三种类型：纵向比较、横向比较和系统比较（袁治平，1997）。合作创新属于某对象系统（一个企业、一个地区、一个国家或一种管理方法）和其他系统间的比较，因此当属横向比较。针对此类比较研究，Bhatt 和 Miller（1983）提出了从企业具体情况、地区特定条件和相关国际环境三个要素进行的多层次比较分析法，Sechrest（1977）则根据从粗到细的研究思路对跨文化管理进行了比较研究，虽然学者们对于比较研究的出发点各不相同，思路也有所差异，但总体而言，学者们对于两个存在差异的事物间的比较研究应该遵循由外而内或由内而外的脉络有共识（黄群慧、张艳丽，1998），即可以从研究对象的系统内部和系统外部两个角度进行比较分析。通常我们将系统外部的比较研究称为环境比较，系统内部的比较研究称为系统内比较。就合作创新而言，环境比较则是对合作创新外部的政府、顾客以及其他利益相关者对合作创新活动产生影响的对比分析。系统内比较主要是指合作主体的构成、特征、关系及其权责划分等，包括规模、数量、实力和责任担当等方面的对比分析。根据上述原理和思路，本文构建了一个基于比较管理理论的合作创新比较研究框架，如图 1 所示。

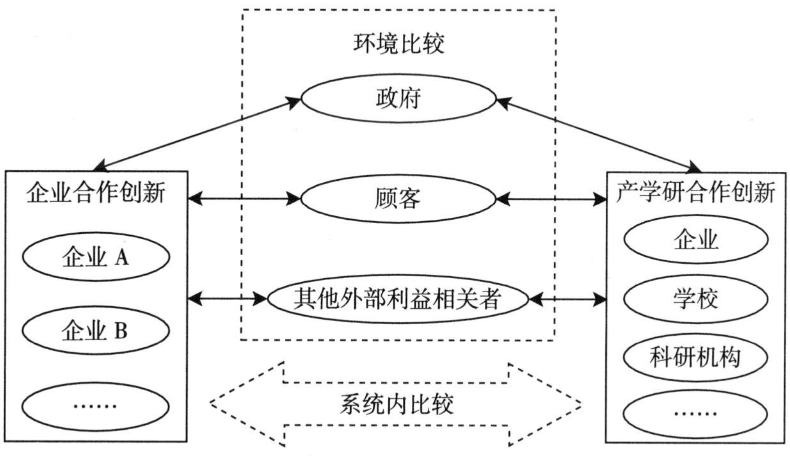

图 1　产学研合作创新与企业间合作创新比较研究框架

2. 研究框架指导下的两类合作创新比较

合作创新条件下，企业可以在利用其他主体专有知识、资源、能力的同时，进入新市场，降低交易成本，并有效化解创新风险（Hakanson 和 Sjolander，1995）。目前的企业经营活动中已经开始广泛采取此种模式，但还是面临着一系列的管理难题（Pavitt，1997）。例如，知识外溢会导致潜在的威胁和风险，是否存在合理的管理方式可以降低这种威胁和风险；合作中存在的异质性会

导致不对等状态，如何处理合作创新中不同质主体间的关系；政府是影响企业社会化活动的核心因素之一，合作创新过程中如何寻求政府的合适位置；客户需求是技术市场化和企业价值实现的重要导向，在合作创新中如何照顾到客户的利益。这些问题的存在为合作创新的管理带来了挑战，如何解决这些难题是合作创新获得理想绩效的关键。而这些管理难题在两类不同的合作创新模式下又会存在一些显著的差异性，如何区分和认识这些差异，并以此指导企业根据自身特点制定和实施合理的管理手段是合作创新管理研究中十分有价值的问题。本文以两类合作创新为研究对象，比较两者在运行和管理过程中的差异，寻求适合不同企业的管理措施，并恰当实施管理移植，以获得合作创新的更大绩效。

（1）参与合作创新的企业数量与两类合作创新。参与合作创新的企业数量反映了主导企业在合作创新活动中的号召力和吸引力，它是影响合作创新产出的重要因素之一。Schilling 和 Hill（1998）认为，基于管理幅度理论管理者只能管理有限数量的合作，随着合作伙伴的增加，企业的管理效率会下降。这不仅可能导致合作各方所得的回报减少，甚至当合作企业数量太大的时候会出现亏损。陈劲（2002）也提出，企业所拥有的合作伙伴的数量与合作创新的绩效存在着某种关联。可以看到，要使创新风险最小化，企业需要仔细选择合作伙伴，限制合作创新伙伴的数量，并建立正确的管理机制来控制机会主义行为（Williamson，1985）。

在产学研合作创新模式下，“学”和“研”都是创新技术的供给方，而“产”则是需求方。随着市场竞争环境的日益激烈，企业为了实现速度竞争会不断追寻在产业中可能出现的创新成果，而源泉又来自于上游的“学”和“研”。在经济利益的驱动下，很容易导致在合作创新的过程中出现机会主义或者背叛行为。同时，由于很多参与合作创新的企业都是中小企业，它们也很难获得足够的资金来购买创新成果的全部知识产权。因而，在合作创新中只能共享创新成果，继而导致企业继续从事同质化竞争而未能实现差异化。这在一定程度上也会使产学研合作创新模式出现利益坍塌，三者利益均受损而导致创新绩效低下。此外，由于产学研主体特性的异质性，也会让参与合作创新中的企业很难通过自身活动来影响到“产”和“研”的相关活动，它们可以随意扩充合作创新的企业数量而不受约束。因而，合作伙伴数量会在一定程度上阻碍合作创新的绩效。

企业间合作创新一般都是企业为了自身利益而自发组织起来的技术创新方式。企业在同伙伴企业进行合作的过程中会展开交换信息、知识、技术、产品和服务等资源，继而通过不断发掘、认知合适的伙伴企业来进行合作创新，最终促使合作创新绩效得到显著提高。当参与到合作创新的企业增多时，就可以结为社会网络中的各种社会关系。这样企业就能在其中找到可以信赖的、长久合作的合作伙伴，这无形中也会降低企业间的交易成本而提升企业合作创新的绩效（陈劲，2002）。在企业间合作创新模式下，由于参与活动主体的同质性，企业会更容易影响合作伙伴的行为。然而这种控制力也必然存在管理幅度的边界，随着参与合作创新的企业的数量扩充，其中的利益关系和交互活动会变得更复杂，为此企业也需要投入到更多的管理成本和协调成本。当这种管理幅度超过企业可控范围，则企业在合作创新中所付出的成本将会超过通过合作创新所得的收益，风险也会相应增加，此时就会导致整体创新绩效降低。根据以上分析，本文提出以下假设：

假设 1：在产学研合作创新模式中，参与合作的企业数量越多，则合作创新绩效越差。

假设 2：在企业间合作创新模式中，参与合作的企业数量与合作绩效呈倒 U 形关系。

（2）主导企业规模与两类合作创新。作为一种伙伴间技术互补的发展战略，合作创新能让企业接触到更多的知识与信息（Ahuja，2000）。在合作契约的规制下，企业会为合作创新投入相应的有形或无形资源，例如，原材料、技术、信息、品牌等。虽然不同性质主体组成的合作研发团队能够为合作创新提供更多的外部信息，成员的多样性也可以有效地提升合作创新绩效（Janis，1972）。但是相对于一般主体而言，主导企业的特征对于合作创新系统绩效的影响更为显著，尤其是主导企业的规模，它不仅体现着主体间的异质性，而且还反映出合作中的议价能力对比。这在很大程度上也影响着合作创新的绩效（Cohen 和 Levin，1998；Saloner，1986；Gilder，1994）。

在产学研合作创新模式下，当主导企业规模较大时，首先，它们有足够的能力为了自己的未来发展，而积极主动地从学、研机构中获取创新成果。并且它们还会将自己的合作创新成果在众多的附属群体中实现更大范围、更深程度上的传播和推广。这样创新成果也能迅速地得到各方的接受和认可，从而使合作各方均能从中受益。其次，当主导企业的规模较大时，也会自然承担领导者的角色。它们不仅需要带领其他合作主体进行同步发展，而且还要主动参与到协调产业内分工的相关活动，这样也在很大程度上提升了创新成果转化为市场绩效的效率，而相应节约了成本。此外，规模较大的主导企业一般都具有相当的市场活动经验，它们可以更低的交易成本处理好合作创新活动中的各方利益平衡问题，实现互惠，并减少其中可能存在的潜在风险。

在企业间合作创新模式下，参与主体都是具有同质性特征的企业。相对产学研模式来说，会存在更多的同质性竞争，其中必然会存在控制合作创新活动的主导企业。在合作创新的初期，主导企业推动着合作创新的发展方向，其他企业则起到配套和协调的作用。为了与主导企业在创新活动中保持一致性，它们不得不为此投入相对于主导企业来说“更多的”资源。合作创新过程的中期，主导企业会比合作伙伴更深刻地了解市场，并调动相关的资源参与到创新过程中，这个阶段很容易导致小企业利益的损害。当合作创新成果进行推广时，主导企业还能在彼此博弈的过程中获得更多的优势，例如，市场介绍、营销推广、客户谈判等。这使得合作创新的一切活动都是按照主导企业既定的计划实施和执行的，而小规模企业则往往被困于有限资源约束的境地，收益相对较低。虽然合作创新的目的在于实现所有企业的共同利益，然而由于现实中竞争性的存在，会很容易背离最初的目标。这会导致合作创新过程中存在许多潜在的风险，从而损害合作创新的产出。根据以上分析，本文提出以下假设：

假设 3：产学研合作创新中，主导企业规模与合作创新绩效正相关。

假设 4：企业间合作创新中，主导企业规模与合作创新绩效负相关。

（3）政府支持与两类合作创新。在合作创新的过程中不可避免地会遇到一些体制性、法律性的问题。无论是产学研模式中的主体，还是企业间合作模式中的主体，它们都无法通过自身力量对此进行处理。此时它们必须寻求第三方的帮助，而政府可以以恰当的身份介入并合理解决部分问题。此外，政府的一个重要任务就是制定合理的科技规划。这种宏观指导可以克服不同主体在微观上视野的局限性，使它们认清未来的长期发展远景，并实现自我调整。为此政府需要通过多种方式为合作创新提供支持，例如，组建专门机构进行创新指导；通过政策导向、立法等方式提供法律保障；设立科研基金来提供帮助；构建创新联系平台和通道等。

在产学研合作创新模式中，活动参与方不仅包括“产”、“学”、“研”这三者，还包括政府这个特殊的利益主体。其中，“学”与“研”是合作创新的基础和前提，“产”则是合作的根本目的所在，政府则是可以提供配套支持服务的机构，也是这种合作关系存在的保证之一。需要注意的是，产学研合作创新毕竟是一种异质性主体间的互动而导致的活动，其交流通道往往很难保持畅通，其维持还需要政府出面进行正确的引导和协调，这样才可以使大学、科研机构和企业及时把握相关科研资源和需求的信息。就各自的具体活动而言，“学”与“研”需要通过为社会和市场服务体现其价值。但在通常情况下，它们会遇到科研经费不足的问题。除了通过实现技术市场化来换取资金以外，很重要的渠道还来自于国家层面对创新活动的支持。通过获取政府的支持，三者之间会建立一个共同利益着眼点，并以此推动彼此的协同互动，使三者均能从合作创新活动中持续受益。

在企业间合作创新模式中，主要通过上下游合作、同业竞争者合作、不同产业的企业联盟等形式实施技术创新，具体的活动方式包括：资源共享、合作生产、共同研发、共同营销等（Inkpen，2000；Sivadas 和 Dwyer，2000；Bastos，2001），即在企业间合作创新的过程中，其行为主体具有同质性。企业作为市场中最基本的经济利益体，其行为都具有极强的趋利性和有限理性，其活动也一般建立在最终绩效的考虑上。这种共同的价值取向通常会帮助它们更好地进行标杆对比并对彼此的优劣势进行认知，同时还能通过合适的上下游、网络交易等关联建立适合的互动通道。因而，在其自主活动中除非是出现了彼此间利益损害而导致的冲突需要借助公正机构来裁决，否则一般很少需要第三方参与其中。特别是当政府参与到企业的自主经济行为中时，很容易出现企业在社会化活动中还是眼睛盯着政府，忽略市场的作用，从而损害合作创新活动的经济绩效。根据以上分析，本文提出以下假设：

假设 5：产学研合作创新比企业间合作创新更需要获得政府的支持。

（4）顾客参与两类合作创新。合作创新的本质是一种创新网络（惠青、邹艳，2010）。其中企业、学校、科研机构、政府及其他利益相关组织都会作为主体共同参与其中（朱向梅，2010），并承担不同的创新任务。然而需要认识的是，所有创新活动都需要围绕市场中客户的需求来进行。以 Enos（1962）、Shah（2000）和 Gans 和 Stern（1999）为代表的学者指出，顾客在合作创新中扮演重要的战略角色。顾客对创新的期望和要求是合作创新网络的核心和起点（Urban 和 Von Hippel，1988；Gao 和 Wang，2007），顾客同时也是合作创新技术进行市场化、商业化来获得价值实现的终点（Hirschman，1980）。

产学研合作是技术创新过程中上、中、下游的对接与耦合（车维汉、张琳，2010）。产学研合作创新将技术创新的任务按阶段分隔开来，合作各方承担的责任、风险、任务各不相同，学校和科研机构负责距市场最远端的初始技术研发，企业负责技术的商业化转化，学校和科研机构的客户即为企业，研发的技术主要考虑企业的需求，对于技术如何实现市场化和商业化则关注不足，因此，市场中顾客如何评价创新技术和产品实际上对学校进行研发的指导意义相对较低。来自顾客的认可和意见是合作创新能否成功的重要参考和标准（Von Hippel，1986）。只有企业才面向真正的顾客，关注和重视使用者和购买者对新技术商业化形式的看法和意见。

企业间合作创新则不同，参与合作创新的企业都是直面市场和顾客需求的创新主体。在客户需求多样化的市场环境中，企业需要付出更多的成本来服务于这些客户。企业在进行研发活动时，会将顾客的创新要求和意见直接反映和贯穿于技术开发的全过程，因此，顾客的参与程度对于技术创新的方向和最终成果十分重要（Mowyer，et al.，1996；Kuada，2002）。对此，Cummings（2004）也提出创新网络成员的多样性有助于企业获取多方位的知识资源，并有利于提高企业合作创新的效果。顾客作为创新网络的成员之一，其参与必定会为企业合作创新提供更广泛的知识资源和创新机遇。根据以上分析，本文提出以下假设：

假设 6：与产学研合作创新相比，企业合作创新要求更高的客户参与度。

四、企业调研与数理统计

1. 企业调研

由于合作创新是一个由多元化主体构成的组织系统，无论产学研合作创新还是企业间合作创新，都是一个包含众多利益相关体的技术协同活动，此次调研并未以单个参与合作创新的主体为调查对象，而是以一个合作创新组织系统为对象进行调研。本次调研采取人员走访和问卷调查相结合的方式，共走访和调查了山东省、山西省、北京市、上海市、四川省的 31 个经当地相关管理部门推荐的具有典型代表性的合作创新系统，其中产学研合作创新 18 个，企业间合作创新 13 个。

2. 变量选择与测量

合作创新的产出是指创新主体在本身所具有的创新能力的基础上，通过各种资源的有效开发和配置所取得的创新成果。合作创新系统的产出不仅包括专利数量、新产品数量、发表论文数量等直接产出，还包括科技成果的产业化、区域技术水平的提高、技术环境的改善等间接产出。具体而言，本文的合作创新绩效包括合作创新效益和合作创新效率两个方面，其中合作创新效益包括合作创新产品的销售额占销售总额的比例、合作创新所获的专利数量、合作创新技术的成功率三项指标。合作创新效率包括合作创新产品数占新产品总数的比例、合作创新技术的开发速度两项指标。同时，由于合作创新的绩效需要时间来体现，也为了更加准确地衡量合作创新的绩效，本文对合作创新绩效的测度（INNOV）是最近三年内的平均数，这和 OSLO 手册里定义的测度是一致的。

同时，本文选择参与合作创新的企业数量、主导企业的规模、顾客为合作创新提供各类创新信息的频数、政府支持资金/企业申请资金[①] 等指标作为本研究的自变量。另外，从调查的情况来看，合作创新系统建立的年限很可能影响整个系统运行过程的顺畅程度，进而影响系统的创新产出，因此在本文中将其作为控制变量。

3. 统计分析

首先对合作创新绩效的 5 个测量题项进行指定数目的因子分析，并进行正交旋转，使得每个因子的内涵变得更加清晰，结果见表 1。

表 1　合作创新绩效因子分析结果

因子	旋转后的方差贡献率		
	特征值	方差贡献率	累积方差贡献率
P_1	1.014	20.271	20.271
P_2	1.013	20.265	40.537
P_3	1.011	20.213	60.750
P_4	0.985	19.704	80.454
P_5	0.977	19.546	100.000

表 1 描述了合作创新绩效的 5 个因子及其相应的因子载荷，本文用 P 代表合作创新系统绩效的总体指标，在后面的多元回归分析中将把这一指标作为因变量，根据这 5 个因子对合作创新绩效的方差贡献率来计算合作创新绩效总体指标 P，具体计算公式如下：

$$P=P_1\times\lambda_1+P_2\times\lambda_2+P_3\times\lambda_3+P_4\times\lambda_4+P_5\times\lambda_5$$

公示中，P_1、P_2、P_3、P_4、P_5 分别代表析出的 5 个因子，λ_1、λ_2、λ_3、λ_4、λ_5 分别表示这 5 个解释因子的方差贡献率，因子与方差贡献率的乘积之和即为合作创新系统的绩效 P。

同时，根据本文的研究需要，构建两个多元回归方程，以区分产学研合作创新和企业间合作创新，具体方程如下：

$$Y_i=\beta_0+\beta_1X_{cy}+\beta_2X_{cq}+\beta_3X_{ms}+\beta_4X_{cs}+\beta_5X_{gs}+\varepsilon_i$$

将其写成矩阵的形式为：$Y=X\beta+\varepsilon_i$。

模型中，Y 表示合作创新的绩效，X_{cy} 表示合作创新系统建立的年限，X_{cq} 表示参与合作创新

① 这一指标需要体现合作创新获得政府支持的难易程度，因此不宜直接采取政府支持金额的数量，而采取政府支持和企业申请的比例。

的企业数量，X_{ms} 表示合作创新系统中主导企业的规模，X_{cs} 表示顾客对合作创新系统的参与和贡献，X_{gs} 表示政府对合作创新系统的支持程度。

在信度、效度分析的基础上，对多个方程的自变量分别进行多重共线性诊断，分析结果显示，所有自变量的 VIF 值均在 2 以下，远远小于临界值 10。因此，可以拒绝自变量之间存在多重共线性的假设。

根据前面的模型构建和假设分析，对自变量和因变量进行多元回归，结果如表 2 所示。

表 2　多元回归分析结果

因变量 / 自变量	方程 1		方程 2	
	产学研合作创新绩效		企业间合作创新绩效	
控制变量				
CY	0.0514**		−0.0263	
自变量				
CQ	−0.081*		−0.012	
MS	0.1521*		−0.0218*	
CS	0.0687*		0.1364**	
GS	0.1417**		0.0623*	
Ad.R^2		0.1956**		0.2023***

注：* $P < 0.1$；** $P < 0.05$；*** $P < 0.01$。

根据方程 1，调整后的 R^2 为 0.1956，F 检验在 0.05 水平上显著，说明该方程拟合度较好，参与合作创新的企业数量、主导企业规模、顾客参与、政府支持四个自变量能够解释 19.56%的产学研合作创新绩效的变异。方程 1 中，控制变量对因变量的标准回归系数为 0.0514**，说明合作创新系统成立年限对产学研合作创新的最终绩效存在显著正向影响，即成立时间越长越有利于高绩效的取得。方程 2 中，调整后的 R^2 为 0.2023，F 检验同样在 0.01 水平上显著，说明该方程拟合度较好，参与合作创新的企业数量、主导企业规模、顾客参与、政府支持四个自变量能够解释 20.23%的企业间合作创新绩效的变异。方程 2 中控制变量对因变量的标准回归系数为−0.0263，但不显著，无法验证合作创新系统成立年限对最终绩效存在显著影响。

对比方程 1 和方程 2，参与合作创新的企业数量对创新绩效的标准回归系数分别是−0.0081*和−0.012，可以说明在产学研合作创新中，参与合作创新的企业数量会对合作创新绩效的取得产生反作用，即参与合作创新的企业数量越多会导致合作创新绩效降低，假设 1 得到验证。但在企业合作创新模式中，参与合作创新的企业数量的标准回归系数是−0.012，但不显著，无法验证两变量之间的线性关系。

于是我们构建参与合作创新的企业数量与合作创新绩效之间的二次方程：$Y = \alpha + \beta_1 X_{cq}^2 + \beta_2 X_{cq} + \varepsilon$，其中，Y 表示合作创新的绩效，$X_{cq}$ 表示参与合作创新的企业数量。本文首先描绘了 X_{cq} 与 Y 之间的散点图，基本判定两者之间的关系类型，通过相关分析发现两变量之间的相关系数为 0.378**，证明这两个变量之间的确存在某种关联，但由于多元线性回归结果无法验证两者之间的线性关系，我们考虑两者之间的非线性关系，通过构建二次方程进行检验，X_{cq} 对 Y 的二次回归系数 β_1 为−0.105*，证明两变量之间存在非线性的倒 U 形关系，即在企业间合作创新模式中，参与合作创新的企业数量与最终绩效呈倒 U 形关系，假设 2 得证。

方程 1 中，主导企业规模的标准回归系数为 0.1521*，说明在产学研合作创新中，主导企业规模与最终绩效正相关，假设 3 得证。在方程 2 中，主导企业规模的标准回归系数为−0.0218*，说明在企业间合作创新中，主导企业规模与最终绩效负相关，假设 4 得证。

对比方程 1 和方程 2，在产学研和企业间两种类型的合作创新系统中，政府支持对最终绩效的标准回归系数分别是 0.1417** 和 0.0623*，说明产学研合作创新系统比企业间合作创新系统需要更多的政府支持，假设 5 得证。同时，在两个方程式中，客户参与度对最终绩效的标准回归系数分别是 0.0687* 和 0.1364**，说明企业间合作创新系统比产学研合作创新系统需要更多的政府支持，假设 6 得证。

五、结论与政策建议

本文在界定产学研合作创新和企业间合作创新内涵和特征的基础上，基于比较管理理论的基本原理和研究思路，构建了一个具有相对普适性的合作创新比较研究框架，从环境比较和系统内比较两个角度入手，对产学研合作创新和企业间合作创新两种合作创新模式间的差异进行了分析和解释，并采取实证研究的方法对企业数量、主导企业规模、顾客参与和政府支持等因素与合作创新绩效间的关系进行了验证，以此寻求企业在技术创新实践中如何根据自身特点选择适合的合作模式，并进行相应管理的有效路径。

本文的理论价值体现在以下三个方面：第一，构建了一个基于比较管理理论的、兼顾环境要素与系统内要素的横向比较分析框架，尽管这个框架在本文中仅被用于产学研合作创新与企业间合作创新两种模式的对比分析，但这一框架也可经过适当修改后应用于相关研究领域，因为对于任何两类存在差异的事物间的比较研究必须遵循内外兼顾的分析脉络以及系统论的相关原则。第二，相对于单独分析产学研合作创新或是单独分析企业间合作创新的研究，本文不仅把比较管理的思想引入到合作创新管理研究中，探讨两类合作创新之间存在的差异性，以此指导企业实践中的具体管理问题，而且以合作创新组织系统而非单个企业为研究对象，使研究结论更具系统性、综合性、全面性。第三，采取定量的方法对企业创新管理问题进行比较研究，完善了相关领域采取定性方法进行研究的理论结论。

基于以上研究结论和研究价值，本文对企业合作创新实践提出以下三个政策建议：第一，在产学研合作创新模式中，企业必须严格控制体系中参与的企业数量，尽可能使较少的企业参与其中。事实上，现实中合作创新成功的案例大多数都仅有一个企业（即合作创新的产出的受益者）参与其中，因为这样不仅可以使单一企业从最终产出中获得的收益最大化，还能避免由于多企业参与而造成的诸多负面问题。另外，产学研合作创新需要更多的政府支持，参与其中的主体应该尽可能多地寻求政府的帮助。第二，在企业间合作创新模式中，要注意保持均衡的企业参与数量，密切关注多企业参与带来的优势和劣势间的平衡，因为多企业能为合作创新带来更多的资金、知识、信息等资源，但参与企业超过一定数量时，这种优势就会小于多企业参与而造成的负面影响，进而导致合作创新绩效下降。同时，企业间合作创新还要努力提高最终用户对合作创新的参与程度，因为顾客的参与往往会为合作创新带来更高的收益，而且这一点在企业间合作创新模式中体现得更为明显。第三，在企业对两种合作创新模式中进行选择时，一个可供参考的标准是主导企业的规模：主导企业规模较大则更适合选择产学研合作创新模式，反之则更适合选择企业间合作创新模式。

当然，本文的研究也存在一些不足，如本文的对比分析过程重点是横向比较，对于两类合作创新系统的纵向发展路径和特征比较涉及不多。同时由于调查取样的难度较大，本文选择的调查对象的数量不大，这可能对实证结果产生一定的影响，另外在对比指标和自变量的选取上还有很多值得研究的其他方面，这些都是未来值得研究的方向。

〔参考文献〕

[1] Culpan R. A. Comparison of U.S. and Japanese Management Styles and Unit Effectiveness [J]. Management International Review, 1993, 33 (1): 27-43.

[2] Jong H. E., Keun L., Guisheng Wu. Explaining the "University-Run Enterprises" in China: A Theoretical Framework for University-Industry Relationship in Developing Countries and Its Application to China [J]. Research Policy, 2006 (35): 1329-1346.

[3] Frieder M. K. & Ulrich S. Science-Based Technologies: University-Industry Interactions in Four Fields [J]. Research Policy, 1998 (27): 835-851.

[4] Redding S. G. Comparative Management Theory: Jungle, Zoo or Fossil Bed? [J]. Organization Studies, 1994, 15(3): 323-359.

[5] Tamer C. S. & Das A. Methodological Issues in Empirical Cross-Cultural Research: A Survey of the Management Literature and a Framework [J]. Management International Review, 1997, 37 (1): 71-96.

[6] Yan Zhang & Haiyang Li. Innovation Search of New Ventures in a Technology Cluster: the Role of Ties With Service Intermediaries [J]. Strategic Management Journal. DOI: 10.1002/smj. 806. (www.interscience.wiley.com)

[7] 曹静，范德成，唐小旭. 产学研结合技术创新绩效评价研究 [J]. 科技进步与对策，2010，27 (7)：114-118.

[8] 陈爱贞，刘志彪. 西方产学研联合推动机制的理论与实践及对中国的启示 [J]. 当代财经，2010 (4)：62-70.

[9] 陈立泰，林川. 政府在产学研联盟中的角色及行为研究 [J]. 科技管理研究，2010 (7)：123-126.

[10] 郭斌. 知识经济下产学合作的模式、机制与绩效评价 [M]. 北京：科学出版社，2007.

[11] 惠青，邹艳. 产学研合作创新网络、知识整合和技术创新的关系研究 [J]. 软科学，2010，24 (3)：4-9.

[12] 孙伟，高建，张帏，王德保，冯冠平. 产学研合作模式的制度创新：综合创新体 [J]. 科研管理，2009，30 (5)：69-75.

[13] 闫进宏. 比较管理和跨文化管理研究方法述要 [J]. 学术研究，2008 (5)：97-98.

[14] 游文明，周胜，冷得彤等. 产学研合作动力机制优化研究 [J]. 科学学与科学技术管理，2004 (10)：9-12.

[15] 袁治平. 多重比较管理研究方法论及其应用 [J]. 西安交通大学学报，1997，31 (增刊Ⅰ)：104-109.

Comparison of Industry-Academia-Research Innovation and Enterprises' Cooperative Innovation

XU Xiangyi, REN Rong

(School of Management, Shandong University, Ji'nan, 250100, China)

Abstract: Cooperative innovation is the collaborative R&D activities which break through the boundaries of enterprises, and it can be divided into industry-academia-research innovation and enterprises' cooperative innovation according to the difference of its participants. The paper constructed a comparative research framework which can be generally applied to the research field of cooperative innovation based on the basic thought of comparative management. It analyzed and contrasted the differences between these two types of cooperative innovation by selecting 31 typical samples. In the industry-academia-research innovation, the more enterprises participated, the worse the innovation achievements are. The bigger the scale of leading enterprise is, the better the innovation achievements are. Industry-academia-research innovation needs more government's support than enterprises' cooperative innovation. As for enterprises' cooperative innovation, there is a U shape relation between the number of enterprises and cooperation achievements. The bigger the scale of leading enterprise is, the worse the innovation achievements are. Enterprises' cooperative innovation requires more customer participation than industry-academia-research innovation. It is important for enterprises to choose the appropriate ways of cooperation which according to their own characteristics.

Key Words: Industry-Academia-Research Innovation; Enterprises' Cooperative Innovation; Comparative Research

【创新管理】

流程中心型变革管理：一个理论框架

井 辉

(郑州大学商学院，郑州 450001)

[摘 要] 近十年来，基于流程的管理受到越来越多的关注，并逐渐成为管理理论研究和实践的一个新趋势。通过对流程变革管理理念发展历程的系统回顾，提出了流程中心型变革管理的理念，它倡导对流程进行多层面变革，并辅以多种管理方法的协同使用，同时考虑组织中的领导行为风格、战略导向、文化氛围和组织结构等影响，变革组织的运行与管理过程。流程中心型变革管理不仅是对流程管理理论的发展，而且也为我们认识和把握组织变革管理实践提供了一个新的视角。

[关键词] 流程中心型变革管理；流程再造；流程改进；全面质量管理

一、引 言

20世纪80年代以来，环境的变化和高新科学技术的发展引发了全球范围的社会变革，并使得企业所处的环境发生了翻天覆地的变化。个性化的顾客需求、飞速发展的科学技术、日益激烈的市场竞争，使企业的生存环境呈现出高度动态化的特性。企业要想适应外界环境的迅速变化和挑战，要能在激烈的竞争中获得发展，就不仅要采用先进的科学技术，而且要建立起便于对外部环境变化做出灵活反应的管理机制。在这一背景下，变革已不再是选择问题，而是必然执行问题。如果仍然停留在传统范式框架内看待变革，并以此寻求问题解决方案，现有问题不仅无法有效地得以解决，而且还可能产生更多的新问题。必须要对新的变化有充分的理解和认识，并在新的范式框架下研究组织行为，抛开视组织为机械式或单脑生物式系统的传统观念，转而以多脑社会文化互动模式及系统观来剖析组织的本质；抛开单一变量分割研究方式，转而以多变量相互依赖关系为对象，探寻问题间的联系和系统特性。这一切都为新的管理理念和模式的诞生奠定了基础，并提供了契机，也为以流程变革为中心的管理思想正式登上历史舞台提供了条件。

二、基于流程的管理理念的产生与发展

目前，人们普遍认为基于流程的管理思想来源于20世纪90年代哈默和钱皮等人提出的业务流程再造（BPR）理论。但实际上，基于流程的管理理念并非全新，它是伴随着管理理论的出现而产生和发展的。大致而言，其发展大致经历了四个阶段（见图1）。

[基金项目] 国家社会科学基金项目“我国和谐管理理论范式下的管理行为优化研究”（批准号10CGL004）。

[作者简介] 井 辉（1975—），男，河南信阳人，郑州大学商学院教师，研究方向：流程管理、组织行为与人力资源管理。

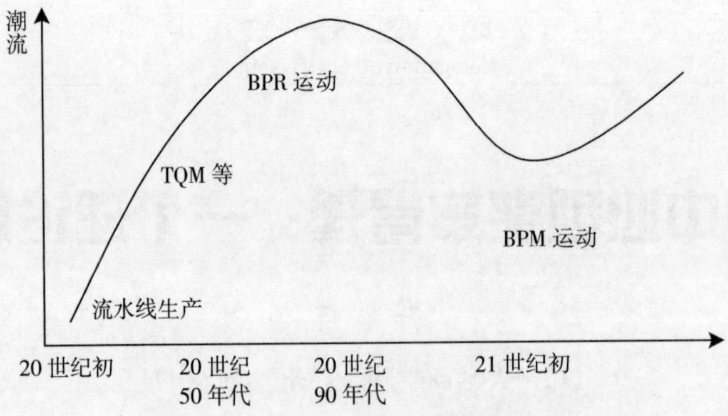

图 1　基于流程的管理思想的起伏周期

1. 流程的管理思想的萌芽时期

20 世纪初，以泰勒为代表的科学管理学派就开始了对企业流程的探索，当时的研究主要局限于底层作业效率的提高，提倡以科学明确的管理规程替代过去的经验管理，比如，甘特提出的“甘特图”以作业图的形式描述了生产活动（流程）的计划安排问题；福特在泰勒单工序过程活动研究的基础上，充分考虑了批量生产的特点，创建了第一条大规模生产流程（流水线作业模式）。泰勒与福特时代的流程管理标志着现代高效率工业的开始，这一时代的探索为今天的流程管理技术积累了不少有效的基本思想与方法，如流程细分、并行协调等至今仍然有效，并被后续的研究者逐步理论化。由于技术背景的局限性，当时的流程管理能力非常有限，应用的范围仅局限于基层业务操作流程的标准化设置处理，而控制技术与方法的发展是促使泰勒与福特时代流程管理思想正式向流程管理转变的主要推动因素。

2. 流程的管理思想的诞生发展时期

20 世纪 40 年代，产生了“质量控制”，旨在对制造产品的生产流程进行严格的分析和控制，其对象是单纯的制造流程。后来，控制范围逐渐扩展到产品和服务流程。20 世纪 70 年代的全面质量管理（TQM）把流程改善的思想运用到更广泛的企业管理中。TQM 追求流程连续、渐进的改善，采用的方法主要是流程图、流程统计测量等，旨在对工作流程进行持续而渐进式的改善，工作重点放在流程的某一职能范围内，采取对现有流程“四两拨千斤”式的最少变动方式，来谋取质量和效益上的不断改善。多年来，TQM 已形成一股管理运动，逐渐从其发源的制造业扩展到其他领域，如医疗卫生组织、服务组织、教育机构和军队组织等，并取得了极大的成功。但对 TQM 的发展应用，Gonsalves 这样总结道：大多数研究都没能够真正抓住 TQM 的本质和核心……。TQM 本质上是一个持续的、渐进的变革方案，它注重顾客需要，强调团队参与，以促进所有的员工设法持续改进组织所提供产品和服务的质量、工作过程和顾客反应时间……。致力于流程的持续改进是 TQM 的核心所在。

与此同时，飞速发展的信息技术也开始被引入管理领域，开始利用 IT 对传统的业务过程进行自动化改造。这一时代出现了一系列信息化流程管理技术，如 MRP、MRPⅡ、JIT 等。总体上看，这些技术的重点仍然是运作过程或环节的信息化而非流程。而且无论是在理论上，还是实践中，流程的概念还没有引起人们的足够重视。

3. 再造主导下的全面发展时期

20 世纪 80 年代后期，许多采用 TQM 等方法的美国公司在与日本公司的竞争中开始赢得有利的地位，并真正认识到了质量的重要性。此时，在运用这些方法改进绩效方面虽然还有很长的路要走，但那些在这一领域已经积累了多年经验的、有远见的公司——如福特和施乐——逐渐认识到，TQM 在克服过高的基础设施和官僚成本方面存在着很大的问题，已力不从心，必须加以变革。此外，以 IT 为代表的高新科学技术的发展和应用也为新的组织管理方法的产生奠定了基础。于是一些公司开始尝试引入一种新的、关注流程激进式变革的管理方法——业务流程再造。在这个背景下，哈默于 1990 年提出了 BPR。达文波特和肖特把 BPR 描述成为分析和设计组织的工作流和过程管理方法，流程再造意味着“彻底分析流程，并予以重新设计，以在各项指标上有突破的进展”。哈默与钱皮将 BPR 定义为：对业务流程进行根本性再思考和彻底再设计，从而在成本、质量、服务和速度等方面获得戏剧性的改善。BPR 不仅关注“根本性”和“彻底性”的“再造”，而且关注“流程”，流程是再造的对象。BPR 的提出意味着流程管理进入了全面发展的时期。

4. 新一波流程管理浪潮的兴起

自 BPR 提出以来，无数公司和企业组织为降低成本、缩短生产周期、提高市场反应速度和顾客满意度而施行了 BPR，而且也涌现出了许多成功实例，如福特公司的物资采购流程改进等。然而，许多组织进行业务流程再造后并没达到所期望的效果。一些研究者解释道：这是因为 BPR 需要根本性的改变，如哈默强烈倡导过程的“毁灭”，一切推倒重来，还需要强有力的直线型领导、IT 能力和权力的下放等，这种变革过于激烈，一般很难达到。Stoddard 和 Jarrenpaa 认为，从一张白纸上开始再造的方法在实践中并不具有代表性，并指出，BPR 经常致力于革命性的变化，但一般由于资源条件的限制，常常以改良的姿态出现。

此时，一些学者逐渐认为：不管如何攻击“已经过时”的传统理论，都应该看到，传统理论中的劳动分工之类的概念，在现代组织里仍拥有非常强大的效力，而有些是 BPR 根本无法做到的。以 BPR 为代表的方法大多强调控制、改进或再造，却忽略了对控制、改进和再造的客体对象——流程的关注或关注不够。同时，由于环境的变化，越来越多的组织发现为了在市场取得竞争地位，必须从流程的角度发掘内部潜在的价值增值空间，提出更务实、有效的管理理念和方法，试图全面抛弃传统理论体系是不现实的。具有可操作性的思路应该是扬弃激进式再造主张，促使其与其他管理新技术、新方法相融合，进而演绎出更贴近现实的变革管理方法。此外，一些研究也发现对 TQM 进行修正也可以变革业务流程，BPR 不仅仅是“迅速的修理”，TQM 也不仅仅是“渐进的质量改进”，无论是 BPR 还是 TQM，重点不在变革而在流程，围绕流程可以把组织中彼此相关的任务、岗位、人员、部门等协同起来，为客户提供产品或服务，这就是流程管理。Smith 和 Fingar 认为现在的时代“IT Doesn't Matter，Business Processes Do”，企业竞争优势来源于卓越的流程体系。在目前环境中，基于流程的管理开始发挥出越来越大的作用，掀起了流程管理的新浪潮。

三、流程中心型变革管理思想的提出及其理论基础

1. 流程中心型变革管理思想的提出

近年来，流程管理的研究逐渐形成了一些共识性的内容。扎伊利把流程管理定义为：分析和持续改进组织基本活动（如制造、销售等）的结构化方法。李和戴尔、埃岑加等把流程管理定义为：分析、改进、控制和管理流程，以实现改进产品或服务质量目标的系统化、结构化方法。梅绍祖和 Teng 则把流程管理定义为：以规范化地构造端到端的卓越业务流程为中心、以持续地提高组织绩效为目的的系统化管理方法。这些定义突破了 TQM 的渐进性和 BPR 的彻底性等局限，强调组织要从实际情况出发，围绕顾客需求，以流程为基础，进行不同层面的流程变革：流程规范、流程优化和流程再造。最终目标是通过卓越流程体系的建立提升竞争优势和改进绩效。

Kettinger 和 Grove 的研究对流程变革也进行了相应的定义：流程变革是指由战略驱动的组织变革，是对企业流程的改善和重新设计，通过变革业务流程、信息、技术、组织结构和人之间的

关系达到企业在质量、对市场的响应速度、成本、柔性、顾客满意度以及其他重要的绩效方面的竞争优势。这实际上也指出了流程变革应该包括五个方面的内容：①流程变革不仅仅是彻底的流程再造，持续性的流程改善常常也有很大益处；②流程变革中的“推倒重来”、“在白纸上重新开始”的方法虽然常常很有效，但大多数企业更希望采用渐进性的变革方法，因此流程变革是再造和改善的结合；③流程变革是战略导向的，是自上而下的过程；④流程变革需要达到突破性的绩效，但是在许多情况下，变革的结果只是在某些方面取得一些成果，很少能够达到组织最初设定的绩效目标，所以评价变革成功的标准不仅仅是企业绩效，还要与组织文化和组织导向结合起来；⑤流程变革一般是信息技术“使能”的，同时涉及人员、工作、技能和结构等方面的变化以及各种管理方法的使用。

由此可以看出，流程管理的对象是各种流程的运作及其相互作用方式，它要求各种流程设计必须围绕战略目标来进行，而战略又需要通过各种流程来实现。如果只注重业流程的改造，而忽视流程的管理问题，就无法使各流程的综合效果达到最佳状态。因此，企业在进行流程改造的同时，必须建立流程管理模式，这包括变革的战略指导、领导和文化支持、变革方式选择、构建流程型组织、培育流程型文化、变革方法的协调使用等内容。这都是以流程为中心的，涉及企业整体的变革管理，因此可称为流程中心型变革管理。

2. 流程中心型变革管理的理论基础

在应对环境变化带来的挑战的过程中，产生了众多极具影响力的、基于流程的管理方法，其中最具代表性的有 TQM、六西格玛管理法（6σ）、BPR、精益生产（Lean）等。这些方法以满足顾客需求为导向，通过对组织业务流程的渐进式或激进式改革与运行过程的优化控制，达到快速提升组织绩效的目的。

TQM 是一种由顾客的需要和期望驱动的管理哲学，是以质量为中心、建立在全员参与基础上的一种管理方法。它将质量的概念延伸到了服务和工作质量环节，将质量管理的范围从生产过程延伸到企业的整个经营过程，强调了满足顾客需求为中心以及全体员工在 TQM 中的重要作用。具体来说，TQM 蕴涵着三层含义：①强烈地关注顾客。把以顾客为中心的思想贯穿到企业业务流程的管理中。②坚持不断地改进。TQM 是一种永远不能满足的承诺，“非常好”还是不够，质量总能得到改进，“没有最好，只有更好”。③改进每项工作的质量。质量不仅与最终产品有关，还与如何交货、如何迅速响应顾客需求有关。

BPR 所倡导的激进式变革代表了一种新的经营思维，这是因为在其中：①流程是以目的为中心的，它关注的是工作最终产生什么样的结果，而不是工作何时完成；②流程以客户为重心，从流程的角度进行思考，迫使企业从客户的角度出发，而不是从自己的角度看待工作；③业务流程具有协作性的特点，围绕流程的思考超越了单个活动的范畴。

六西格玛管理法的根本则是建立一套严谨的、有纪律的、基于事实的制度，通过各种流程的设计和改善，创建近乎完美的流程、产品和服务来满足顾客的各种需要。它具有七个核心价值理念：①将所有工作都视为过程，过程决定了结果；②如果你不能测量它，就不能管理和改进它；③依据数据作出决策，强调用数据说话；④任何过程都是波动的，从波动中发现改进机会；⑤需要用科学方法来改进过程；⑥所有改进都应该联结到顾客满意和企业发展战略；⑦所有改进必须获得底线和顶线改善结果。

精益思想是在流水线生产方式的基础上发展起来的，通过系统结构、人员组织、运行过程和市场供求等方面的变革，使生产系统能很快适应用户需求不断变化。最早产生于 20 世纪 40 年代的丰田汽车公司，其基本内涵是按最佳顺序排列生产价值活动，并认为只要过程不中断，无论是谁来推行这些活动，都会越来越有效。换句话说，精益思想是精益的，是因为它提供了以较少的投入，获取越来越多的产出的方法，同时也越来越接近用户，提供他们确实需要的东西。精益思想的核心理念是通过持续改进生产流程，消灭一切浪费现象，其重点是消除生产流程中一切不能增值的活动。

3. 流程中心型变革管理的方法集成思想

TQM、BPR、6σ、LEAN 还有许多其他未曾提及的管理方法的发展与应用，不仅使众多企业实现了生产率和企业关键绩效的提高，而且在提升企业竞争力等重要方面所发挥的作用已经越来越得到公认。然而，它们在实践应用中还存在着一些这样或那样的问题。

（1）每种方法都产生于特定的领域，是针对某一特殊对象的问题管理方法。如 TQM 是解决质量管理问题的卓越工具、BPR 是变革流程的不二法宝、6σ 是提升产品设计与制造质量的有效方法、LEAN 是优化生产过程的捷径……每一方法在其他领域的推广应用性较差，因此都具有片面性，缺乏系统观和整体观。

（2）每个采用了一种方法的企业也都认为自己所采用的方法最见效，因而也未必去研究其局限性，显示出方法上很强的“路径依赖”特征，反而妨碍了对其他方法的研究。

（3）即使那些已经认识到每种方法的优势和劣势，且确实需要多种方法的企业，也经常将每种方法当成单独的、分开的，甚至由不同职能部门负责的举措，结果又出现了一种“多种举措冲突”的现象。

如何做才能做到既吸收各种方法的优点，又同时避免“多种举措”之争，从而综合应对管理变革的挑战呢？一个有效的方法就是依据这些方法的共性特征进行集成。无论是 TQM、6σ，还是 BPR、LEAN 等，它们都存在着一些共性特征（见图 2）。

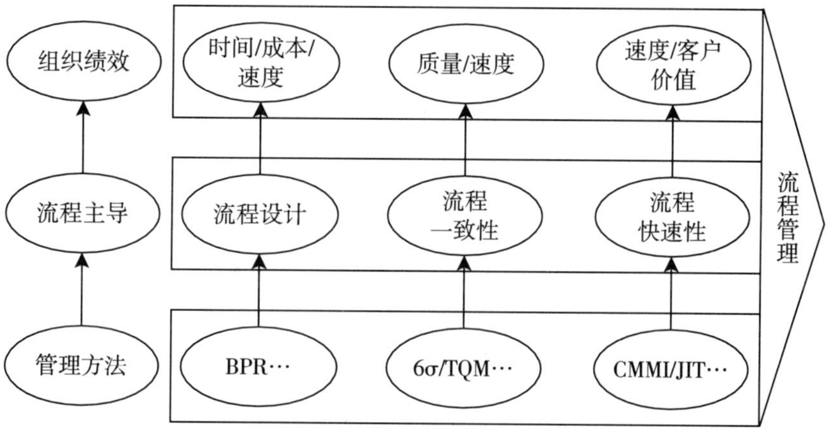

图 2　多种管理方法的流程共性特征

一是每种方法都是以组织绩效的提升为根本目标的。如 TQM 通过对流程的规范化改进为顾客提供增值价值，BPR 则通过对组织流程的激进式再设计为顾客提供增值价值。

二是每种方法的基本分析单位都是流程。如 TQM 通过对流程的持续改进满足顾客需求，6σ 通过控制偏差减少缺陷而追求流程的一致性和稳定，BPR 的基本分析单位更是流程。

此外，这些方法还存在一些其他的共性特征，如对科学分析方法的偏爱及关注 IT 的使用等。它们虽然出自不同领域，但都追求着几乎相同的目标，即促进组织绩效的提升，并都在向着以流程为中心的管理变革方向收敛。

实际上，组织可以看做是流程组成的集合，而各种变革管理方法也具有流程主导的共性特征，并适用于不同的职能部门和业务领域，围绕流程可以把这些方法整合在一个统一的框架内，发挥多种方法的协同互补作用。

首先，从组织的横向价值链看，如果结合各自的优势，在不同的业务领域采用不同的方法，它们可以覆盖价值链的各个环节。但如果缺乏有效的集成，各个部分之间依然是“隔离”的，而流程提供了一个冲破壁垒的工具，也为方法的集成搭建了一个平台。围绕流程可以把多种方法有机地连在一起，着眼于整个流程的优化，构建卓越的流程体系（见图 3）。

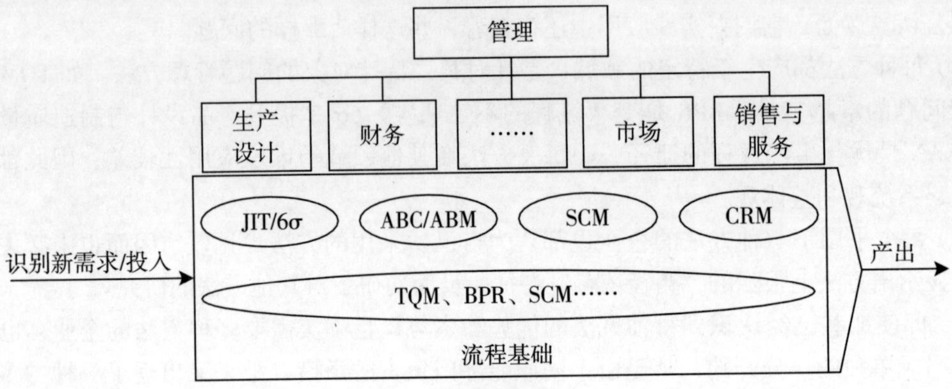

图 3 流程价值链

其次，从纵向价值来看，按照波特的观点，“战略的核心是基于活动的，这些活动产生成本并为顾客创造价值，它们是竞争优势的基本单元。”而“流程”和“活动”是同义词。因此流程又是驱动战略实现的基础。依据这一逻辑，可逐步把战略落实到流程上来，通过流程的设计和不断优化促进战略目标的快速有效实现（见图 4）。

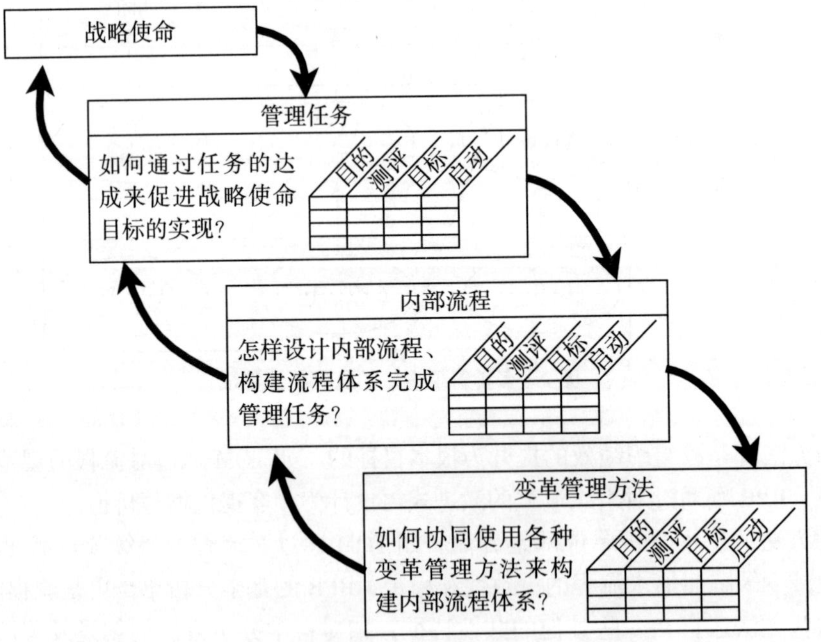

图 4 基于战略目标分解的变革管理方法集成

由此可以看到，方法集成不仅能够有效地解决“举措冲突”，而且能够取得协同效应。如果将水平和垂直方向的集成进一步综合，就可以得到基于流程的方法集成框架（见图 5）。

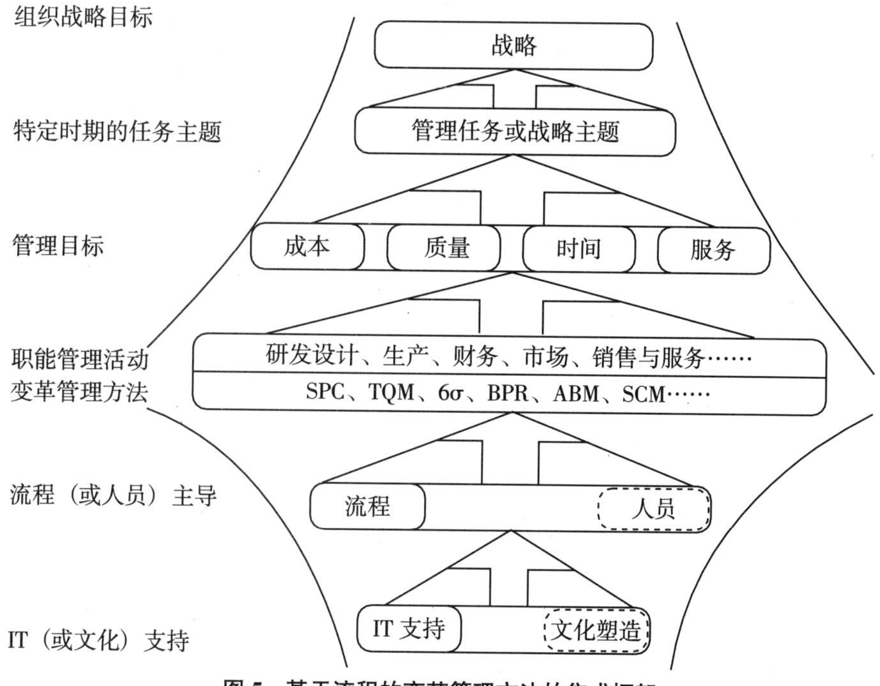

图 5　基于流程的变革管理方法的集成框架

四、流程中心型变革管理的理论框架

1. 流程中心型变革管理的构成因素

流程中心型变革管理并非一个孤立的步骤，也并非只考虑流程单一因素的变革，它是一个系统的变革过程。在这样一个过程中，流程虽然位居中心，但也考虑很多因素的同时变革。也就是说，战略是它的驱动力，同时涉及组织结构、信息技术及组织内多个方面因素的变革，目标是改善企业绩效，获取竞争优势。

Kettinger 和 Grove 等认为，可以从两个维度分析流程变革的影响因素："硬"因素和"软"因素。"硬"因素是指与组织的战略、结构、系统、流程、方法、程序等相关的因素；"软"因素是指与人相关的、无法明确表达出来的因素，如领导行为、组织成员之间的沟通方式、组织文化等。流程变革必须要把"硬"因素的变革和"软"因素的变革结合起来（见图 6）。

这些因素中，除了 IT 为使能因素、人员为内在隐性因素之外，组织中的领导行为风格、战略规划方向、组织结构特性和文化氛围等都是对流程变革有着重要影响的要素。

（1）战略的中心问题是企业的成长方向问题。按照既有的战略管理理论研究路线可以认为，一个好的企业可能是因为处于一个可以防备市场竞争的市场位置，可能是因为拥有独特的资源或能力能够创新，也可能是因为它的组织结构与战略恰好适合市场的变化，抓住了市场机遇，或有效地降低了交易成本。但总体来讲，战略就是规划企业的未来，是关于企业总体发展方向、未来发展目标、实现目标的途径与政策的选择。流程作为实现战略目标的途径，必须以战略为导向，必须有利于核心能力的形成。战略和流程之间存在着这样的辩证关系：①战略决定流程。组织与战略的关系可以具体化为"战略—流程关系"，战略的定位直接决定执行层面流程的设计及运行。②流程是实现战略的手段。战略通过业务流程得到实施，顾客的需求通过业务流程得到满足。

（2）领导是流程变革成功与否的关键影响因素。依据交易型—转换型领导理论的分析框架，转换型领导通常以内部员工智力的激发来促进变革，这种变革是经常性的、具有挑战性和突破性

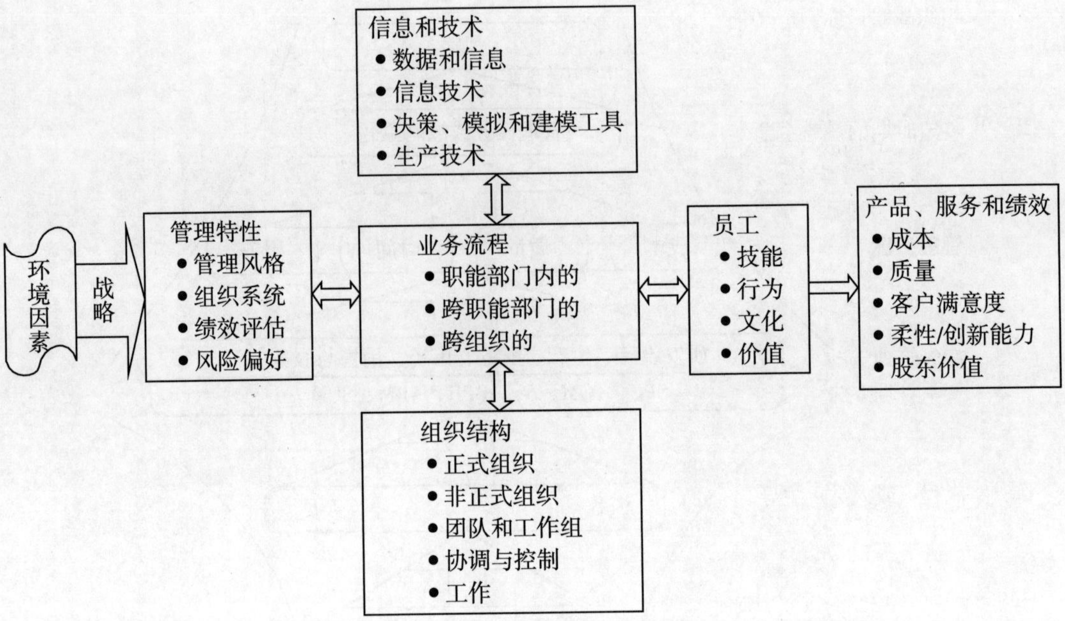

图6 流程变革管理框架模型

的。换言之，在转换型领导行为风格下，组织更倾向于采用激进式的变革方式；而在交易型领导下，通过渐进方式变革现有业务流程，则更容易促进短期经济目标的达成。领导行为风格对流程变革管理方式的选择使用及其绩效表现具有重要影响。此外，组织的管理变革往往是自上而下的，最高决策者的理解和支持也是促使变革成功的关键因素。

（3）组织文化的影响。由于文化具有导向、约束、凝聚、激励、辐射、调适等方面的功能，组织在实施流程变革的过程中，必须考虑其影响。德菲尔咨询公司进行的一项关于 BPR 的研究发现，2/3 的被调查对象列举文化阻力是阻碍 BPR 顺利实施的主要“瓶颈”。

（4）组织结构的影响。组织结构“建构”了发生在组织内部的各种活动的关系及其相互作用。组织结构是组织用以达成目标的工具与手段之一。组织结构一般具有三个基本功能：有利于组织输出并达到组织目标；有利于使个人行为差异对组织的影响最小化，至少能规制个人差异对组织的影响，结构强行规定个人适应组织的要求而不是组织适应个人的要求；结构是运用权力的场所，是作出决策的场所，决定了组织资源的分配与活动的安排。至于组织结构对流程变革的影响，钱德勒对此有过近似的比较精辟的论述。他认为，结构和过程是管理系统的两大要素，结构是实现组织战略的基础和保障，过程是实现组织战略的具体程序和步骤，二者统一于组织战略。

2. 流程中心型变革管理的理论框架

综上所述，以流程为中心，可以实现对多种管理方法的整合集成使用，设计与优化组织的流程体系，促进组织变革绩效的全面提升，但这一变革过程同时又会受到战略、结构、文化等因素的影响。因此，必须在整合多种管理方法基础上，以流程的设计优化和再造为根本，并考虑战略、领导、文化、组织结构等的影响作用，把这些内容进行整合，构建更具效力的以流程为中心的变革管理模式，即推行流程中心型变革管理（见图 7）。

（1）在流程中心型变革管理中，最重要的是坚持变革的战略导向，以明确的战略目标为指引，构建卓越流程体系。流程管理是个跨部门、跨组织的工程，流程的变革及管理经常伴随着权利与利益的重新划分与转移，必然会造成传统意义上责、权、利，以及严格划分的职能部门之间的各种矛盾冲突以及意见的分歧，因此，必须坚持流程中心型变革管理的战略指导才能保证各项变革工作的顺利开展。

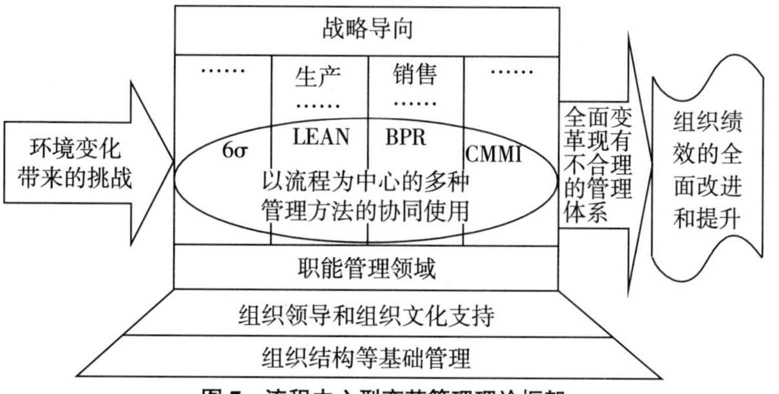

图 7　流程中心型变革管理理论框架

（2）由于流程变革是涉及组织整体的系统工程，变革过程对组织中的领导和高层管理人员的能力和行为提出了新的要求，必须有组织领导和各变革层次管理人员的支持，并在相应的领导行为风格指导下采取与之相适应的流程管理变革方式，否则很难成功。

（3）既然组织的结构是影响流程中心型变革的重要因素之一，那么在对组织进行基于流程的变革的过程中，也必须对构建与流程变革管理相适应的组织结构形式，即构建流程型组织，跳出狭隘的对单个业务、产品、部门的思路，不再仅仅从职能的角度去看待组织，而是应用流程从流程的角度去分析作为一个投入产出系统的组织。

（4）由于文化对组织人员及组织内部各层次行为的无形的影响作用，在变革流程过程中，必须培育与之相适应的文化，即培育流程型文化。

（5）流程中心型变革管理能否有效发挥作用，关键还要取决于能否通过对 TQM、BPR、六西格玛、LEAN 等的协同使用来实现对组织流程的设计、优化和再造，并构建出卓越的流程体系。换言之，一个完整的流程管理应包括流程设计、优化和再造三个层面的内容。设计是“生产”流程的第一个环节，也是流程变革的基础。通过流程设计，为组织提供了一个适合特定发展时期要求的流程体系，但这并不能说明流程变革的工作就此完成了。在运行过程中，一些原来优秀的流程也有可能随着环境的变化不能够再适用，存在的问题也会在逐渐暴露出来，此时就必须对其进行优化。而如果发现原有流程已无优化的必要，或优化的成本太高，那么就必须进行流程再造。

五、结束语

流程管理思想的发展虽然已经经历了近一个世纪的历程，研究成果汗牛充栋，但真正能够对其进行系统分析的研究还相对较少。而且由于业务流程再造思想的提出给人们带来的巨大影响，直到现在当谈起流程管理的时候，大多数人仍认为它就是流程再造理论。但严格地讲，二者并不等同。在众多关注组织变革的管理方法中，BPR 只是其中的一个典型代表。这些方法都具有“流程主导”的共性特征，围绕流程，可以把它们“串”起来。进一步地讲，如果把这些方法与组织中的其他因素结合起来，以流程为中心，对组织的运营过程进行全面的变革，就会形成与这些方法本身或传统管理理论所提倡的完全不同的组织变革模式，这就是流程中心型变革管理。与目前一些流程变革管理问题研究思路有所不同的是，流程中心变革管理模式研究的是纯粹的组织的变革管理问题，而非操作层面的技术问题（如工作流系统设计等），这无疑为人们认识和变革组织运行与管理机制提供了一个新的视角。

〔参考文献〕

[1] Balzarova, M. A., Bamber, C. J., McCambridge, S., Sharp, J. M.. Key Success Factors in Implementation of Process-Based Management [J]. Business Process Management Journal, 2004, 10 (4): 387-399.

[2] Davenport, T. H. Need Radical Innovation and Continuous Improvement? Integrate Process Reengineering and TQM [J]. Planning Review, 1993 (21): 6-12.

[3] Elzinga, D. J., Horak, T., et al.. Business Process Management: Survey and Methodology [J]. IEEE Transactions on Engineering Management, 1995, 42 (2): 119-128.

[4] Gonsalves, G. C. Business Process Management: Integration of Quality Management and Reengineering for Enhanced Competitiveness [D]. A Dissertation Submitted in Partial Fulfillment of the Requirement for the Degree of Doctor of Philosophy in the College of Business and Economics at the University of Kentucky, 2002.

[5] Hammer, M. Reengineering Work: Don't Automate, Obliterate [J]. Harvard Business Review, July-August 1990: 104-112.

[6] Hammer, M. and Champy, J. Reengineering the Corporation: A Manifesto for Business Revolution [M]. Harper Business, New York, 1993.

[7] Kettinger, W. J., and Grover, V. Toward a Theory of Business Process Change. Journal of Management information Systems. September 1995: 9-30.

[8] Lee, R. G., Dale, B. G. Business Process Management: a Review and Evaluation [J]. Business Process Management Journal, 1998, 4 (3): 214-225.

[9] Markland R. E., Vickery S. K., Davis R. A. Operations management - concepts in manufacturing and services [M]. Cincinnati: South-Western College Publishing, 1998.

[10] Smith, H. and Fingar, P. IT Doesn't Matter, Business Processes Do: A Critical Analysis of Nicholas Carr's IT Article in the Harvard Business Review [M]. Tampa: Meghan Kiffer Press, 2003.

[11] Stoddard, D. B. and Jarvenpaa, S. L., Business Process Redesign: Tactics for Managing Radical Change[J]. Journal of Management Information Systems, 1995, 12 (1): 81-101.

[12] Zairi, M. Business Process Management: A Boundaryless Approach to Modern Competitiveness [J]. Business Process Management Journal, 1997, 3 (1): 64-80.

[13] [美] 阿尔弗雷德·钱德勒. 看得见的手：美国企业的管理革命 [M]. 重武译. 北京：商务印书馆，1987.

[14] [美] 理查德·霍尔. 组织：结构、过程及结果（第8版）[M]. 张友星，刘五一，沈勇译. 上海：上海财经大学出版社，2003.

[15] 井辉. 流程主导的管理变革方法及其集成 [J]. 统计与决策，2008 (20)：173-176.

[16] 梅绍祖，Teng，J. T. C. 流程再造——理论、方法和技术 [M]. 北京：清华大学出版社，2004.

[17] 王辉. 组织中的领导行为 [M]. 北京：北京大学出版社，2008.

[18] 岳澎. 流程型组织的构建研究 [M]. 北京：清华大学出版社，中国农业大学出版社，2009.

Process-centered Change Management: a Theoretical Framework

JING Hui

(Business School of Zhengzhou University, Zhengzhou, 450001, China)

Abstract: In recent ten years, process-based management is paid more and more attention by practitioners, and is becoming a new trend to management research. On the base of having a systematic review to the development history of process management thought, this research put forward a new change management model, that is process-centered management. It advocates changing organizational process frome several levels, including process design, optimization and specification, supplemented by the integration and use of a variety of management methods. It also takes into account the influence of leadership behavior style, strategic orientation, culture, and organization structure during the course of organization change. Process-centered change management is not only the development of the process management theory, but also provides for us a new way to change organization management process.

Key Words: Process-Certered Change Management; Process Reengineering; Process Improvement; Total Quality Management

【创新管理】

低碳发展交易费用最小化模型研究

——基于产权制度与市场制度的视角

李志强[1] 尤会杰[1] 顾 颖[2]

(1. 山西大学经济与工商管理学院，太原 030006；
2. 山西省财政税务专科学校社科部，太原 030024)

［摘 要］产权制度和市场制度是并列的经济制度子系统，低碳经济作为经济发展的一种模式，在发展过程中必然涉及产权制度和市场制度。它们在降低低碳经济发展交易费用上发挥着不同的功能，产权制度可以降低激励成本，而市场制度可以降低信息成本。在推进低碳经济发展过程中如何实现交易费用的最小化成为理论及实践中亟待解决的问题。在分析论证产权制度与市场制度基本功能及必要性基础上，提出低碳经济发展交易费用的最小化模型，得出低碳经济发展交易费用最小化条件，归纳总结由此模型得到的启示。

［关键词］低碳发展；交易费用；产权制度；市场制度

以低能耗、低排放、低污染为基础的低碳经济模式，是人类社会继工业革命、信息革命之后的第五波革命浪潮。在低碳发展过程中，不同部门的结构变化导致资源在不同部门不断重新配置。若制度决定的交易费用较大，那么资源配置速度就会受到影响，进而阻碍低碳经济增长。因此，研究如何通过产权①制度和市场制度的协调发展降低交易费用，就成为发展低碳经济亟须解决的重大问题。在推进低碳经济发展过程中，产权制度和市场制度的作用不容忽视。低碳发展中的产权制度，②主要是指把环境容量或排放权作为一种稀缺资源，在实行“总量控制”的前提下，通过可交易的排污许可证，使排污资格产权化。在低碳经济条件下，能保护资源最优配置的产权制度应确定排他性的产权、实施有效的产权保护，以降低低碳经济发展的交易成本。从市场制度安排上看，碳减排交易市场制度安排可以分为自愿的和强制的。然而，强制减排的交易成本过高，自

［基金项目］山西省发展和改革委员会“十二五”规划前期研究课题“山西省低碳经济发展研究”（批准号1005913）。

［作者简介］李志强（1963—），男，江苏丰县人，山西大学经济与工商管理学院院长，经济学博士、教授、博士生导师，主要研究方向为制度理论与产业经济。尤会杰（1984—），女，河北廊坊人，山西大学硕士研究生，主要研究方向为产业经济。顾颖（1962—），女，浙江东阳人，山西省财政税务专科学校教授，主要研究方向为经济学。

① 哈罗德·德姆塞茨（Demsetz Harold）将产权定义为“使自己或他人受益或受损的权利”。以此类推，环境领域也有“使自己或他人受益或受损的权利”，即环境也面临产权问题。

② 环境产权概念一直没有一个明确的界定，普遍认为可以廉价获取环境，因此环境产权问题是一个被忽视的问题，同时也是一个比较全新的研究命题。

愿减排才是碳交易市场未来发展方向。

一、产权制度和市场制度对低碳发展的影响

产权制度和市场制度是经济制度系统中的两类基本制度，产权制度可以降低低碳发展的激励成本，市场制度可以节约低碳发展的信息成本。两者协同可以产生对低碳发展更大的推动作用。

1. 产权制度对低碳发展的影响

产权制度是指界定个人或集团在使用稀缺性资源时拥有或不拥有某些权利的制度。产权制度最根本的特征就在于“分”，它明确界定了不同产权主体之间受益或受损的边界，因此带来了能将外部性较大内在化的激励，从而可以降低交易费用中的激励成本；但是，这种界定又使产权主体之间相对独立于隔绝，交易者受到利润驱使会主动阻止特定信息的传播，或者传播虚假信息，这样无疑又增大了低碳发展交易费用中的信息成本。

2. 市场制度对低碳发展的影响

市场制度是交易的制度化安排，它可以促进人类在低碳经济上的合作、协调、沟通，以实现信息的交流和知识的整合，并最终使被产权和分工所隔断的世界得到统一和融合。市场制度最根本的特征就在于“合”，它联结了一个个相互独立的产权主体，使其在交换关系中能够彼此合作，可以大大降低低碳发展交易费用中的信息成本；但是，市场制度也并不是万能的，它不可能把信息成本降到最小，在有些情况下市场制度的效率并不一定是最高的。

总之，产权制度和市场制度是在推进低碳发展过程中可以降低交易费用[①]的两类根本性制度安排，通过这两种制度的相互作用可以使低碳经济中的激励问题和信息问题都得到一定程度的解决，可以促进低碳经济发展。

3. 产权制度和市场制度协同对低碳发展的影响

经济制度[②]可以降低交易费用，基于这一功能可以将经济制度系统分为产权制度子系统和市场制度子系统，同时我们认为将基本经济制度完全归结于产权制度是有失偏颇的，市场制度是与产权制度并列的制度子系统，两者的相互协调和配合促进了交易费用的降低，从而实现人类在低碳经济发展上的进步。对于这一论点，有学者（顾颖，2003）[③]早已从理论及经济史实两方面进行了充分论证，证明了产权制度与市场制度相互配合是经济增长得以实现的关键。

产权制度和市场制度的配置对于低碳经济发展的影响可以用图 1 表示。当产权制度与市场制度协调一致时，低碳经济保持一定的发展水平。当产权制度发生变化，但市场制度没有相应的发展（如图 1 中的 A 点所示），则低碳经济发展将出现停滞。总之，在低碳经济发展中，产权制度与市场制度相互配合是保证低碳经济稳定快速发展的关键。

---

① 关于交易费用的基本内涵与界定详见李志强.企业家创新行为的制度分析——一个理论框架［D］. 北京：北京交通大学博士论文，2008：78-81.

② 因为研究主题和领域的局限性，在本文讨论中我们将政治制度和意识形态等因素抽象掉，把分析的重点主要集中在经济制度系统中的制度配置问题。

③ 具体参见顾颖. 关于产权制度和市场制度的探讨［J］. 中国软科学，2003（9）：154-150.

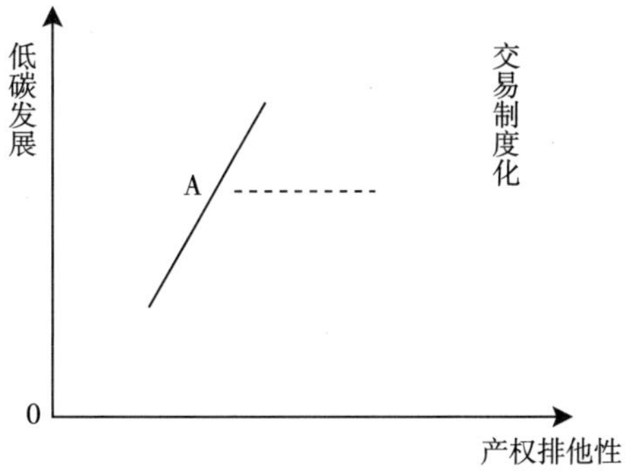

图 1　低碳发展中的产权与市场制度配置

二、低碳发展与交易费用：一个理论模型

既然已经证明产权制度和市场制度相互配合可以更好地推动低碳发展，那现在的主要问题就要讨论如何实现两者的有机配合，从而达到交易费用最小化的目的。对于低碳发展中的产权制度和市场制度如何选择的问题，经济学中经典的相对成本收益理论可以很好地给予诠释，模型如图 2 所示。

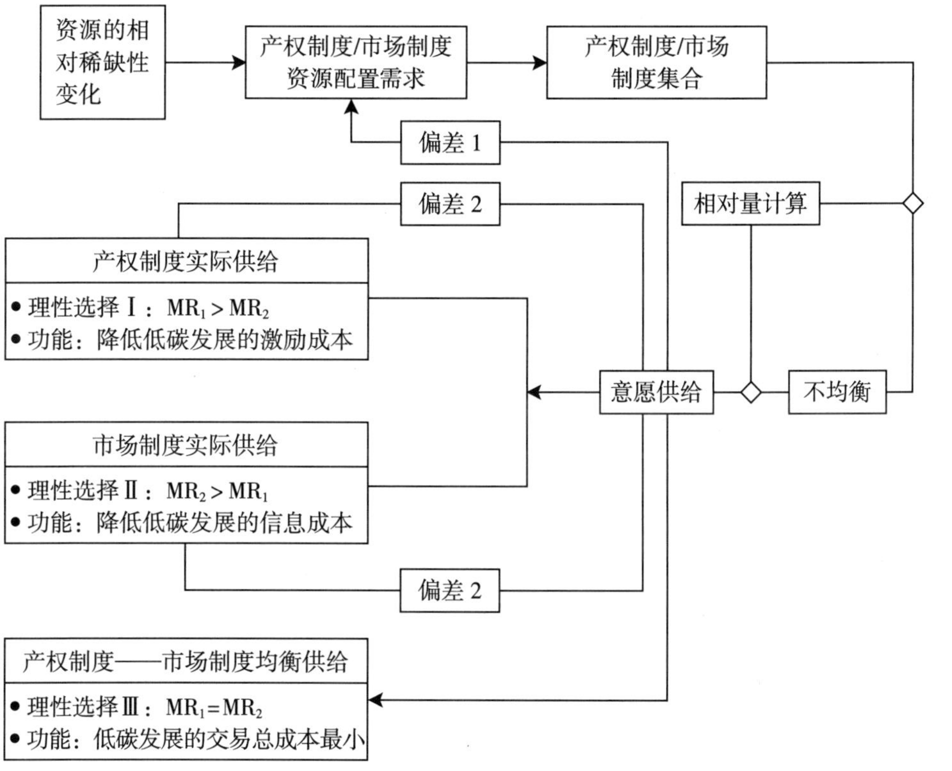

图 2　低碳发展的相对成本收益模型

由模型可以看出，因为产权制度和市场制度都可以推进低碳经济发展，由此引发追求低碳经济发展过程中对产权制度和市场制度配置的需求。当一些产权制度和市场制度需求进入权力中心的选择集合，并符合供给的约束条件，权力中心将考虑满足这部分需求，通过规划而形成意愿供给。意愿供给根据两种制度的配置需求制定，理论上二者应相符。在推行意愿供给过程中，理性

的各级代理机构将根据特定条件下资源的相对稀缺性，进行社会分配于产权制度和市场制度的量的边际收益计算和比较。此时，根据非均衡理论中的“短线决定原则”，在特定时期和条件下才使得产权制度或市场制度起到主要作用。

在实际推进过程中，当意愿供给是由权力中心在信息非对称情况下来完成时，意愿供给与实际的制度配置需求之间必然产生偏差，偏差1产生的主要原因就在于信息的不完全性。意愿供给由权力中心设计，实际供给由各级代理经过修正最终形成。由于各级代理都有其各自目标，在实际推进中会根据自身利益进行调整，这时又产生了一个偏差2。

在推进低碳经济发展过程中，只有当激励耦合使权力中心和各级代理机构具有完全理性时，才会出现 $MR_1=MR_2$ 的理性选择。但这是一种特定条件下的、暂时的和事后的均衡，从较长时间来看，由于资源的相对稀缺性变化，这种非常态的理想状态将不断被打破，即非均衡才是一种常态，也即低碳经济在非均衡中发展。

三、低碳发展与交易费用：一个实证模型

应当指出的是，低碳发展与交易费用之间的关系是非常复杂的，因而在研究交易费用对低碳发展的影响时就很难进行严格的量化分析。为了便于数学上的分析和处理，本文做出以下假设：

假设1：社会经济中的资源存量和技术条件为既定的参量；

假设2：在满足假设1的条件下，低碳经济发展决定于产出的效率，产出的效率越高，低碳经济发展越快；

假设3：事先设定一个要达到的产出水平，则产出效率决定于成本的大小，成本越小，产出效率越高；

假设4：产出的总成本由生产成本和交易费用组成，由于假设技术条件不变，所以生产成本也为定值。

在以上四个假设成立的条件下，可以认为低碳经济发展决定于交易费用。由此可得出公式 $G=f(T)$（其中G为低碳经济增长率，T为交易费用），且满足 $\partial G/\partial T<0$。根据上文的讨论，我们可将边际交易费用分解为激励成本和信息成本两部分，即 $T=T_1+T_2$，其中 T_1 为边际激励成本，T_2 为边际信息成本。产权制度的主要功能是解决激励问题，因而激励成本的大小取决于产权制度的类型，则可以用公式表示为 $T_1=g(P)$，其中P表示产权制度的类型。同理，市场制度的主要功能是降低信息成本，信息成本的大小取决于市场制度的进化程度，则可以用公式表示为 $T_2=h(M)$，其中M表示市场制度进化的程度。至此，我们得到如下公式：$G=f(T)$（1）；$T=T_1+T_2$(2)；$T_1=g(P)$(3)；$T_2=h(M)$(4)。

制度的功能在于降低交易费用，但制度的建立是实施需要耗费资源，可以用于制度创新的资源量就成为约束条件，即进行制度创新所耗费的资源量就必须小于或等于既定的资源量。由于受到资源的约束，从而交易费用的降低也受这一条件的约束，因而存在最小化的问题。假设产权制度的明晰程度或者说产权制度中产权主体行使权力的强度为θ，$\theta\in[0,1]$，θ的值从0到1表明产权的清晰化程度加强，假定θ是连续可微的。当 $\theta=0$ 时表示完全无产权的界定与保护；当 $\theta=1$ 时表示产权被明确界定和保护。同时假定市场制度的完善程度为ω，$\omega\in[0,1]$，ω的值从0到1

表明市场制度的逐步完善，假定 ω 是连续可微的。当 $\omega=0$ 时表示不存在市场制度，当 $\omega=1$ 时表示完备的市场制度，即新古典理论中的完全竞争市场。

由于产权制度与市场制度的建立与所投入的资源是不同的，这里假定产权制度和市场制度是两种产品。由于 θ 和 ω 是连续可微的，假定进行“单位”产权制度创新所需投入的资源量为 X，进行“单位”市场制度创新所需投入的资源量为 Y，则产权制度和市场制度的建立与实施需要满足以下约束条件：s.t. $PX+MY\leqslant R$（5），R 为投入制度创新的既定资源量。根据公式（2），（3），（4），总交易费用可以表示为 $T=g(P)+h(M)$（6），即总交易费用是产权制度与市场制度的函数，则交易费用最小化的问题就可以表示为：

$$\text{Min}\quad T=g(P)+h(M) \tag{7}$$

$$\text{s.t.}\quad PX+MY\leqslant R\quad X,\ Y>0$$

根据拉格朗日函数得 $V=g(P)+h(M)-\lambda(R-PX-MY)$（8），式中 λ 是未定的拉格朗日乘数。最小化 T 的一阶条件可通过令公式（8）取关于 P、M、λ 的一阶偏导数等于零来取得：

$$\partial V/\partial P=g'(P)-\lambda X=0 \tag{9}$$

$$\partial V/\partial M=h'(M)-\lambda Y=0 \tag{10}$$

$$\partial V/\partial \lambda=R-PX-MY=0 \tag{11}$$

把方程（9）、（10）的第二项分别移到右边，再相除得到 $g'(P)/h'(M)=X/Y$（12）。公式（12）表明为了使交易费用最小，必须使得产权制度和市场制度的边际效用（即降低激励成本和信息成本的作用）比等于所投入的单位资源量的比。公式（12）还可以写成 $g'(P)/X=h'(M)/Y$（13）。公式（13）表明为了使交易费用最小化，单位资源用于产权制度的实施和保护所能得到的激励成本的降低应当等于单位资源用于市场制度实施和保护所能得到的信息成本的降低。如图 3 所示，B 点所决定的产权制度和市场制度即交易费用最小的制度安排。

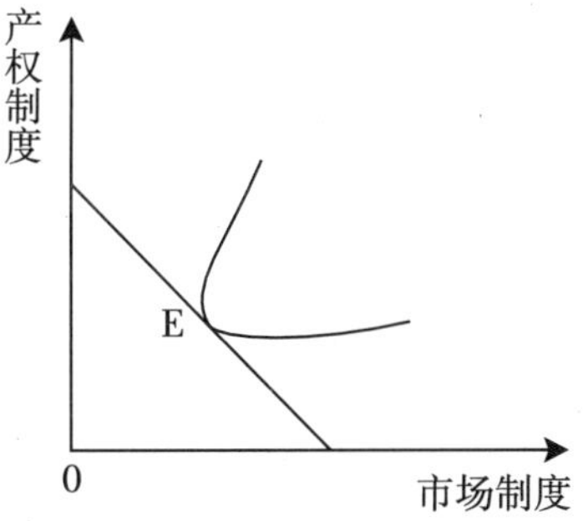

图 3　交易费用最小化的制度配置

根据以上的分析和推导证明，要实现在既定资源和技术条件下交易费用最小化和低碳经济发展最大化就必须使产权制度和市场制度在功能上相互匹配和协调，即两者的边际效用相等；同时，在进行制度配置时，用于产权制度和市场制度创新的资源在边际产出（激励成本和信息成本的降低）上应当相等。

四、主要结论

在推进低碳经济发展过程中，产权制度和市场制度发挥着不同的作用与功能，两者在一定程度上互相补充，相辅相成。通过以上的分析，本文得出以下主要结论：

产权制度和市场制度作为经济制度系统的两类基本制度，产权制度可以降低低碳发展中的激励成本，市场制度可以节约信息成本。两种制度可以实现功能上的互补，两者的协调配合可以更大限度地促进低碳经济发展。

在既定条件下，产权和市场的边际效用相等时可以实现交易费用的最小化目标。同时也要求用于产权制度和市场制度的资源在边际产出上相等。但是，两者边际相等不是一种常态，只是暂时的。所以，在低碳发展现实中需要人为采取一定措施使两者尽量实现边际效用相等。

〔参考文献〕

[1] 中国科学院可持续发展战略研究组. 2009 中国可持续发展战略报告——探索中国特色的低碳道路 [M]. 北京：科学出版社，2009：29-31.

[2] 韩中元. 交易费用、资源再配置与经济增长 [J]. 产业经济评论，2009，8 (4)：70.

[3] 朴英爱. 低碳经济与碳排放权交易制度 [J]. 吉林大学社会科学学报，2010，50 (3)：155.

[4] 兰建平，李红日. 从“清洁发展机制”到“自愿减排市场”——关于低碳经济发展制度创新的思考 [J]. 浙江经济，2010 (10)：44.

[5] 哈罗德·德姆塞茨. 企业经济学 [M]. 梁小民译. 北京：中国社会科学出版社，1999：135-140.

[6] 李志强. 制度理论与竞争力创新发展——一个理论框架与实证研究 [M]. 太原：山西经济出版社，2002：113-118，129，149-152，161.

[7] 李志强. 企业家创新行为的制度分析——一个理论框架 [D]. 北京：北京交通大学博士论文，2008：78-81.

[8] 顾颖. 关于产权制度和市场制度的探讨 [J]. 中国软科学，2003 (9)：154-150.

Study on Minimized Model of Low-carbon Development Transaction Costs-based on the Perspective of Property Institution and Market Institution

LI Zhi qiang[1]，YOU Huijie[1]，GU Ying[2]

(1. School of Economics and Business Administration of Shanxi University，Taiyuan 030006，China;

2. Department of Social Sciences of Shanxi Finance & Taxation College，Taiyuan 030024，China)

Abstract: Property rights institution and market economy institution as two sub-parallel system of low-carbon economy，which is a model of economic development，is involved in the low-carbon economy development process. They play different functions on reducing transaction costs of low-carbon economy; property rights can reduce incentive costs，and the market can reduce information costs. How to minimize the transaction costs is a problem must be solved in low carbon economic development. On the basis of analysis and appraisal the necessity of property rights and market basic functions，it proposed minimized model of low-carbon economic development transaction costs，put forward model conditions and summarized the enlightenment.

Key Words: Low Carbon Development; Transaction Costs; Property Rights Institution; Market Institution

2011年1月 第1期
比 较 管 理
Comparative Management
Jan., 2011 No. 1

【公司治理】

市场反应、股价同步与股权分置改革的有效性

雷光勇　赵永辉

(对外经济贸易大学国际商学院，北京　100029)

[摘　要] 我国于2005年启动了股权分置改革，旨在消除影响中国资本市场可持续发展的制度性缺陷，恢复与改善资本市场的功能体系。本文以沪深A股上市公司的财务信息为基础，利用理论分析和实证检验对股权分置改革的效果进行综合评价。通过建立市场反应模型和股价同步模型对股改的政策效果进行评价，结果表明：股改后公司信息的透明度和决策有用性得到提高，大股东利益与中小股东利益趋于一致，公司治理结构的运行效率得以提高，资本市场功能得到显著改善；股改后中国资本市场股价波动的同步性趋向减弱，公司特质信息将越来越丰富，公司透明度得到提高，投资者利益因此得到更有效保护。

[关键词] 股权分置改革；盈余反应系数；股价同步性；公司透明度

一、引　言

公司透明度问题是中美、中欧关于中国市场地位承认谈判中的重要内容，对中国市场经济国家形象的树立有着重要影响。股权分置被认为是影响中国公司透明度的重要内生性原因（吴晓求，2006）。股权分置是中国资本市场的特殊发展路径形成的，其初衷是保持国有产权的控股地位，在股市发展初期，规模比较小，其内在矛盾还不突出。但随着股市规模的扩大，非流通股总量的增加，其与流通股间最初设定的“同股同权”原则不复存在，乃至形成制度性“圈钱”陷阱，与投资者权益形成尖锐冲突，致使投资者信心屡遭重创，成为股改前中国股市长期低迷的重要原因。股权分置问题已成为中国资本市场可持续稳定发展的重大障碍。首先，流通股和非流通股利益割裂，公司治理缺乏共同基础，使控股股东、非流通股股东的代表和上市公司行为发生扭曲，导致中小股东（流通股股东）利益受到侵害；其次，两种定价机制的存在，必然扭曲市场的定价功能，妨碍上市公司之间的并购重组，导致市场的资源配置功能未能充分发挥；最后，制约了中国资本市场的国际化与中国市场地位的国际确立，不利于国际投资者形成稳定的市场预期。从历史上看，该制度形成的主要根源在于早期对股份制及资本市场功能与定位的认识不统一，并且国有资产管理体制还处在初创阶段，国有资本运营的观念没有完全建立，作为历史遗留的制度缺陷，股权分

[基金项目] 本文研究得到中国国家社会科学基金项目（10BGL017），对外经济贸易大学“211工程”项目（73200032）和对外经济贸易大学学术创新团队项目“转轨时期公司治理创新研究”的资助。

[作者简介] 雷光勇，男，对外经济贸易大学国际商学院副院长、教授、博士生导师，北京大学光华管理学院工商管理博士后，研究方向：会计与公司治理、上市公司盈余管理，E-mail：guangyonglei@126.com。赵永辉，男，对外经济贸易大学国际商学院硕士研究生，研究方向：会计与公司治理，E-mail：davidyhzhao@163.com。

置在诸多方面制约了中国资本市场的规范发展和国有资产管理体制的根本变革。

2005 年 4 月 30 日，中国证监会启动股权分置改革试点工作，正式拉开股改序幕。同年 5 月 30 日中国证监会、国资委联合发布《关于做好股权分置改革试点工作的意见》，要求从全局和战略高度充分认识股改的重要性和紧迫性，为改革试点工作的平稳推进提供有力支持。股改的顺利推进使国有股、法人股、流通股利益分割、价格分置现象不复存在，各类股东享有相同的上市流通权和收益权，各类股票按统一市场机制定价，成为各类股东的共同利益基础，促使大股东行为从股东间的内部博弈转变为市场博弈；股改为资本市场优化资源配置功能的充分发挥奠定了市场基础，有助于恢复和完善市场定价功能和投融资功能，使资本市场功能发生根本性转变。因此，股改是中国资本市场完善市场基础制度和运行机制的重要变革，是前所未有的重大制度创新，其意义不仅在于解决历史遗留问题，还在于为资本市场其他各项改革和制度创新积累经验和创造条件。此外，股改后资本市场的发展和创新对法律法规及各项制度建设提出更高要求。随着股改的不断推进，资本市场将加速向市场化发展模式转变，将有更多的经济决策将由市场参与者通过相互博弈决定，因此，市场需要更多、更完善的法律法规；资本市场的深入发展也对相关政策法规和市场规则的公平性、完备性和可操作性提出更高标准。由此所提出的问题是：如何评判股改的政策效果？如何揭示和度量股改对资本市场有效性的影响？回答这些问题不仅对当前评估股改的经济后果与成功程度非常重要，而且还可为中国资本市场未来改革方向的确定提供重要线索与参考依据。

二、文献回顾与评述

（一）文献回顾

国外对资本市场有效性的研究由来已久。Fama（1965）系统地阐释了有效市场假说（EMH），并根据信息的公开程度分为历史信息、公开信息和内幕信息，在此基础上提出三种不同程度的有效市场：弱式、半强式及强式有效市场。Fama（1965）根据随机游走模型对 1957.12~1962.9 道琼斯工业平均指数中的 30 种股票的价格变动进行研究。通过计算 30 种股票价格增量的时间序列相关系数，检验结果表明相关系数并无显著地大于零，表明证券价格收益的时间序列不存在显著的系统性变化规律，市场达到弱式有效。Fama et al.（1969）发现，股价通常会对股票细拆信息做出及时和充分反应，股票分割前有显著收益，但股票细拆宣告后并无超常收益，这就支持了半强式有效市场的存在。此后，半强式有效市场的研究主要集中在检验会计盈余数据和股价的相互关系上，包括年度会计盈余对股价的影响、未预期盈利与平均超常回报的关系、盈余公报对交易量的影响、未预期现金流量与平均超常回报的关系等，大多研究支持半强式有效市场假说。

Ball 和 Brown（1968）研究了股价对财务报表信息的反应，结果表明，盈余数据信息含量，但并非影响股价的唯一信息来源；盈余预测误差与非正常报酬率之间存在显著相关性。其研究的另一重要发现是公告后股价漂移现象，说明股价没有迅速地反映所有可得信息，对 EMH 形成重大挑战。Shiller（1981）发现，股价波动率远大于价格被红利折现模型解释的波动率，这使得人们开始对 EMH 反思。虽然此前 EHM 得到多数经验证据的支持，但随着实践的发展，EMH 缺陷越来越明显，受到越来越多的批判及经验证据的挑战。首先，DeBondt 和 Thaler（1985）首次对证券市场的过度反应进行了研究，他们利用心理测试得出多数人对非预期事件和重大事件总是反应过度的结论，检验了过度反应是否也存在于股票市场，结果发现，输者组合在检验期间内表现出很高收益，赢者组合却表现出较低收益。他们认为，是投资者的过度反应造成了这一结果，而这是有效市场不能解释的。随后，Jegadeesh 和 Titman（1993）对价格冲量的研究发现，股价变化的趋势将在未来 6~12 个月内持续，在相对短期时间内，股价表现出与以前的价格趋势相同的变化。可见，以往的价格和收益率对将来具有预测作用。Lakonishok et al.（1994）发现，高市净率的成长型股票比低市净率的价值型股票收益率低得多，且高市净率股票风险更大，在大盘下跌和经济衰退时业绩更差。市净率与收益率之间明显的反向关系，也对 EMH 形成挑战。

Morck，Yeung 和 Yu（MYY，2000）从股价同步性角度研究了世界 40 个主要经济体的股票市场，结果表明，中国股票市场价格波动的同步性仅次于波兰位居第二。股价同步性指某一时间段多数股票价格同时上涨或同时下跌，即"同涨共跌"现象。这一现象意味着公司特质信息[①]较少地纳入投资者的资产定价之中或对投资者的价值较低。该现象出现被认为破坏了公司信号的传递机制，弱化了证券市场通过价格配置资源的效率（Morck et al.，2003，2004；Baker，Wurgler，2000）。[②]既然股价波动可反映公司特质信息含量对公司资本预算乃至金融市场资本配置效率的重要影响，那么为什么不同国家的股价同步性会有所不同？MYY（2000）认为，各国对投资者产权保护状况的不同决定了各国股价同步性不同，而 Jin 和 Myers（2005）则认为公司透明度不同是导致各国股价同步性不同的原因。虽然 MYY（2000）和 JM（2005）通过国别横向比较验证了各自论点，但需要注意，无论各国对投资者产权保护的好坏还是公司透明度高低最终都取决于各国制度环境（Bushman，Piotroski and Smith，2004），而各国制度环境的构建都要经历从无到有、逐渐完善的演进过程，中国的股权分置改革正是中国完善证券市场制度的典型举措。

国内学者吴世农等人对沪深股市有效性进行了大量研究，从最早得出尚未达到弱式有效的结论到近期研究基本支持弱式有效市场。吴世农最早全面地评价深市的效率及其影响因素，通过游程检验、方差检验、随机游走检验、白噪声检验、单位根检验及复杂的 ARMA（p，q）-GARCH（m，n）-M 模型检验，发现无论是对指数检验还是年度检验都表明深市没有达到弱式有效。吴世农（1994）选取沪市 12 只股票在 1992.6.1~1993.12.1 之间的数据进行自相关分析，结果认为沪市存在明显的统计规律，属非有效市场。此外，吴世农（1996）还对沪深股市 20 种股票进行自相关检验，发现日收益率序列不存在显著的变化趋势，但认为不能简单地认为我国股市已达到弱式有效，而是从样本容量过小、计算时限较短、研究方法不同及信息分布不均等方面考虑，认为我国股市是否已达到弱式有效市场难以定论。俞乔（1994）运用序列相关检验、游程检验和非参数检验等方法对深沪综合指数 1990.4.28~1994.4.28 的变动趋势进行检验，结果表明深沪股市不属弱式有效市场。阮涛、林少宫（2000）运用资本资产定价（CAPM）模型对沪市有效性检验，发现沪市不符合 CAPM 模型。张亦春、周颖刚（2001）根据 1993.1.3~2000.1.7 日股票交易数据，运用广义谱密度函数域分析方法，对上海股票市场有效性分析后认为，我国证券市场尚未达到弱式有效。胡波、宋文力、张宇光（2002）利用随机游动模型，采用 1996.2.12~2001.7.9 的统一指数数据，使用 DF 与 KPSS 两种互补的检验方法，结果表明中国证券市场目前还未达到弱式有效。马向前、任若恩（2002）采用序列相关检验和 ADF（Augmented Dickey-Fuller）检验方法，认为 1993 年后中

---

① 根据 Roll（1988）、Morck、Yeung（2000，2003，2004）、Jin 和 Myers（2005）等的研究，证券市场信息分为市场层面信息和公司层面信息。前者指对各公司具有普遍影响的事件，如宏观经济变化、法律颁布、政策制定等；后者指除市场层面信息外，包括股票分割、增发、配股、股利发放、公司并购等在内的公司自身特殊事件，即公司特质信息。

② Morck 和 Yeung 等（2003，2004）研究表明，当股价波动反映出的公司特质信息越丰富时，股价包含的有关公司未来收益的信息越多，预示着更有效的信息市场。他们还发现，公司特质信息含量越高的行业，资本预算越接近市场价值最大化的目标。Wurgler（2000）也证实，在股价波动反映出的公司特质信息含量越高的国家中，金融市场更倾向于引导资源投入高成长性行业，体现出更高的资本配置效率。

国证券市场已达到较低的弱式有效。张兵、李晓明（2003）选取沪市从市场成立时到2003年9月28日的综合指数和截止到1998年底的388只个股为样本，采用渐进有效性检验法进行实证分析，结果表明：1997年前中国股市无效，1997年后中国股市呈现出弱式有效。

（二）文献评述

迄今为止，国内外关于资本市场有效性的研究，有部分结论支持市场有效，认为股价可反映历史和现实信息，投资者利用这些信息不能获取超额收益（Fama，1965，1969；Kendall，1953；Firth，1975；陈晓悦，1997）；而有部分研究则认为市场无效，股价对信息的反应并不是迅速和无偏的，投资者利用公开信息可获得超额收益（Shiller，1981；DeBondt and Thaler，1985；吴世农，1994，2003）。我们认为，这种分歧可从EMH自身缺陷及其检验方法角度解释。

1. 理论层面

EMH理论缺陷来自于其系列假设。直接将这些假设作为判断市场有效性的标准，将导致检验结论发生分歧。首先，市场有效性是建立在投资者完全理性假设上的，现实中的投资者是有限理性的。其次，投资者的随机交易使非理性交易者对市场不形成影响的假设有偏差。Kahneman and Riepe（1998）表明，投资者的理性决策偏差是系统性的，不能通过统计平均消除。再次，EMH套利机制也有漏洞，套利风险与套利成本的存在不能抵消投资者的非理性偏差。最后，EMH的最终结论是市场完全竞争，非理性投资者终被逐出市场，但这并非绝对成立（DeLong，1990）。

2. 实证层面

导致检验结果发生分歧的重要原因在于检验方法本身有缺陷：一是弱式有效检验中，存在选择弱式有效性判断标准的难题；二是作为半强式有效市场检验的事件研究法，存在事件窗口选择和事件界定方面的难题。在定义事件时，需要确保事件窗口内所选事件的唯一性，要确保所选定事件以外的其他事件不对股价产生影响，否则会出现类似于选择过长事件窗口导致的检验偏差。

国内外有关资本市场有效性的研究尤其是国内基于股权分置改革前的研究，为我们研究股改后中国股票市场的有效性，以此判断中国股权分置改革的经济后果与成功程度提供了方法论基础与对照依据。

三、理论分析与研究假设

股权分置改革的宗旨是使上市公司所有股份能自由流通，纠正扭曲的市场机制，消除中国资本市场上长期存在的基础性制度障碍，促使资本市场效率的改进及上市公司质量的提高，重构中国资本市场。作为利益格局重大调整的股改会引起包括股东、管理当局、债权人和中介机构在内的资本市场参与者对上市公司的价值重估及价值取向发生变化，使各个市场主体效用函数发生改变，导致管理当局根据新的效用函数改变其股改前存在的行为模式。因此，在股改重构后的资本市场上，作为市场微观主体的上市公司行为将随之发生变化，并主要体现在公司绩效和公司信息质量的变化上，成为判断资本市场有效性程度的两个重要维度。通过对股改后上市公司行为变化引致的公司绩效及公司信息质量的变化这两个角度，可以衡量股改对中国资本市场有效性的影响，其思路如图1所示。

股权分置时代，股票市场人为地分割为二元市场。非流通市场上，投资者一般以净资产账面价值作为定价基础，在流通股市场上则以市价定价，从而造成两个市场上投资者利益不一致，即流通股股东关注的是股票市场价格高低，而非流通股股东关心的是净资产账面价值变化。其后果，

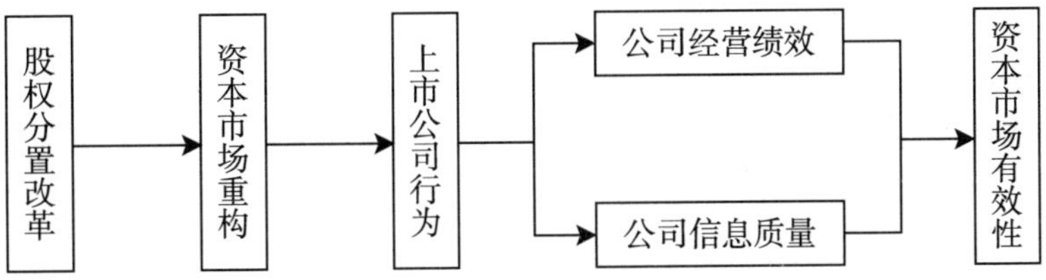

图 1　股权分置改革对资本市场有效性作用路径

一方面，导致作为代理人的管理层及非流通股大股东的业绩与股价无关，从而为代理人与大股东合谋“盘剥”流通股东、最大化自身效用提供了制度上的方便机会；另一方面，中小股东无法通过“用脚投票”方式对代理人实施惩罚。此外，在股权分置时代，对代理人的股权激励无法奏效，原因在于股权分置状况下，对管理当局而言股价与其无关，以股价为基础的股票期权激励对管理当局的激励当然有限。

股权分置改革后，股票市场的定价基础合而为一，股价高低直接与所有股东切身利益密切相关，大股东与中小股东利益趋于一致，大股东行为一定程度上将会体现出中小股东的意志。因此，在股东间容易形成利益统一的基础，维护自身利益，对管理层行为形成约束，这与在股改前大股东与管理层合谋侵占中小股东利益的格局形成鲜明对照。这对上市公司提高绩效、规范其经营行为具有重要意义。因此，我们认为，公司绩效与经营行为是公司治理的两个重要维度，可以反映出股改所引致的公司行为变化。股改将引导公司行为向更加规范的方向发展，反映到其绩效和经营行为方面就是有助于提升公司业绩，经营行为得到规范，公司信息更加透明，更加具有决策有用性。由此可以认为，股改能够提高上市公司质量及其公司信息透明度，从而增进我国资本市场的有效性，真正实现资本市场资源优化配置的功能。

因此，基于上述理论分析，提出本文研究假设 1：

假设 1：股改使中国资本市场的盈余反应系数提高，资本市场效率得到显著提高。

假设 1a：股改后公司信息的透明度和决策有用性得到提高，从而使盈余反应系数上升。

假设 1b：股改后公司治理结构效率得到提升，提高公司信息的透明度及其决策有用效性。

假设 1c：股改后大股东利益与中小股东利益趋于一致，导致公司治理结构运行效率提高。

股权分置改革，一方面有助于提高上市公司业绩和公司信息质量，另一方面有助于减弱中国股市的股价同步性现象。就我国而言，证券市场发展是一个从无到有、逐步摸索、迂回曲折的制度创新过程。在证券市场设立初期，无论是在整体框架设计还是在具体交易制度的制定中，政府都扮演着主导角色。对股票价格的涨跌，政府同样有着举足轻重的影响，以至于“政策市”得到广泛认同，在这种情况下，公司特质信息难以为投资者所捕捉并运用到其决策过程中，导致中国股市出现严重的“同涨共跌”现象。

股改后，大股东与中小股东的利益均受股价波动的影响，他们更关心股价波动所受因素的影响，作为公司基本面反映的特质信息与市场层面信息对股价影响的相对重要性程度由此发生改变。公司特质信息将比股改前更能够影响到股票的市场回报。因而，我们预计，股改后市场层面信息对股票回报率的解释力度可能变小，股价同步性下降，公司特质信息的影响程度增加。当公司信息的透明度较低、外部投资者获取公司特质信息的成本过高时，居于信息劣势的投资者将做出逆向选择，不再花费精力和成本收集公司基本面的信息，将好公司和坏公司混同对待，并将整个市场的平均质量纳入其对单个公司价值的评估之中，产生“劣币驱逐良币”现象。由此，决定股价波动的不再是与公司基本价值相关的特质信息变化，而是整个市场层面信息的变化，最终导致股价波动中公司特质信息含量的减少，呈现出较高同步性。O'Hara（2003）认为，公司的信息环境会影响投资者对公司价值的评价，进而影响股价的波动。Chan 和 Hameed（2006）强调，在新兴市场上，上市公司较低的信息透明度及由此导致的信息收集成本过高是股价波动呈现出较强同涨共跌现象的主要原因。而股改的宗旨就是要通过完善公司治理结构以提高公司的信息透明度，尤其财务信息透明度，为市场提供更高质量的公司特质信息，使投资者的决策趋于理性。

因此，基于以上理论分析，提出本文研究假设 2：

假设 2：股改后中国资本市场股价波动同步性趋向减弱，公司特质信息将越来越丰富，资本市场功能得到有效提高。

四、基于市场反应的股改有效性检验

（一）研究设计

1. 样本选择

在本项研究中，样本选取时间以股改完成时间为基准，样本选取范围是从股改前第 3 年到股改后第 2 年沪深 A 股全部上市公司，但以下公司排除在外：①金融类上市公司，考虑到金融类公司所适用的金融行业监管制度尤其是财务报告制度和其他行业不同；②ST、ST* 上市公司，因为 ST、ST* 上市公司的数据，尤其盈余数据可能会造成异常值，影响研究结果；③股改完成日与盈余公告日小于 15 天的上市公司。避免股改的市场效应与盈余公告的市场效应相混淆，保证窗口内盈余公告这一事件的唯一性；④股改前 3 年以后挂牌上市的公司，其目的是避开 IPO 效应；⑤年度盈余或股价数据不全的公司，同时去除异常值。

本项研究的数据来源于国泰安数据库，经过以上程序筛选后得到以下样本，其中股改前 2330 个样本，股改后 1011 个样本，共 3341 个样本，详见下表 1。

表 1　基于市场反应实证检验的总样本

	SSR-3	SSR-2	SSR-1	SSR+1	SSR+2	合计
沪市	316	307	257	257	133	1270
深市	505	498	447	419	202	2071
合计	821	805	704	676	335	3341

注："SSR" 表示股权分置改革（Stock Split Reform），"SSR-（+）n" 表示股改前（后）第 n 年。

2. 时间窗口选择

在事件研究中，时窗选择的关键是确定窗口长短。股价对盈余信息的反应速度是影响时窗长短的重要因素。有效市场假说认为，信息披露与股价对信息的反应几乎同时发生，时窗的截止以事件日当天或第 2 天比较恰当。但事实上，市场价格对不同信息往往有不同反应速度，因此"最优时窗"因事而异。一般来说，时窗过长将高估盈余的信息含量，时窗过短则低估盈余的信息含量；短时窗可降低信息噪声的影响，但同时会损失部分信息含量，长时窗可更多地捕获到盈余信息尤其是预期盈余在股价变动中的作用，但同时会引入更多的信息噪声。本文首先估计出对中国市场比较恰当的时窗长度，即盈余公告日前后各 15 个交易日，W =〔-15，15〕，共 31 个交易日。这个时窗选择主要受到赵宇龙（1998）启发，他发现在年报披露前 3 周（15 个交易日）左右股票价格开始对盈余数据产生较显著的反应。基于此，本文选取的时窗长度是 W =〔-15，15〕，并选择时间窗口前 80 个交易日为估计窗口。

3. 回归模型与变量设置

本文使用以下模型对假说进行检验，变量定义与计量方法如表 2 所示。

表 2 变量定义与计量方法

变量名称	变量性质	变量涵义
CAR	被解释变量	累积异常收益 = 窗口期内每日 AR 之和
UE	解释变量	未预期盈余 = 实际盈余 – 预期盈余
BV	控制变量	公司 t 年末每股净资产
DIV	控制变量	每股股票股利，每股转增股本数与每股现金股利之和
AUDIT	控制变量	审计报告类型虚拟变量，无保留意见为 0，否则为 1
UE*AUDIT	控制变量	未预期盈余与审计报告类型交叉变量
BV*AUDIT	控制变量	每股净资产与审计报告类型交叉变量
DIV*AUDIT	控制变量	董事会分配预案与审计报告类型交叉变量

$$CAR_{jt} = \alpha + \beta_1 UE_{jt} + \beta_2 BV_{jt} + \beta_3 DIV_{jt} + \beta_4 AUDIT_{jt} + \beta_5 UE_{jt} \times AUDIT_{jt} + \beta_6 BV_{jt} \times AUDIT_{jt} + \beta_7 DIV_{jt} \times AUDIT_{jt} + \varepsilon_{jt}$$

在该模型中，我们引入董事会分配预案、审计报告意见类型、每股净资产等作为控制变量，使研究者得以准确地考察和区别盈余信息在众多消息中对股票报酬率的影响力和解释作用。同时，这些还是与盈余信息同时披露的重大信息，都将同时影响到股价变动。因此，在考察盈余信息的价格效应时，必须对这些信息的价格反应进行恰当控制。

（二）实证检验

1. 描述性统计

表 3 列示出各变量在股改前后及样本总体的描述性统计结果。首先，未预期盈余（UE）的统计结果显示，股改前的均值（0.014）大于股改后均值（–0.604），但从中位数来看，股改前中位数

表 3 变量描述性统计

	变 量	平均值	中位数	最小值	最大值	标准差
股改前样本（N=2330）	CAR	0.028	0.009	–0.977	4.245	0.199
	UE	0.014	0.036	–12.529	12.246	0.831
	BV	2.837	2.710	–0.852	11.290	1.377
	DIV	1.008	0.741	0.000	9.457	0.946
	AUDIT	0.030	0.000	0.000	1.000	0.171
	UE*AUDIT	–0.001	0.000	–1.308	10.591	0.250
	BV*AUDIT	0.063	0.000	–0.624	8.840	0.423
	DIV*AUDIT	0.022	0.000	0.000	4.266	0.181
股改后样本（N=1011）	CAR	–0.049	0.028	–69.284	3.134	2.499
	UE	–0.604	0.084	–96.307	60.930	6.900
	BV	2.804	2.720	–0.954	11.120	1.356
	DIV	1.023	0.752	0.000	8.769	1.003
	AUDIT	0.028	0.000	0.000	1.000	0.164
	UE*AUDIT	–0.015	0.000	–8.725	3.871	0.354
	BV*AUDIT	0.060	0.000	–0.152	5.480	0.420
	DIV*AUDIT	0.019	0.000	0.000	3.254	0.162

(0.036) 要略小于股改后中位数 (0.084)；该表还显示 UE 标准差在股改前 (0.083) 和股改后 (6.900) 存在明显差异。同时，因为股改后均值为负数，取绝对值后，我们发现，股改后均值绝对值 (0.604) 远大于股改前均值绝对值 (0.014)。这说明，UE 在股改后的波动比较大，同时也说明股改后市场在区分公司特质信息与市场信息方面较股改前有明显进步，这一判断还可从股改前和股改后 UE 最大值和最小值的统计结果中得到进一步印证，股改前 UE 最大值为 12.246，最小值为–12.529，股改后 UE 最大值为 60.930，最小值为–96.307。可见，股改后未预期盈余总体上呈上升趋势。

其次，被解释变量超额异常收益 CAR 的统计结果显示，股改前均值 (0.028) 大于股改后均值 (–0.049)，差值为 0.077；从中位数发现，股改前中位数 (0.009) 小于股改后中位数 (0.028)，同时，其标准差统计结果显示股改前标准差 (0.199) 远小于股改后的标准差 (2.499)，说明股改后 CAR 值波动较股改前增大。此时，CAR 值股改前后变化趋势的描述中位数比均值更具说服力，从 CAR 值最大值和最小值的统计结果，尤其最小值中可得到进一步印证，股改后 CAR 值最小值为–69.284，远大于股改前–0.977，说明由于股改后 CAR 值中个别极端值的存在致使 CAR 值在股改后的均值统计结果小于股改前均值。由此可见，超额异常收益出现略微上升趋势，这与解释变量 UE 变化趋势一致，即 CAR 值与 UE 之间呈正相关关系，则盈余反应系数 ERC 为正，说明财务信息对市场具有决策有用性，但其有用程度仅通过统计分析还难以得出结论，还需要严格的实证检验。

最后，控制变量的统计结果显示，股改前后各变量均值、中位数及标准差都没有大的波动，变动趋势平稳。

表 4 描述股改前后各变量均值的变化趋势，提供了各变量均值差值的显著性检验。从表中看出，除变量 UE 外，股改前后各变量均值都较为稳定，并出现小幅上升趋势，[①] 但这种趋势并没有被均值的差值的假设检验所支持。具体地说，除解释变量 UE 股改前后均值差值在 1%水平上显著 ($p=0.000$) 外，其他都不显著 ($p>0.1$)，被解释变量 CAR 在 15%水平上显著，但在 10%水平上却不显著。

表 4　股改前样本与股改后样本比较

	比较指标	股改前	股改后	差值	t 检验	p 值
CAR	均值	0.028	–0.049	0.077	–1.468	0.142
UE	均值	0.014	–0.604	0.618***	–4.250	0.000
BV	均值	2.837	2.804	0.033	–0.633	0.527
DIV	均值	1.008	1.023	–0.014	0.399	0.690
AUDIT	均值	0.030	0.028	0.002	–0.369	0.712
UE*AUDIT	均值	–0.001	–0.015	0.014	–1.321	0.186
BV*AUDIT	均值	0.063	0.060	0.002	–0.149	0.881
DIV*AUDIT	均值	0.022	0.019	0.004	–0.566	0.572

注：*** 表示在 1%水平上显著，** 表示在 5%水平上显著，* 表示在 10%水平上显著（双尾检验）。

2. 实证检验

检验模型涉及变量较多，为避免多重共线性导致回归精度受影响，需要对模型中各变量进行相关性分析，结果如表 5 所示。该表显示，除每股股利 DIV 与每股净资产 BV 相关系数较大

① 仅虚拟变量 UE*AUDIT 出现了小幅下滑 (–0.014)，但这种趋势也没有被假设检验所支持 (p 为 0.186)。

（0.482，且在 1%水平上显著）及审计报告类型虚拟变量 AUDIT 与交叉变量 BV*AUDIT 和 DIV*AUDIT 及该两个交叉变量之间的相关系数较大外，其余变量之间相关系数均较小（均小于 0.1），这说明变量间并不存在严重的多重共线性问题。表 5 还表明，被解释变量 CAR 与解释变量 UE 存在正相关关系，且在 1%水平上显著，这也印证了统计描述性分析中得出的 CAR 与 UE 正相关的结论，这一发现还进一步确定变量 CAR 与变量 UE 之间的相关度。该表还显示，被解释变量 CAR 与各控制变量间存在不同程度的相关性，但这种相关性并没有被假设检验所支持。

表 5　变量的 Pearson 相关系数

变　量	UE	BV	DIV	AUDIT	UE*AUDIT	BV*AUDIT	DIV*AUDIT
UE	1						
BV	0.015	1					
DIV	0.008	0.482***	1				
AUDIT	0.000	−0.090***	−0.053**	1			
UE*AUDIT	0.073	0.030	0.004	−0.105***	1		
BV*AUDIT	0.005	0.011	−0.014	0.846***	−0.022	1	
DIV*AUDIT	−0.001	−0.010	0.058	0.692***	−0.081***	0.756***	1

本文采用事件研究法对市场反应进行衡量。具体地说，以上市公司年度财务报告公布为选定事件，以其公布日作为事件日，并以该事件日公布前后 15 个交易日为时间窗口（时间窗口涵盖 31 个交易日），然后对因年报公布这一事件导致的超额异常回报进行度量，目的是衡量未预期盈余 UE 中多大程度可被超额异常回报 CAR 解释。其中，未预期盈余是由于资本市场上信息不对称的存在，市场通过现有可得信息不能进行合理预测的那部分盈余。理论上，当信息完全时，未预期盈余是不存在的，而实际中却存在巨大的信息不对称，进而导致大量的未预期盈余。大量未预期盈余的存在表明，市场对企业好坏的判断可能是错误的，反映到决策层面上就会导致做出错误决策，导致资源配置无效率。而公司年报的公告则可减轻这种信息不对称，本文的研究思路就是要弄清楚年报披露能多大程度上减轻信息不对称，即多少未预期盈余可由投资者通过依据年报财务信息、公司治理结构等方面的信息得到合理预期，而这种信息有用性或者说市场对这些信息的反应程度的衡量指标就是超额异常回报，即年报信息披露给投资者带来的超额回报。更为重要的是，超额异常回报对未预期盈余的反应程度在股改前后是否发生显著变化，进而为判断股权分置改革的有效性提供重要依据和方法。

表 6 提供了股改前后累积异常回报对未预期盈余及控制变量的回归结果，该回归将总样本（N＝3341）分为股改前（N＝2330）和股改后（N＝1011）两个子样本，目的是从总体上判断超额异常回报对未预期盈余的反应程度在股改前后的变化情况，简言之，股改前后盈余反应系数的变动趋势。从该表可以得到，股改前变量 UE 系数，即股改前盈余反应系数为 0.026（t＝5.093），在 1%水平上显著；股改后盈余反应系数为 0.080（t＝7.145），同样也在 1%水平上显著。从中可发现，股改前后盈余反应系数从 0.026 到 0.080，上升 3.08 倍。同时，我们还发现，改革前后回归方程拟合度也发生重大变化，Adj-R^2 在股改前为 0.014，股改后则为 0.043，也上升 3 倍，并且该系数在 1%水平上显著，说明股改后回归方程拟合度变得更好。

然而，表 6 结果仅是对股改前后盈余反应系数变动趋势的粗略展示，没有提供股改前后若干年超额异常回报对未预期盈余的反应程度，即各年盈余反应系数的具体数值，表 7 则弥补上述不足。具体地，该表提供了股改前 3 年及股改后 2 年的逐年回归结果。从表 7 中可发现，股改前 3 年 UE 的系数，即股改前第 3 年盈余反应系数为 0.054（t＝4.334），股改前第 2 年的盈余反应系数

表 6　股改前后累积异常报酬对未预期盈余的回归结果

	被解释变量：累积超额回报（CAR）	
	股权分置改革前（N = 2330）	股权分置改革后（N = 1011）
Intercept	0.022**（2.247）	0.136（0.753）
UE	0.026***（5.093）	0.080***（7.145）
BV	0（0.032）	–0.035（–0.530）
DIV	0.006（1.157）	–0.042（–0.473）
AUDIT	–0.023（–0.495）	–0.104（–0.103）
UE*AUDIT	0.031*（1.781）	–0.291（–1.214）
BV*AUDIT	–0.002（–0.106）	0.035（0.075）
DIV*AUDIT	0.014（0.397）	0.008（0.010）
Adj–R^2	0.014	0.043
F 值	5.839***	7.554***

注：*** 表示在 1%水平上显著，** 表示在 5%水平上显著，* 表示在 10%水平上显著（双尾检验）。

表 7　分年度累积异常报酬对未预期盈余和相关变量的多元回归

	被解释变量：累积超额回报（CAR）				
	SSR–3（N=821）	SSR–2（N=805）	SSR–1（N=704）	SSR+1（N=676）	SSR+2（N=335）
Intercept	–0.001（–0.057）	–0.027*（–1.855）	0.091***（5.255）	0.135（0.518）	0.159（1.546）
UE	0.054***（4.334）	0.022***（3.749）	0.019*（1.658）	0.078***（5.686）	0.104***（5.7）
BV	0.007（1.09）	0.003（0.618）	–0.007（–1.200）	–0.032（–0.327）	–0.037（–1.022）
DIV	–0.002（–0.209）	0.014*（1.687）	0.006（0.669）	–0.095（–0.669）	0.021（0.502）
AUDIT	0（–0.003）	–0.14（–1.289）	0.011（0.097）	–0.164（–0.091）	–0.586（–1.518）
UE*AUDIT	–0.011（–0.215）	0.004（0.065）	0.035（1.521）	–0.05（–0.078）	–0.422***（–4.277）
BV*AUDIT	–0.014（–0.490）	0.022（0.695）	–0.004（–0.050）	0.014（0.018）	0.226（0.936）
DIV*AUDIT	0.037（0.84）	0.061（0.621）	–0.048（–0.422）	0.113（0.086）	0.138（0.339）
Adj–R^2	0.017	0.021	0.009	0.037	0.104
F 值	3.050***	3.504***	1.864*	4.754***	6.566***

注：①*** 表示在 1%水平上显著，** 表示在 5%水平上显著，* 表示在 10%水平上显著（双尾检验），括号内为 t 值；② “SSR” 表示股权分置改革（Stock Split Reform），下同，“SSR–(+)n” 表示股改前（后）第 n 年。

为 0.002（t=3.749），股改前第 1 年的盈余反应系数为 0.019（t=1.658），股改后第 1 年为 0.078（t=5.686），股改后第 2 年为 0.014（t=5.700）。这五个系数除股改前第 1 年系数在 10%水平上显著外，其余均在 1%水平上显著。

为更加形象地描述股改前后 5 年盈余反应系数的变化趋势，我们可以绘图说明（图 2）。从图 2 中可清晰地发现，盈余反应系数从股改前第 3 年到股改后第 2 年有一个明显的较大幅度下跌，而这一趋势在接下来的一年，即股改前 1 年有所缓解，但仍显小幅降低，这说明财务信息的决策有用性在降低，造成这一结果主要原因可能有股权分置的存在，导致同股不同权、不同利的特殊现象，使非流通的、居主导地位的大股东与流通的、居弱势地位的中小股东间有着明显的利益冲突，直接结果就是大股东对中小股东的利益侵占，及在此利益格局基础上建立的公司治理结构无疑很难发挥其作用，而健全的内部控制与完善的公司治理结构正是高质量财务信息产生的环境基础。因此，股改前盈余反应系数处于较低水平有着深层次的股权分置制度因素及在此基础上形成的低效公司治理结构。

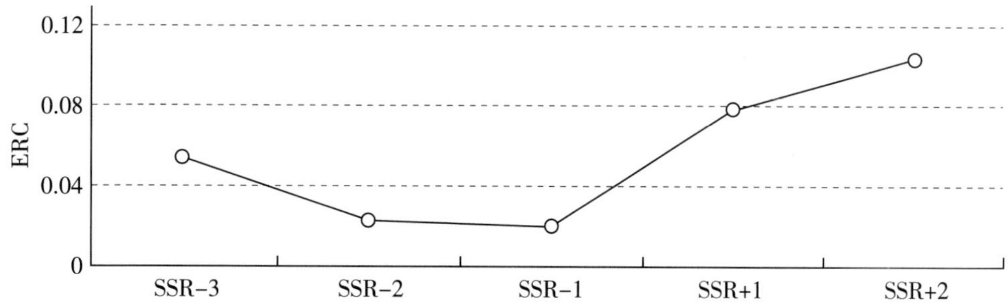

图 2　股改前后盈余反应系数变化趋势

从图 2 可看出，股改前盈余反应系数的下跌趋势在股改后有了根本性转变，即从股改前 1 年到股改后第 1 年，盈余反应系数较前有强力反弹，从股改前 1 年 0.019 跃升至股改后第 1 年 0.078，上升 4.1 倍，[①] 这一趋势在股改后第 2 年仍然保持，但从上升幅度和强度上看有所减缓。这表明未预期盈余可由超额异常回报解释的程度增大，反映出公司财务信息的决策有用性程度在股改后有大幅提升。这表明，伴随着股权分置这一制度性障碍的消除，包括原非流通股的大股东及原流通股的中小股东之间的利益机制发生了重构，直接使原来大股东扭曲的行为得到校正，使其与中小股东拥有共同的利益基础，这对提升公司治理结构的效率有着重要意义。可见，随着公司治理结构及内部控制运行效率的提高，在此环境中产生的财务信息无论从其决策有用性上看，还是从公司透明度上讲都会有较大程度的提升。

五、基于股价同步性的股改有效性检验

（一）样本选择

为保证对股改有效性检验的说服力，除从市场反应角度进行经验分析外，我们还可从股价同步性角度加以检验。为便于比较两种股改有效性检验的结果，本文对基于股价同步性的实证检验和基于市场反应的实证检验采用统一的样本口径，即同样本。唯一不同在于，由于少部分样本数据不全，没有包含在本部分实证检验中，具体样本分布情况详见表 8。

表 8　基于股价同步性的股改有效检验总样本

	SSR-3	SSR-2	SSR-1	SSR+1	SSR+2	合计
沪市	432	445	437	391	202	1907
深市	272	252	242	240	133	1139
合计	704	697	679	631	335	3046

注：“SSR” 表示股权分置改革（Stock Split Reform），“SSR-(+)n” 表示股改前（后）第 n 年。

（二）模型设定与变量定义

本文使用以下模型对有关假说进行实证检验，变量定义与计量方法如表 9 所示。

$$SYN = \alpha + \beta_1 OPAQUE + \beta_2 AGE + \beta_3 BM + \beta_4 LEV + \beta_5 SIZE + \beta_6 TRV + \beta_7 ST\_OWNER + \varepsilon_i$$

其中，SYN 为 R^2 的对数转换。考虑到 R^2 的取值区间为［0，1］，不符合计量经济学中最小二

① 在计算股改前第 1 年和改后第 1 年的超额异常回报时，已剔除股改完成公告这一事件本身所可能带来的超额异常回报。

表 9 变量定义与计量方法

变量名称	变量性质	变量涵义	符　号
SYN	被解释变量	股价同步性 = R^2 的对数转换	
OPAQUE	解释变量	财务信息模糊度	+
AGE	控制变量	公司上市年龄 = IPO 日距研究窗口的间隔年份	-
BM	控制变量	账面市值比 = 上一年度净资产/年初总市值	+
LEV	控制变量	杠杆比率 = 上一年年末的资产负债率	-
SIZE	控制变量	公司规模 = Log（年初总市值）	?
TVR	控制变量	换手率 = 月换手率的年度均值	-
ST_OWNER	控制变量	国有股比重	

乘法的回归要求，为此，需要对 R^2 进行以下对数转换：

$$SYN = Log\left(\frac{R^2}{1-R^2}\right)$$

解释变量 OPAQUE 表示财务信息模糊度。对财务信息模糊度的衡量目前并没有标准化方法。本文中，对财务信息模糊度的衡量沿用 Amy Hutton，Alan J. Marcus，and Hassan Tehranian（2007）采用过的方法，即采用公司 3 年可操纵性应计项目绝对值的移动之和。可操纵性应计项目的衡量，我们采用广为沿用的琼斯模型（Jones Model）计算。具体地说，我们采用修正 Jones 模型（Dechow et al.，1995）计量可操纵应计项目的数值。其依据是，可操纵应计绝对值高的公司更倾向于操纵公司财务信息，投资者将获得较少的公司特质信息，公司透明度下降。此外，采用 3 年可操纵性应计绝对值的移动之和而不是仅 1 年的可操纵应计，是因为 3 年可操纵性应计绝对值的移动之和更能反映公司的内在信息。

$$\frac{TA_{jt}}{Assets_{jt-1}} = \alpha_0\frac{1}{Assets_{jt-1}} + \beta_1\frac{\Delta Sales_{jt}}{Assets_{jt-1}} + \beta_2\frac{PPE_{jt}}{Assets_{jt-1}} + \varepsilon_{jt}$$

其中：TA_{jt} 表示公司 j 第 t 年的总应计；$Assets_{jt}$ 表示公司 j 在第 t 年的总资产；$\Delta Sales_{jt}$ 表示公司 j 的收入在第 t 年的变化量；PPE_{jt} 表示公司 j 第 t 年末的固定资产。

那么可操纵应计 DA 则为：

$$DA_{jt} = \frac{TA_{jt}}{Assets_{jt-1}} - \left(\alpha_0\frac{1}{Assets_{jt-1}} + \beta_1\frac{\Delta Sales_{jt}}{Assets_{jt-1}} + \beta_2\frac{PPE_{jt}}{Assets_{jt-1}}\right)$$

最后，财务信息模糊度 OPAQUE 的计量为：

$$OPAQUE = AbsV(DA_{t-1}) + AbsV(DA_{t-3}) + AbsV(DA_{t-3})$$

（三）实证检验

1. 描述性统计

表 10 列示了各变量在股改前后及样本总体的描述性统计结果。首先，解释变量财务信息模糊度的统计结果显示：股改前均值（0.113）大于股改后均值（0.091），其差值为 0.022，股改后财务信息模糊度下降 19.5%；从中位数看，股改前中位数（0.087）远大于股改后（0.067），其标准差从股改前 0.109 增加至股改后 0.093，说明股改前 OPAQUE 值波动比较大。因此，可得出财务信息模糊度在股改后降低了，即公司透明度在股改后得到提高，这表明股改重构了公司各利益相关者，公司治理机制作用得到进一步发挥，这为从根本上提高公司透明度奠定了坚实的制度保障。

其次，控制变量“账面价值与市值之比”的统计结果显示：股改后 BM 均值（0.433）较股改前有大幅增加（0.731），尤其是 2005 年股改后有大幅上升，该指标上升说明公司净资产相对其市

表 10　变量描述性统计

	变　量	平均值	中位数	最小值	最大值	标准差
股改前样本（N=2080）	SYN	0.859	0.755	-1.088	10.426	0.792
	OPAQUE	0.113	0.087	-0.639	0.944	0.109
	AGE	5.817	6.000	1.000	19.000	4.211
	BM	0.433	0.372	0.001	7.462	0.377
	LEV	0.501	0.474	0.011	5.840	0.377
	SIZE	21.595	21.504	20.006	26.283	0.690
	TRV	0.010	0.008	0.001	0.078	0.007
	ST_OWNER	0.305	0.316	0.000	0.850	0.266
股改后样本（N=966）	SYN	0.609	0.533	-1.045	4.639	0.706
	OPAQUE	0.091	0.067	0.003	1.150	0.093
	AGE	8.722	8.000	4.000	21.000	3.618
	BM	0.731	0.632	0.004	22.026	0.831
	LEV	0.519	0.507	0.008	5.800	0.334
	SIZE	21.722	21.566	20.018	25.689	0.822
	TRV	0.019	0.014	0.001	0.132	0.013
	ST_OWNER	0.284	0.298	0.000	0.838	0.250

值而言增速更快，股改后净资产提高说明，一方面来源于公司营利能力，另一方面市场对未来充满信心，使公司进一步扩充其资本规模。杠杆比率（LEV）的统计结果显示，股改后 LEV 均值（0.519）比股改前（0.501）有所上升，说明股改后公司融资能力增强。换手率（TRV）统计结果显示：股改后的均值（0.019）比股改前（0.010）有所上升，说明股改后市场更加活跃，市场的价格发现功能进一步发挥，减少了市场参与者间的信息不对称，增加了市场透明度。国有股比重的统计结果显示，股改后均值（0.284）和中位数（0.298）都小于股改前均值（0.305）和中位数（0.316），即股改后国有股比重在减少，说明股改后原来不可以自由流通的国有股可以在市场自由流通。

最后，股价同步性的统计结果显示，股改后的均值（0.609）和中位数（0.533）都较股改前有较大幅度下跌，样本标准差股改后（0.706）也比股改前（0.792）小，即股改后样本波动性较小，由此可得出，股改后股价同步性减弱了，其原因在于股改带来的财务信息质量提高与公司透明度改善，使投资者掌握公司更多特质信息并将其消化在投资决策中。表 10 对股价同步性的描述仅将其划分为股改前和股改后，较为粗略，为更好地考察股改前后的变动，需要分年度分析。表 11 显示了股改前 3 年和股改后 2 年 SYN 的变动趋势（图 3）。图 3 表明，均值曲线和中位数曲线几乎是两条平行曲线，因此，在股改前后 SYN 均值和中位数有着相似的变动趋势；股改前股价同步性的均值都在 0.8 以上，中位数也都在 0.7 左右波动，而在股改后第 1 年，股价同步性的均值和中位数都有大幅降低（分别降至 0.644 和 0.551），其主要原因有：一方面是股改本身提升了财务信息质量和透明度，另一方面是股改过程中披露的关于公司的大量信息及在对股改方案的制订和表决过程中，投资者对公司了解的不断加深。股改后第 2 年，可以明显看出两条曲线斜率变小，尤其中位数曲线更为平缓，说明股改后第 2 年中股价同步性减弱的原因可归于公司透明度提高，公司特质信息的丰富。可见，股改降低了中国资本市场的股价同步性，股市功能得以改善。

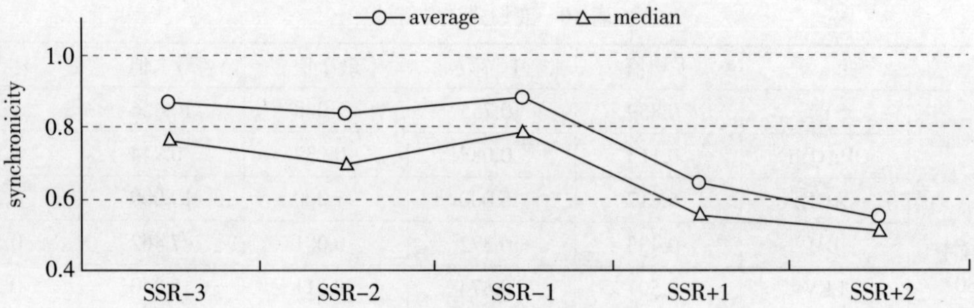

图 3　股改前后股价同步性走势

表 11　变量 SYN 的描述性统计

	SSR-3	SSR-2	SSR-1	SSR+1	SSR+2
平均数	0.866	0.833	0.880	0.644	0.544
中位数	0.762	0.696	0.782	0.551	0.514

2. 实证检验

为避免多重共线性对回归精度的影响，需要对模型变量进行相关性分析，结果如表 12 所示。从该表可看出各变量间的相关性较低，最高为变量公司年龄 AGE 和换手率 TRV 之间的相关系数为 0.240，其余相关系数的绝对值都在 0.2 以下，各变量间不存在严重的多重共线性问题。从表中还可发现，被解释变量 SYN 与解释变量 OPAQUE 之间存在着正相关关系，并且在 1%水平上显著，这就初步印证了本文观点：财务信息模糊度越高，股价同步性就越高。表 13 提供该模型在股改前后两个时间段的回归结果，股改前共选取样本 2080 家，股改后样本量为 966 家。从表 13 中发现，股改前模糊度 OPAQUE 对同步性 SYN 的回归系数为 0.697（t=4.399），在 1%水平上显著，股改后其回归系数为 0.885（t=3.625），在 1%水平上显著。这表明股改后股价同步性可在更大程度上由财务信息模糊度来解释，或者说股改后财务信息在投资者的投资决策中起到更重要作用，说明在股改后有更多公司特质信息进入资本市场。

表 12　变量 Pearson 相关系数

变量	OPAQUE	AGE	BM	LEV	SIZE	TRV	ST_OWNER
OPAQUE	1						
AGE	-0.111***	1					
BM	-0.074***	0.073***	1				
LEV	-0.075***	0.100***	0.013	1			
SIZE	0.110***	0.033*	-0.077***	-0.033*	1		
TRV	-0.042**	0.240***	0.069***	-0.011	0.045**	1	
ST_OWNER	-0.010	-0.061***	-0.031*	-0.013	0.181***	0.008	1

注：*** 表示在 1%水平上显著，** 表示在 5%水平上显著，* 表示在 10%水平上显著（双尾检验）。

表 13　总体回归结果

	被解释变量：累积超额回报（CAR）	
	股改前（N=2080）	股改后（N=966）
Intercept	-0.109（-0.197）	0.944（1.574）
OPAQUE	0.697***（4.399）	0.885***（3.625）
AGE	0.009（1.406）	-0.014**（-2.171）

续表

	被解释变量：累积超额回报（CAR）	
	股改前（N=2080）	股改后（N=966）
BM	−0.176***（−3.837）	−0.026（−0.953）
LEV	0.06（1.299）	0.039（0.570）
SIZE	−0.039（1.517）	−0.011（−0.378）
TRV	8.388***（3.446）	0.409（0.227）
ST_OWNER	−0.13（−1.964）	−0.245***（−2.673）
Adj−R^2	0.025	0.02
F 值	8.660***	3.873***

注：*** 表示在 1%水平上显著，** 表示在 5%水平上显著，* 表示在 10%水平上显著（双尾检验），括号内为 t 值。

分年度检验的结果（表 14）表明，解释变量 OPAQUE 与被解释变量 SYN 呈正相关关系，进一步印证了本文观点：较高的财务信息模糊度会导致较高的股价同步性。股改前第 3 年，解释变量 OPAQUE 对被解释变量 SYN 的回归系数为 0.717（t=2.378），在 5%水平上显著；股改前第 2 年，OPAQUE 对 SYN 的回归系数为 0.713（t=3.356），在 1%水平上显著；股改前第 1 年，OPAQUE 对 SYN 的回归系数为 0.608（t=1.775），在 10%水平上显著；股改后第 1 年，OPAQUE 对 SYN 的回归系数为 0.714（t=2.374），在 5%水平上显著；股改后第 2 年，OPAQUE 对 SYN 的回归系数为 0.943（t=2.187），在 5%水平上显著。

表 14　分年度回归结果

	被解释变量：累积超额回报（CAR）				
	SSR−3（N=704）	SSR−2（N=697）	SSR−1（N=679）	SSR+1（N=631）	SSR+2（N=335）
Intercept	−1.271（−1.027）	1.338*（1.657）	−1.089（−1.215）	0.564（0.725）	1.668（1.589）
OPAQUE	0.717**（2.378）	0.713***（3.356）	0.608*（1.775）	0.714**（2.374）	0.943**（2.187）
AGE	0.008（0.635）	0.018*（1.891）	−0.008（−0.690）	−0.008（−0.749）	−0.017**（−1.982）
BM	−0.484***（−4.177）	−0.06（−1.059）	−0.213**（−2.526）	−0.139**（−2.467）	0.01（0.302）
LEV	−0.021（−0.231）	0.08（1.581）	0.177（1.193）	0（0.006）	0.207（0.934）
SIZE	0.097*（1.695）	−0.033（−0.877）	0.094**（2.247）	0.011（0.312）	−0.057（−1.199）
TRV	11.533***（3.19）	1.713（0.35）	2.781（0.524）	0.432（0.123）	4.54（1.496）
ST_OWNER	−0.186（−1.442）	−0.027（−0.281）	−0.196*（−1.703）	−0.267**（−2.468）	−0.142（−0.828）
Adj−R^2	0.049	0.026	0.029	0.022	0.021
F 值	6.175***	2.652**	2.878***	2.999***	2.013*

注：①*** 表示在 1%水平上显著，** 表示在 5%水平上显著，* 表示在 10%水平上显著（双尾检验），括号内为 t 值；②“SSR”表示股权分置改革（Stock Split Reform），下同，“SSR−（+）n”表示股改前（后）第 n 年。

从股改前 3 年情况看，回归系数有逐年下降趋势。在股权分置时代，流通股和非流通股股东的利益割裂导致公司治理缺乏共同利益基础，使非流通股的控股股东和公司行为发生扭曲，财务信息是公司过去行为的表现，势必导致财务信息失真和不透明，因此在这种扭曲的市场机制之下导致财务信息在投资决策中的作用下降，公司特质信息不能为市场及时消化和正确解读，导致市场出现“政策市”，表现在较高的股价同步性。从股改后第 1 年可看出，回归系数有明显反弹，同股改前第 2 年大体持平；在股改后第 2 年，回归系数更是达到最大值。股改后回归系数的持续上升，说明股改的效果正在不断地释放，股改促进了资本市场功能的重构，这种市场重构将校正市场微观主体的扭曲行为，建立以产权为基础的利益制约机制，使上市公司信息环境更加开放和透明，减轻市场参与者之间的信息不对称，提高资本市场资源配置效率。资本市场的重构还会引起包括公司股东、管理当局、债权人、中介机构在内的资本市场参与者，对上市公司的价值重估及由此产生的价值取向变化，即引起各市场主体效用函数的变化，从而导致管理当局根据新的效用函数相应地改变其信息披露策略，引起政策调整、盈余管理和财务信息披露等行为发生变化。

六、研究结论

2005 年 4 月 30 日中国证监会宣布启动股权分置改革试点工作，标志着股权分置改革的序幕正式拉开，股权分置改革作为中国资本市场一项重大基础性制度变革，对中国资本市场发展完善具有里程碑意义，而本文就是以上市公司财务信息为微观基础，从股改的市场反应与股价同步性两个角度对股权分置改革的有效性进行实证检验与分析。

市场反应方面，本文研究表明，股改后盈余反应系数有了显著提高。盈余反应系数的提高说明，股改后未预期盈余可在更大程度上解释超额累计收益，即在所选定以上市公司年度财务报告日为事件日的时间窗口内，可以认为正是股改后公司财务报告的公告带来超额累计收益，也就说明股改后公司年报与股改前公司年报相比，能为投资者提供更为相关有用的信息，财务信息的决策有用性程度得到提高。而财务信息是对公司过去经营业绩的综合反应，股改作为对上市公司产权制度的重大变革，对重构公司内部大股东与中小股东之间的利益制衡机制，完善上市公司法人治理结构，真正发挥其在公司运作与发展中的作用，具有根本性意义。因此，可以认为是公司治理结构的完善提高了股改后的公司透明度，而公司治理结构完善的主要动力则是来源于公司大股东与中小股东之间利益制衡机制的重构。可见，股权分置改革纠正了股改前中国资本市场上长期存在的扭曲的产权机制，通过重构上市公司大股东与中小股东之间的利益制衡机制，提高了财务信息质量和公司透明度，股权分置改革的效果正在逐步得到显现。

股价同步性方面，实证结果表明股权分置改革降低了中国资本市场的股价同步性，即股改后股价波动的同步性将趋向减弱，股价反映出的公司特质信息越来越丰富，资本市场功能得到有效改善。然而，达到上述目的，是通过一系列的市场传导机制来实现的。首先，股权分置改革作为资本市场的产权变革，重构了资本市场，各市场参与者之间形成了新的利益制约机制，这种利益制约机制将对上市公司及其管理层行为尤其会计行为产生重大影响，而财务信息是连接上市公司和资本市场的桥梁和纽带，是上市公司及其管理层与其股东和其他市场参与者之间利益博弈的直接结果和表现，因此，正是新的利益格局的形成使股改后的上市公司信息更加公开、公允与透明，整个中国资本市场的功能将因此得以恢复与改进。

〔参考文献〕

[1] Amy Hutton, Alan J. Marcus, and Hassan Tehranian, Opaque Financial Reports and the Distribution of Stock Returns, Working Paper, September, 2007.

[2] De Bondt, Thaler, Do Security Analysts Overract?, The American Economic Review, Vol. 80, No. 2, 1985: 52-57.

[3] Dechow et al.. "Detecting Earnings Management", Accounting Review, Vol. 70, 1995: 193-225.

[4] Fama, Lawrence Fisher, Michael C. Jensen and Richard Roll. "The Adjustment of Stock Prices to New Information", International Economic Review Vol.10, No.1, 1969: 1-21.

[5] Fama. The Behavior of Stock Markets [J]. Journal of Business, Vol. 138, 1965: 34-106.

[6] Josef Lakonishok, Andrei Shleifer, Richard Thaler and Robert Vishny. Window Dressing by Pension Fund

Managers Source [J]. The American Economic Review, Vol. 81, No.2, 1991: 227-231.

[7] Ray Ball and Philip Brown. An Empirical Evaluation of Accounting Income Numbers [J]. Journal of Accounting Research, Vol. 6, No. 2, 1968: 159-178.

[8] Morck, Randall, Bernard Yeung, and Wayne Yu. The Information Content of Stock Markets: Why Do Emerging Markets Have Synchronous Stock Price Movements?[J]. Journal of Financial Economics, Vol. 58, 2000: 215-238.

[9] Narasimhan Jegadeesh, Sheridan Titman. Returns to Buying Winners and Selling Losers: Implications for Stock Market Efficiency [J]. The Journal of Finance, Vol. 48, No. 1, 1993: 65-91.

[10] Robert J. Shiller. Do Stock Prices Move Too Much to be justified by Subsequent Changes in Dividends? [J]. The American Economic Review, Vol. 71, No. 3, 1981: 421-436.

[11] Robert M. Bushman, Joseph D. Piotroski and Abbie J. Smith. Insider Trading Restrictions and Analysts' Incentives to Follow Firms [J]. The Journal of Finance, Vol. 60, No. 1, 2005: 35-66.

[12] 马向前，任若恩. 基于市场效率的中国股市波动和发展阶段划分 [J]. 经济科学，2002.

[13] 吴世农，吴超鹏. 盈余信息度量、市场反应与投资者框架依赖偏差分析 [J]. 经济研究，2005.

[14] 吴世农，许年行. 资产的理性定价模型和非理性定价模型的比较研究——基于中国股市的实证分析 [J]. 经济研究，2004.

[15] 俞乔. 市场有效、周期异常与股价波动——对上海、深圳股票市场的实证研究 [J]. 经济研究，1994.

[16] 张亦春，周颖刚. 中国股市弱式有效吗? [J]. 金融研究，2001.

[17] 张兵，李晓明. 中国股票市场的渐进有效性研究 [J]. 经济研究，2003.

Market Reaction, the Synchronicity of Stock Price Variation and the Effectiveness of the Stock Split Structure Reform

LEI Guangyong, ZHAO Yonghui

(UIBE Business School, Beijing, 100029, China)

Abstract: The Stock Structure Split is the long-unresolved institutional defect inherent in the Chinese capital market, and seriously obstructed the healthy and sustainable development of capital market since its establishment. Therefore, in light of the seriousness of the problem, China Securities Regulatory Commission embarked on the reform on Stock Structure Split in 2005 aiming at eradicating the institutional defect, improving the efficiency of capital market. On the basis of corporate accounting information, the paper attempts to make comprehensive evaluation on the reform through market reaction model and stock price synchronicity model, the empirical results show that (1) the increase of earning response coefficient due to the improved transparency and usefulness of accounting information caused by the reform, the increase of effectiveness of corporate governance structure because the controlling shareholders and small shareholders share more common interest after the reform, consequently the efficiency of capital market gets improved. (2) the stock price variation tends to be less synchronous due to the reform, thus there would be much more specific information being released to the market, naturally the market efficiency will also get significantly improved.

Key Words: the Stock Structure Split Reform; Earning Response Coefficient; the Synchronicity of Stock Price Variation; Corporate Transparency

【公司治理】

传统文化与公司治理：中日韩企业模式的比较分析

孙　丽

（辽宁大学国际关系学院，沈阳　110036）

[摘　要] 中日韩同属东亚国家，地理与文化相近，较使与英美的外部治理模式相比，中国对日韩的治理模式具有较大的认知性。本文以文化因素对不同社会之间社会组织的差异为切入点，以传统文化对企业的组织以及公司的治理的影响为中心加以论述。借鉴日韩在公司治理方面的经验和教训，以此为我国国有企业的改革与发展提供可行性建议。

[关键词] 传统文化；公司治理；企业组织；儒家思想

日本、韩国同属东亚国家，作为东方文化的代表，在一个有别于西方文化的环境中建立起了不同于盎格鲁—撒克逊模式的经济制度。日本和韩国的经济发展被誉为近代世界史上的一个“经济奇迹”。创造这种经济奇迹的原因何在？对此，经济学家大致有三种不同的看法：① 一是经济决定论；二是文化决定论；三是文化经济折中论。本文认同第三种看法，认为日、韩模式是一种适合本国社会、文化、历史和经济发展需要的模式。传统文化在经济发展过程中发挥着不可忽视的作用。日、韩的社会文化是东方儒家文化和西方文化的混合体，其突出特点是尚贤重教，勤勉节俭，强调集体主义和对集体的忠诚感。其独特的历史文化传统是日、韩模式运行的社会背景和精神基础。日、韩社会文化中国家至上、集体主义、和谐统一的思想，为国家在经济赶超过程中能够有效实施对企业的管理提供了强大的精神基础。

在讨论社会文化等非经济因素对一国经济的影响时，本文以文化因素对不同社会之间社会组织的差异为切入点，以传统文化对企业的组织以及公司治理的影响为中心加以论述。中国与日本、韩国的地理、文化相近，较使与英、美的外部治理模式相比，中国对日、韩的治理模式具有较大的认知性。借鉴日韩在公司治理方面的经验和教训，以此为中国国有企业的改革与发展提供可行性建议。

一、传统文化与企业组织

在日、韩企业内就职的中国人常常感受到日本和韩国企业组织的构成和运作方式与中国明显

[基金项目] 辽宁大学亚洲研究中心项目“中日韩政府主导经济发展模式与路径问题研究”。

[作者简介] 孙丽（1962—），女，辽宁沈阳人，辽宁大学国际关系学院教授。

① 青木昌彦. 日本经济中的信息、激励与谈判. 商务印书馆，1994.

不同。这其中除了因社会制度不同而导致的差异外，还有一个重要的原因，就是文化传统、价值观和行为方式的差异。我们知道企业组织是由人组成的，而人的行为受价值观和习俗的支配，我们都从传统中继承了“遗产”，今日的企业组织可以说是在传统社会集团构成方式的基础上建立起来的。这里我们从传统文化对企业组织的统治方式、企业组织的参与方式、个人的责任权利模式等影响出发分析中、日、韩企业组织的特点。

（一）企业组织的统治方式

中、日、韩模式的精髓在于东方儒家文化的内在约束。日、韩的大多数企业都实行“非重大责任的终身雇佣制”。注重劳资关系的长期稳定忠诚，通过这种“熟人式公司关系”来督促经营者尽心尽力。这种公司治理不注重“利”（利益均沾），而注重“义”（个人名望和社会责任之类）。但日、韩模式把太多的希望寄托在“义”上，过多地依靠经营者的内在约束，这在现代市场观念和经济人理性的法则下，显得缺乏刚性。

日本民族的伦理观表现为“集体内部的互相合作”，即“家族主义”的价值观。以这种民族文化特征为基础，日本企业管理奉行集体主义价值观。这种集体主义价值观主要体现为以下两个方面：第一，日本企业特别强调集体负责观念。日本企业文化强调企业是一个大家庭式的命运共同体，每个人都是这个共同体的一员，这个共同体中融合着每个人的权利和责任。正因为如此，在日本没有某一个单独的人对某件特殊事情承担责任，而是由一组职工对一批任务有共同责任。其中每个人对所有的任务都负有完全的责任，并且共同分担这个责任。这种集体负责的价值观使得人们和睦地在一起工作并互相鼓励做得更好，因而在经济上是高效率的。第二，强调企业与职工之间、同事之间的密切关系。以“和”的思想为指导，日本企业注重人际关系，强调人与人之间融洽相处、和亲一致，在企业中营造和谐的工作环境。日本企业同职工保持着整体关系，强调企业利益高于一切，职工个人目标和企业目标相一致的观念，并开展一些活动，以强化职工与企业的整体意识。企业鼓励他们的职工在工作之中和工作之余加强相互关系，以培育“和”的精神。

日本企业组织的权利和责任模式有较大的柔和性。企业内成员轮流从事不同的工作，在广泛的范围内积累经验、协调工作。个人的责任和权利较不明确，决定通常是集体做出的，有时甚至看不出谁是真正的决策人，因此当企业组织出现问题时也很难找出真正的责任担当者。日本企业通常要开各种各样的会议，通过“合意”做出决定。日本企业重视“禀议”（传阅）和“根回”（事先疏通）。有的参加会议的人与所讨论的事情没有直接的关系。决定通常由几个人做出。这种模式下决策过程较长，但好处是决定一旦做出，实行起来较顺利。①

在中国企业组织内，个人的分工比较明确，权力趋于集中在企业的领导者手里，个人通常有较大的决定权并带有独断的特点，这一点与美国的企业相似而与日本模式不同。但由于关系主义的影响，掌握权力者趋于利用这种权力为关系亲近者谋利，权力容易变成个人占有的对象和获得特别利益的领域。而且，由于缺乏美国企业那样权威性很强的关于权力和责任的条文规定，个人的权力较少受到制约，权力实行者也通常较少承担责任的压力。也由于缺乏日本企业组织内那种自觉的信赖和对组织体的忠诚心，在这个模式下人与人的合作通常建立在某种特殊关系之上，故而较难形成更大范围的合作与协调关系。

韩国和日本的家族企业不仅把儒家关于“和谐”和“泛爱众”的思想用于家族成员的团结上，

① 尚会鹏，徐晨阳著. 中日文化——冲突与理解的事例研究. 中国国际广播出版社，2004：66.

而且还推广应用于对员工的管理上，在企业中创造和培育一种家庭式的氛围，使员工产生一种归属感和成就感。这种家族企业对员工的家庭式管理，不仅增强了员工对企业的忠诚感，提高了企业经营管理者和员工之间的亲和力和凝聚力，而且还减少和削弱了员工与企业间的摩擦和矛盾，保证了企业的顺利发展。例如，日、韩企业都为员工提供各种福利设施如宿舍、食堂、通勤班车、职工医院、浴池、托儿所、员工进修条件等。这种企业对员工的家庭式管理，不仅增强了员工对企业的忠诚感，提高了企业经营管理者和员工之间的亲和力和凝聚力，而且还减少和削弱了员工和企业间的摩擦和矛盾，保证了企业的顺利发展。

受家庭传统的强烈影响，韩国财阀的领导者尤其是创始人往往倾向于按照管理家庭或家族的方式来治理企业。在传统的韩国家庭里，父亲是无可争议的受到尊敬的头领。只要他愿意，他就几乎拥有绝对的权力去做任何事情。传统韩国家庭中的父亲承担着养家糊口的责任和决定孩子未来前途的义务。这样一种家庭传统给韩国企业的领导权造成的最大影响，就是管理程序上强烈的上级权威体制。但是，独裁体制并不是专横的。韩国财阀的领导者们也受到韩国人行为中一种关键价值观的影响，这就是所谓“和睦”，类似于日本的“禀议”。不过，和睦并不像禀议那样强调集团的各个组成元素，而是强调在等级、权力和声望上都不平等的人之间的和睦。韩国财阀的管理者重视与下属之间建立良好的人际关系。此外，和睦还有一层含义，就是每个派别都有责任支持其他的派别。

和睦导向型的领导体制在韩国管理者的决策模式中得到了印证，管理者们通常总是试图与下属保持良好的人际关系，即使保持这种关系有时会损害集团的绩效。企业管理者在做出决策的时候一般都会征得下属的同意，这种非正式的达成一致意见的决策程序被称为 Sajeonhyupui，类似于日本的“根回”，不过，韩国企业中的下属一般都不愿意表达他们的意见。作为一种替代，管理者与下属之间的和睦和相互信任更多地体现为一种非正式的互动，建立在这样一种非正式互动关系之上的独裁领导体制，也构成了韩国财阀最主要的特征。

（二）企业组织的参与方式

日、韩同属于东方儒家文明体系。如果说英、美类似于个人主义型社会的话，日、韩社会则类似于集体主义社会。在日、韩社会中，社会成员之间的相互关系更多地受制于隐含契约的约束，而在类似美国这样的社会中，明确契约被置于社会关系的主导地位，法制和规则制约着人们的绝大多数社会经济活动。在这两种信誉水平不同的社会中，自然会有不同的企业行为、经营目标和市场运行机制。起源于不完全信息、外部性、“搭便车”效应、败坏行为的市场缺陷现象在美国被认为是难以克服的，而在日本经济中则被大大地缓解。

日本传统企业文化受制于日本社会的传统文化，并在企业之间激烈的生产竞争中形成。在象征理念层次上，日本企业文化表现为浓烈的家族观念和浓烈的整合意识。职工一旦进入企业就得按照传统对企业坚守忠诚，团结合作；尊奉家规，下级服从上级。企业则十分强调自己的社会责任，强调以社会利益作为企业经营理念的一个出发点，维护国家的全体利益，自觉承担社会的责任。许多企业都有自己的口号，如松下公司的松下七精神中就有“工业报国”、“感恩育德”等信条。在制度典章层次下，日本企业文化表现在企业制度建设等方面。如职工一经录用，就有固定的职业保障和收入保障，薪水随工龄增长；此外，职工也能从企业中得到可观的福利回报，从而将职工利益与企业发展紧密联系起来。

日本企业组织本身的“家”是统合的主要方式。这与日本集团的缔结更重视“家”而非资格的特性相关联。企业组织是一个专门性、条文性和集权性不太明确的、独特的社会生活的“家”，仅仅依靠这个“家”就能把成员高度凝聚起来，对组织体起到统合作用。日本人常把自己工作的地方称作“我家的”，而把别人工作的单位称为“你的家”，这反映出日本社会组织具有浓厚的“家”的色彩。[①]公司与职员之间也有条文化了的契约，但一般不甚重视细节，他们更愿意靠道义和信赖关系来决定行为方式。日本企业统合的特点是个人对企业有较大的忠诚心和一体感，高度协调、默契，个人全身心地投入到企业中。例如即便没有让加班的指示，员工也主动提出加班等。上下级关系以及劳资之间带有某种亲子关系的特点。企业的运转可以没有条文化的规则，甚至也可以不要领袖人物。日本企业喜欢录用完全没有经验的新人，原因就在于新人更容易被改造而融合到集团中。但这种模式的缺点是个人高度献身，留给个人的自由空间较少，组织体更像一个高速运转的机器，个人被镶嵌其中并随着整个机器运转而无法自己停下来。一旦受到排斥，对个人来说是致命的。而集团的头人一旦出了问题，几乎整个集团都无法逃脱。

在中国企业组织内，建立在人与人相互依赖基础上的“人格关系”是企业组织统合的重要方式。这与中国社会亲属原则占优势地位相关联。中国企业的统合不是美国那样的机械统合而是一种有机的统合形式，这一点与日本相似，但与日本不同的是相互依赖的人际“关系”。网络在统合方面起更大作用，而且这种“人格关系”所适用的范围比日本人的集团更为狭窄。它不是日本那样的高度一体化的统合而是靠一种以自我为中心的“人格关系”的统合。对上司的信赖关系是中国企业组织统合的最大力量。企业的责任人成功的重要经验之一是尽可能多地创造与职工的良好的人际关系，但“关系”也常常影响企业组织体的协调。中国企业组织内也有条文化了的、详细的契约、合同之类，但一般来说比日、韩企业更不受重视，条文化了的规定更有任意解释、任意运用和任意更改的倾向，个人一般对契约、法律、体制和权力有更大的不信任感。中国企业组织留给个人的空间比日本企业留给个人的空间要大，但同时企业组织一体化的程度和协调性较低。

韩国人具有很强的工作动力，常以能够忍受长时间工作而著称。韩国企业员工的工作动力主要受到传统价值观和现实需要的双重影响。儒家文化中的勤劳和谐价值观是企业员工形成相对较高的职业道德的基础。韩国的近代史充斥着贫穷和不安定，这些状况萦绕在韩国人的心头，因而求生的本能也是促使他们努力工作的动力。因此，强烈的职业道德和和睦的人际观已经成为韩国企业员工最为珍惜的价值观。

从现实的需要看，虽然具体的工作动机根据企业规模的大小和职位的高低而各不相同，但高工资和工作安全性无疑是最为重要的因素。根据韩国贸易产业部 1984 年的一份调查，大企业的管理者倾向于认为“有利于主动参与的环境”是最有效的激励，而小企业的管理者则认为“目标管理”体制是提高员工积极性的最好方式。根据报道，60 岁以上的老员工认为工资是努力工作的最重要动力，而 30 岁以下的年轻管理人员则将“有利于主动参与的环境”视为激励员工和提高生产力的最有效方式。

显然，作为一个整体，韩国企业的员工更倾向于把外在因素（如工资、工作条件和工作安全性），而不是创造力和成就等内在因素，作为工作的主要动力。然而对成绩和被认可的需求通常在一个给定的群体内就可以得到满足。既然和睦是一个群体内人际关系的主导价值，那么对于韩国企业员工而言，外在的因素就成为更加重要的动力。

---

① 张旅平. 文明的冲突：日本现代化研究［M］. 天津出版社，1993.

（三）企业组织内的交流与沟通

在日本企业，人们有一个共识：那就是企业是“一群人”，是一个人的群体，而不是像美国那样把企业看成“一堆资本”；企业管理应以人为中心，充分发挥人的聪明才智。在人本主义思想指导下，日本企业特别重视职工的教育培训。“经营即教育”的经营理念已深入人心。企业录用新职工要进行严格的挑选，不仅要看是否能忠诚于本企业，还要看是否有发展潜力。日本企业尤其大企业不惜巨资进行人才培养，松下每年支出的人员培训费和科研开发费占其营业额的8%左右。日本企业技术训练比较独特的一个重要方式是岗位轮换制，其目的是培养一专多能的人才，以备必要时可以轮换工作岗位。以人本主义思想为基础，日本建立了独具特色的企业管理制度。日本企业管理制度的核心是：终身雇佣制、年功序列工资制和企业内工会制。三者互相联系、互为依托，紧紧围绕“人”这个中心，成为日本企业管理制度的三大支柱。

与美国的个人主义相对照，日本人则是以集团的方式参与企业组织的。也就是说，个人不是以独立的个体直接参与而是以小集团的形式间接参与。这一点与日本传统社会中个人参与“家”的方式相一致。个人参与企业组织也是自由的，这一点与美国相同；但与美国不同的是，企业组织带有某种共同体性质，个人加入企业的时候一般要举行隆重的“入社式”，一旦加入某个企业组织便处在一个充满共同体气氛的集团之中，个人被集团高度一体化。虽然加入和退出在理论上是自由的，但实际上加入某个企业后几乎不辞职。企业内有高度协调的小集团，在这种企业组织中较容易形成“企业一家”的思想，企业组织体有较强的团体生存和发展的愿望。

中国人的参与方式则是另外一种情况。在改革开放前，中国人的工作由国家分配，参加企业组织后几乎不能调动工作。在没有加入和退出自由这一点上与中国家族组织的特点十分相似。现在情况有了变化，即个人有了更大的选择自由。但中国人参与企业组织的方式仍不像美国人那样以完全独立的个人参与。中国人一般有一个以近亲、熟人、朋友等组成的人际关系圈子，在参与企业组织时一般也将这个圈子带到组织中去或者在企业组织中趋于缔结这样的圈子。在不是以独立的个人参与企业组织、企业组织带来某种共同体性质方面，中国人与日本人相似，但与日本人不同的是中国人的这个圈子是以强烈的自我为中心的，企业较难将其成员一体化，也较难形成“企业一家”的思想。个人加入企业组织时也有“迎新会”之类的仪式，但通常并不严格，所以，可以说中国企业组织的共同体性质没有日本那么高。在中国人生活中以个人为中心而形成的关系网络，对于个人加入企业组织以及在企业组织内提升、成功等至关重要。

韩国财阀内部组织交流的一个显著特征是正式的交流主要通过垂直的层级制来实现。组织交流严重地依赖层级关系，而这些关系又是由一些因素联合决定的，比如正式的权威和非正式的地位、工作年限以及年龄等。在垂直的交流过程中，通常是由上级做出一定的指示，而下级主要是理解和执行这些指示。上级通常会给出一个概括性的指示，而不是具体和详尽的安排；与此相应，下级在上级的指示不是很清晰、很具体的情况下，通常也会努力自己去判断，而不是请求上级解释清楚。

韩国财阀内部组织交流的另一个显著特征是，企业员工往往更加重视层级之间与上级的正式交流，而不重视部门之间的水平交流。造成这种状况的主要原因恐怕要归之于韩国企业的高度集权化。严格的层级结构决定了水平和垂直交流的性质。对于雇员来说，垂直交流同水平交流相比与工作的联系更大，因此也就显得更为重要。

上级对于用概括性词语进行沟通的偏好与一个层次非常明晰的权力界限相结合，成为韩国企业内部信息误解的主要原因。对于一个下级而言，培养一种从上级的概括性指示中分析上级话语的意图和精神的能力十分重要。一般来说，和上级领导建立良好的个人关系有助于克服下级和上级之间交流沟通的层级障碍，而亲缘关系和同乡或校友关系也会提高相互间的理解和信任，因此有助于直接、清晰的交流的实现。在通常情况下，那些有着更好的交流的员工之间往往会在企业内部发展成一个非正式的管理派别。

许多韩国企业的雇员都不太擅长在正式会议上公开发表自己的观点，尤其是表达反对意见。一个公开的不同观点可能会令上司或同事感到尴尬，或者招致他们的敌意。此外，韩国的文化也不鼓励与他人公开分享信息资源，除非有很亲密的个人关系。然而，很多韩国人都很擅长在非正式的场合进行自由交流，尤其是与上司之间进行一对一的沟通。上下级之间的非正式沟通有很多机会，一些老于世故的上级会不断制造这样的机会，例如，他们可能会邀请下属到饭店或家里聚会。另外，下属也有可能主动到上司的家里去拜访，顺便进行私下的交流。如同所有的韩国企业，在韩国财阀里非正式场合的交流和沟通对于上下级之间保持相互理解和信任是十分重要的。

二、企业文化对公司治理模式的影响

（一）企业观与公司治理

公司治理结构是与“经营者为谁”、“如何经营”、“企业的本质是什么”、“应该如何看待企业”等企业观相关联的。中、日、韩和英、美相比，分属于两种不同的文化。

日、韩企业集团在构造方面的共同特点是：都不是建立在强调个人的基础之上的，而是建立在强调群体的基础之上的，社会集团都带有某种共同体性质以及社会的连带原则都不是明确契约原则等。它们之间存在的一些重要差别是，中国人的集团缔结更重视“资格”而日本人更重视“场”（立场）；中国人的社会连带原则主要是亲属原则而日本人是“缘约”（动机）原则。[①]如何理解这些现象之间的内在联系，研究各国传统文化给企业观带来的影响是本节的关键所在。为了说明中、日、韩三国企业经营目标的特点，以美国作为第三参照物（见图 1）。

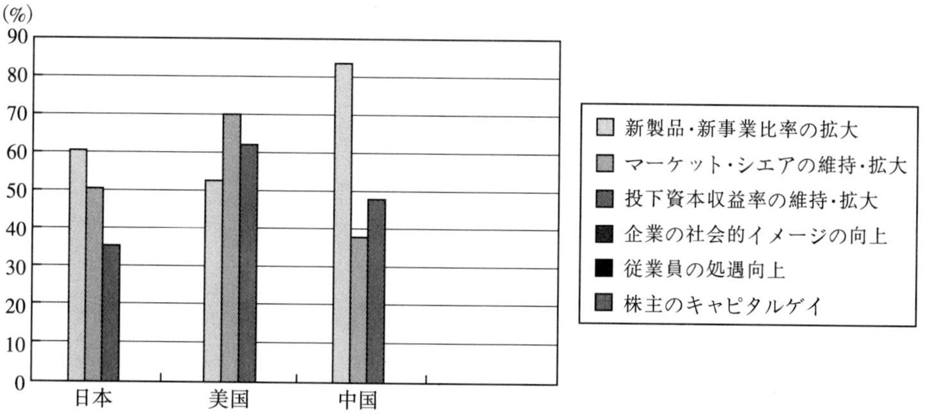

图 1　日本、美国、中国企业的经营目标的比较

注：问卷调查是从 12 个问题中选出具有战略性意义的经营目标而实施的。图中记载的数据是各项回答比例。
资料来源：经济同友会《1988 年度企业白皮书》；中国企业家调查系统的问卷调查（1993 年和 1994 年）。

① 尚会鹏. 中国人与日本人：社会集团行为方式与文化心理的比较研究［M］. 北京大学出版社，2000.

从图 1 中可以看出，日本企业经营目标前三位的顺序依次为：新产品、新事业比率的扩大（60.8%），市场占有率的维持、扩大（50.6%），投入资本收益率的维持、扩大（35.6%）；美国前三位的顺序依次为投入资本收益率的维持、扩大（78.1%），股东红利（63.0%），市场占有率的维持、扩大（53.4%）；中国前三位的顺序依次为股东红利（83.5%），企业社会形象的提高（47.1%），职工待遇的提高（38.0%）；韩国前三位顺序依次为提高营业额、市场占有率、投资收益率。[①]

表 1　中日美企业的经营目标的比较（%）

	日本	中国	美国
新产品、新事业比率的扩大	60.8		11.0
市场占有率的维持、扩大	50.6		53.4
投入资本收益率的维持、扩大	35.6		78.1
企业社会形象的提高	18.6	47.1	6.8
从业人员待遇的提高	7.7	38.0	0.0
股东分红	2.7	83.5	63.0
国际化战略的强化	32.8		12.3

资料来源：经济同友会《昭和 63 年度企业白皮书》；中国企业家调查系统的问卷调查（1993 年和 1994 年）。

企业的经营目标与企业组织相关联的，从表 1 中可以看出中、日、美企业观的差异。首先，日本企业重视职工的利益（7.7%），不重视股东的利益（2.7%）；[②] 相反美国企业重视股东的利益，不重视职工的利益；中国企业比美国更重视股东利益，比日本更重视职工的利益。概括起来可以认为，日本企业是多元的企业观；美国企业是以股东利益为中心的一元的企业观；中国是以职工利益和股东利益为中心的二元的企业观。这种企业观的差异反映出各国公司治理结构的不同。日本企业重视新产品及新事业的开拓、市场占有率等成长性的目标；美国企业重视投资收益率、股票收益率等收益性的目标；中国企业为了能够在股市上筹集资金，重视短期内上扬股价，提高企业形象。而且，在创办新事业的时候，比较注重短期收益性。中国企业经营目标的短期性对今后的企业成长和中国经济的持续发展是非常不利的。今后应把短期目标与长期目标相结合，防止董事与高层领导滥用职权的行为发生。

表 2　以销售额为基础的前 100 家企业总规模差异比较

	总销售额（亿日元）	总资产（亿日元）	纯利润（亿日元）	职工人数（人）
日本	1879826	2945232	–8324	1494631
中国	656899	3507848	35318	13058700
韩国	586030	1200961	36476	567427

注：2002 年的资料、外汇比：1 元人民 = 15 日元、1 韩元 = 0.1 日元。
资料来源：米山茂美，伊大栄，王効平. 日中韩的经营比较. 税务经理协会，2005：77.

表 2 是各国在 2002 年以销售额为基础、按产业集团分类的前 100 家分布情况。前 100 家的总销售额合计，日本企业是中国的 2.86 倍、韩国的 3.21 倍。职工数中国企业最多，是日本的 8.74 倍、韩国的 23 倍。中国企业的总资产额也超过了日、韩，是日本的 1.9 倍，韩国的 2.92 倍。

① 安熙锡. 多元化战略的日韩比较. 税务经理协会，1996.
② 投入资本收益率的扩大也是间接地以股东利益为中心的。

从经营业绩指标来看，2002 年日本前 100 家企业中亏损企业有 33 家，亏损合计额比营利企业多，100 家亏损额合计 8324 亿日元。韩国企业的亏损企业是零（但有 3 家没有数字），中国是 7 家（1 家没有数字），① 这是与日本景气的低迷、韩国经济改革的成果以及中国的持续增长相关联的（见表 3）。

表 3　日中韩企业经营业绩指标

国名	亏损企业数（家）	销售利益率（%）	资本利益率（%）	1 人平均销售额（万日元）	1 人平均利润（万日元）	总资本回转率
日本	33	–0.44	–0.28	12577	–56	0.64（0.67）
中国	7	5.38	1.01	503	27	0.19（0.45）
韩国	0	6.22	3.04	10328	643	0.49（0.70）

注：韩国企业无数据的有 3 家，中国企业 1 家。资本回转率是倍数、括号里数字是除了金融系列企业的数字。

资料来源：米山茂美，伊大栄，王効平. 日中韩的经营比较. 税务经理协会，2005.

企业究竟是谁的？谁应该支配企业？对这一公司治理结构根本问题的回答，各国也有不同的答案。在韩国一般认为企业是大股东个人的，因此企业的经营应尽可能地满足大股东的要求，使大股东的利益最大化；日本的企业是以经营者和职工为中心的，也可以认为是由多数的利益相关者构成的制度模式；中国的企业观是以股东利益和职工的利益为中心的二元企业观。然而，仅此回答争论并没结束。人们所寻求的答案并不仅仅停留在表面，而是通过企业治理的实证研究，弄清企业的利益相关者究竟是谁？并且为了保护他们的利益需要怎样的治理结构。对此，韩国公司治理结构的课题是从中小企业的立场对大企业的肆意行为进行检查和监督。因此，为了维持和增强其他企业的利益，有时不得不对财阀企业进行大量裁减；日本企业与欧美各国相比，注重维持企业之间的长期持续协调的交易关系，与特定交易对手保持极其紧密的关系；中国企业对所有者不但具有资产保全和增加的责任，而且对职工也必须负有责任。

（二）企业观与经营体制

2003 年在对日本、韩国、中国三国 300 名企业家进行的关于企业竞争力问题的问卷调查中，对于什么是企业竞争力最重要的因素这一问题的回答，日、韩、中 300 名企业家想法有很大差别。从问卷的结果来看，日本回答为财务、现场工作人员；中国、韩国则认为经营者是重要的因素。即中国、韩国重视经营者的资质、市场能力；日本则认为产品开发能力、新产品、成本竞争力是企业竞争的重要源泉。②

日本企业的重大决策是自下而上型或 U 形，一般由集体作出。日本企业主张，企业是有组织的追求营利的生活共同体，其内部的每个成员要共同参与企业的各项经营决策，企业的生存和发展要靠大家共同努力。企业遇到什么问题，应奉行集体主义，采用集体决策方式。这种决策方式，其程序是自下而上进行的。决策前要由企业各层有关人员充分讨论，经层层商议酝酿后，直到“一致同意”时，才由高级领导做出最后决定。这种决策方式决策制定时间较长，但决策执行较容易。日本企业战略方针策定是由许多人参加，依靠集体进行的。③ 这是从日本人的集团主义和对公

① 米山茂美，伊大栄，王効平. 日中韩的经营比较. 税务经理协会，2005.

② 通産省产业政策局企业行動課编. 关于企业竞争力的问卷调查. 1984.

③ 加護野忠男など. 日本企业の経営比较. 日本経済新聞社，1989.

司的忠诚心而产生的。[①]

与此相对照，韩国企业重大决策是自上而下的。通常 80%的权力集中在上层管理者手中，中下层管理者的权力非常有限。独裁的领导体制在韩国财阀已成为一种普遍接受的管理方式。下级的被动服从又进一步助长了独裁体制的发展。传统的决策体制（即征求意见，进一步商讨）更多的是为了分散责任而不是为了达成共识。

中国企业的重大决策也是自上而下型的。中国企业的董事长和总经理握有绝对的权限，其决定的事情以向下传达的方式来控制经营。日、韩企业间看到的“集权化程度”的不同之处，在日、中企业间也能见到。集权化程度的不同之处，主要是意见决定方式不同。需要果断决策时自下而上的日本企业决策方式比中韩企业要缓慢得多。

中、日、韩企业经营体制的比较如表 4 所示。

表 4　中日韩企业经营体制的比较

	日本企业	中国企业	韩国企业
经营目标	利益志向	成长与利益志向	利益志向
	长期的安定利益	规模扩大中获得利益	保证优先短期利益
	长期的经营视野	短期的经营视野	短中期的经营视野
组织特征	自下而上经营	自上而下经营为中心	自上而下经营
	决策时财务·会计部门的影响大	决策时董事会的影响力强	决策受各行政部门的影响
	部门的独立性	部门限定的独立性	部门限定的独立性
管理特性	终身雇用（长期雇用）	合同制（短期雇用）	长期雇用
	成果主义工资制度	职务工资制、成果工资制相结合	成果主义工资制度
	内部晋升	外部晋升	内部晋升

资料来源：安熙锡. 多元化战略的日韩比较. 税务经理协会，1996.

（三）经营者激励约束双重化

在日、韩的家族企业和中国的民营企业中，经营者受到了来自家族利益和亲情的双重激励和约束。对于家族第一代创业者而言，他们的经营行为往往是为了光宗耀祖或使自己的家庭更好地生活，以及为自己的子孙后代留下一份产业。对于家族企业第二代经营者来说，发扬光大父辈留下的事业、保值增值作为企业股东的家族成员资产的责任、维持家族成员亲情的需要，是对他们的经营行为进行激励和约束的主要机制。

因此，与非家族企业经营者相比，家族企业的经营者的道德风险、利己的个人主义倾向发生的可能性较低，用规范的制度对经营者进行监督和约束已经成为不必要。但这种建立在家族利益和亲情基础上的激励约束机制，使家族企业经营者所承受的压力更大，并为家族企业的解体留下了隐患。

（四）企业所有权主要由内部人控制

由于受儒家伦理道德准则的影响，在韩国家族企业中，企业的决策被纳入了家族内部序列，企业的重大决策如创办新企业、开拓新业务、人事任免、决定企业的接班人等都由家族中的同时是企业创办人的家长一人做出，家族中其他成员做出的决策也须得到家长的首肯，即使这些家长

① 日本経済新聞社编. テラスで読む日本経営. 日本経済新聞社，1983.

已经退出企业经营的第一线，但由家族第二代成员做出的重大决策，也必须征询家长的意见或征得家长的同意。当家族企业的领导权传递给第二代或第三代后，前一代家长的决策权威也同时赋予第二代或第三代接班人，由他们做出的决策，前一辈的同一辈的其他家族成员一般也必须服从或遵从。但与前一辈的和家族家长相比，第二代或第三代家族家长的绝对决策权威已有所降低，这也是家族企业在第二代或第三代出现矛盾或冲突的根源所在。

三、传统文化的改革方向

随着经济的衰退，中、日、韩企业再也无法承诺终身就业，也无力向新毕业大学生提供就业岗位，而且企业也意识到强调终身雇佣制不利于强化竞争机制，企业也无法进行人力资本结构的调整以满足产业结构调整的需要，从而使企业的终身雇佣制发生动摇，降低了职工对企业的忠诚度和归属感。同时，随着教育水平的提高，不少年轻人尤其是新一代的大学生对传统企业文化彻底丧失了信心，他们再也不视企业为自己的唯一归属，而是渴望通过岗位变换来寻找展示自身价值的舞台。传统的企业文化要求职工绝对忠诚，而现在择业时往往把目标投向更好的企业、更好的机会。

在日、韩企业文化中，更强调发挥集体的作用，个人只是作为集体的一员存在，个性得不到尊重；但现今日、韩青年受西方价值观影响较多，越来越重视个人价值的存在，他们对工作之外的生活享受寄予很高的希望，力图摆脱“经济动物”的束缚，去善待生活、享受生活。而这种观念与传统企业文化是格格不入的，青年人感觉个性在企业受到忽视，英雄无用武之地，结果导致很多年轻人离开大企业而到中小企业去供职，有的甚至到国外去发展。尤其日、韩企业更强调等级观念，这种方法虽然有加强企业和职工联系的优点，但这种论资排辈制度也压制了年轻人的创造力，使许多优秀人才失去了脱颖而出的机会，从总体上导致企业创造力的匮乏。这一问题在强调大批量生产的工业化时代并不突出，甚至还可能看做是一种优势，因为工业化社会对个性化的创造力要求并不高；进入信息时代以后，人类社会便进入个性化社会，个性化与创新思维对企业发展至关重要。因此，为适应经济发展和社会变革的挑战，必须对日本传统企业文化进行改造，以提高企业的创新能力。

在企业文化的制度典章层次上，虽然各国的企业制度让职工有着高度的心理上的安全感，但它缺乏流动的自由。随着劳动力结构由体力劳动者为主转向知识劳动者为主，有专业知识的年轻人已日益厌倦对流动性的限制，这不仅出于他们自身的心理需要，也出于人力资源的优化配置的市场要求。这就要求各国社会建立和健全劳动力市场以及相应的福利制度和失业保障制度，为劳动力资源的合理流动创造条件。同时，企业也应实行弹性的用工制度，不断根据市场的发展来调整职工的结构，以适应产业结构升级的需要。

企业组织的上述特点都不是一成不变的。现在中国和日本企业都发生了并仍在发生着变化。在集团参与方面，中国人的“关系主义”倾向和日本人的“集团主义”倾向正在受到严峻挑战，企业的共同体性质削弱了。在企业统合方面，日本的企业在泡沫经济崩溃以后，过去那种仅仅依靠企业这个“场”凝聚人们的力量削弱了，“公司主义”（它的核心内容是“终身雇用”和“年功序列”制度这一曾支撑日本经济高速成长的力量源泉也发生了变化，企业间出现了较频繁的人员流动。集团主义仍是现在日本企业的特点，但日本企业出现了下述方向的变化：给个人更多的空间和自由、规则更明确，内外规则更趋一致。中国企业现在情况也有了变化，“铁饭碗”打破以后，出现了失业现象和人员的流动。现在“关系主义”仍起着较大作用，但已受到挑战，企业组织朝着更强调个人能力、更重视条文化的规则、内外规则更趋一致的方面变化了。当前中国的改革试图通过扩大企业的自主权和自由度使企业组织更具活力。

日本和韩国传统的企业经营方式具有家族主义和人情主义的特点，表面看来这种模式似乎更适合中国的文化风土。但中国的民众文化本质上不是以一种集团关系为基础的文化。在中国，仅仅靠企业组织的“场”很难使人凝聚，较难培养起一种超越关系主义的一体感，所以导入日本企业的统合模式可能会增强企业组织内部的关系主义而无法促进企业整体的协调。而且，泡沫经济崩溃以后，暴露了日本模式压抑个性的弊端，所以，中国企业无法导入日本式的统合模式，不能完全走日本企业的道路。

中国企业目前似乎正在接受美国的企业统合模式，即更强调个人独立参与和个人的权利和责任、更重视法规契约。提高人们对法规的敬畏态度和遵守以限制人格关系的滥用等，正是中国现在建立“现代企业制度”的主要内容。但如何避免美国模式的弊端，是面临的重大课题。

〔参考文献〕

[1] 青木昌彦.日本经济中的信息、激励与谈判 [M]. 商务印书馆，1994.
[2] 张旅平. 文明的冲突：日本现代化研究 [M]. 天津出版社，1993.
[3] 尚会鹏，徐晨阳著. 中日文化——冲突与理解的事例研究 [M]. 中国国际广播出版社，2004.
[4] 尚会鹏. 中国人与日本人：社会集团行为方式与文化心理的比较研究 [M]. 北京大学出版社，2000.
[5] 斯蒂格利茨等编. 东亚奇迹的反思 [M]. 中国人民大学出版社，2003.
[6] [日] 深尾光洋，森田泰子. 企業ガバナンス構造の国際比較 [M]. 日本経済新聞社，1997.
[7] 李向阳. 企业信誉、企业行为与市场机制——日本企业制度模式研究 [M]. 经济科学出版社，1999.
[8] 安熙锡. 多元化战略的日韩比较 [M]. 税务经理协会，1996.
[9] 米山茂美，伊大荣，王効平. 日中韩的经营比较 [M]. 税务经理协会，2005.
[10] 通産省产业政策局企业行動課编. 关于企业竞争力的问卷调查 [M]. 1984.
[11] 日本経済新聞社编. テラスで読む日本経営 [M]. 日本経済新聞社，1983.
[12] 宮沢健一. 産業の経済学 [M]. 東洋経済新報社，1989.
[13] 成啓禎. アジア経済の発展モデルとその深化 [M]. 北京週報，第 31 号，1996.
[14] 加護野忠男等. 日米企業の経営比較. 日本経済新聞社，1989.
[15] 日本経済新聞社编. テラスで読む日本経営. 日本経済新聞社，1983.

Traditional Culture and Corporate Governance：Comparative Analysis of the Business Models in China，Japan and South Korea

SUN Li
(Business School of Liaoning University，Shenyang，110036，China)

Abstract：China，Japan and Korea are eastern Asian countries and their geographic position and culture background is similar. China had acknowledged the governance model from Japan and Korea comparing that with the model of exterior governance model in America and Britain. This article has expounded the influence of traditional culture to enterprise construction and governance with the contact point of the construction difference among societies subject to culture element. With the reference of the expertise and lessens on corporation governance in Japan and Korea，this article had made the feasible suggestion on reform and development of state-owned enterprises in China.

Key Words：Traditional Culture；Corporation Governance；Enterprise Construction；Confucian Thought

【公司治理】

法家的势治管理思想研究

顾文涛[1,2] 朱大为[1] 丁大巍[1] 马 蕾[3]

(1. 清华大学经济管理学院，北京 100084；
2. 天津市河西区商贸旅游局，天津 300202；
3. 南京理工大学人文与社会科学学院，南京 210009)

[摘 要] 文章从“势”的含义、作用、来源、特征、运用五个方面全面论述了韩非以及中国法家关于势治的管理思想。

[关键词] 韩非；势；权；法

一、势的含义

先秦时期的“势”写作“埶”（音世）。本义指种植，引申为生物生长、繁衍所表现出的一种力量，就像春天使万物生长一样，势是强大而不可遏制的自然之力。在物理学中，势是一种跟物体高低位置有关的能量（势能），不仅表示物体运动的一种可能的方向，也表示能量的大小（和物体的高度成正比）。如果将势的外延再扩展一下，那么弹性势能和物体的动能也可以称作势，所以势归根到底就是物体自身能量的一种。在自然界中，势的含义比较单纯，将势的概念延伸到社会领域，则指某一范围内客观事物所具有的能量及其在发展中表现出来的一种趋向，既包括量的大小（现状），也暗含着方向，是一种客观存在。

在政治领域，权位的高级别者对低级别者拥有一种由位差而产生的势能，这就是权势，势是伴随着权而产生的无形的强制性威力。权势与自然界中的“势能”极其相似，位置越高，势能越大。中国文化的一大特征就是“天人合一”式的思维，古人论势也同样由自然现象入手，将表征自然之力的势与政治之势自然联系在一起。如《尸子》曰：“日之能烛远，势高也。使日在井中，则不能烛十步矣。舜之方陶也，不能利其巷。及南面而君天下，蛮夷戎狄皆被其福。”韩非曰：“千钧得船则浮，锱铢失船则沉，非千钧轻锱铢重也，有势之与无势也。”

法家所讲的“势”有广狭二义，广义的“势”指总体政治形势，如韩非所说：“夫尧、舜生而在上位，虽有十桀、纣不能乱者，则势治也；桀、纣亦生而在上位，虽有十尧、舜而亦不能治者，则势乱也。”这里的“势治”和“势乱”指的都是政治形势。狭义的“势”则专指权势，类似于现代管理学中的“领导权威”。韩非认为“夫国之所以强者，政也；主之所以尊者，权也；势者，胜

[基金项目] 国务院发展研究中心、中国企业联合会、清华大学联合发起的公益性研究项目《中国式企业管理科学基础研究》之第一子课题“中国企业管理思想和理论的历史传承研究”。

[作者简介] 顾文涛（1968—），男，江苏六合人，清华大学经济管理学院企业战略管理博士后、副教授，主要从事企业战略管理及中国管理模式研究，现任天津市河西区商贸旅游局副局长，E-mail：ytguwt@qq.com。朱大为（1969—），男，江苏扬州人，清华大学经济管理学院技术经济学博士后。丁大巍（1980—），男，上海市人，清华大学经济管理学院企业战略管理博士后。马蕾（1965—），女，江苏徐州人，管理学博士后，南京理工大学人文与社会科学学院副教授，主要从事企业管理研究。

众之资也”。“势”是用来统治群众、获取优势的根本。权势具体又可分为二：①势位，即政治地位，韩非称为自然之势；②君主手中掌握的生杀大权，亦即刑赏。管子说“君之所以为君者，赏罚以为君”。韩非称刑赏为人为之势。

二、势的作用

1. 势是君主的胜众之资

冯友兰认为：西周封建社会的运转，所依靠的是两项权力原则：礼和刑。礼包括仪文、礼节、举止行为的规定以及社会习俗所构成的不成文法；它的应用范围只限于贵族，称为“君子”（即君王之子，有文化教养的人）。刑即惩罚，它的应用范围是普通百姓，即“庶人”，或称“小人”（琐小的人）。《礼记》称：“礼不下庶人，刑不上大夫”。说明了这两项原则的不同应用范围。春秋之前的中国主要是宗法制社会，君臣之间以血缘亲情相连，只要遵守“亲亲”、“尊尊”，以“礼”相待，即可保证上下尊卑有序。春秋之后，尤其到战国时期，各诸侯国国君为了争霸，不得不重用贤能之人，士阶层崛起，尚贤之风兴盛，血缘关系退居次要位置，血缘关系的淡化使利益成为君臣之间的纽带，礼因而不足以维持人君至高无上的地位和凌驾于众人的尊严，势成为重要手段。韩非说：“人臣之于其君，非有骨肉之亲也，缚于势而不得不事也”。管子曰：“尊君卑臣，非计亲也，以势胜也”。臣子们侍奉君主不是因为骨肉之亲，而是因为君主的权势，势成为君主凌驾于群臣之上，获得威严的资本。管子指出：“君之所以为君者势也”。韩非则尖锐地指出：“圣人德若尧舜，行若伯夷，而不载于势，则功不立，名不遂”。君王能够统治国家的首要原因并不在于其能力强、品德高，而是由于拥有“势”而位尊权重，舍此，必将功不立，名不遂。孔子德行高洁，名誉海内，但却要臣服于鲁哀公，就在于孔子“非怀其义，服其势也”。所以韩非说：“君执柄以处势，故令行禁止。柄者，杀生之制也。势者，胜众之资也”。把“势”看做统治者相对于被统治者所拥有的优势或特权。柄是具体而有形的掌握下属命运的生杀大权，势则是有形的权所产生的无形的影响力，心理学研究证明：对死亡的恐惧比死亡本身更可怕，势是一种比有形的权更强大的无形的威慑力量。因为它无形，所以无孔不入、无处不在。权是不能随便用的，“权不欲见”，“邦之利器不可以示人”，其作用范围也很小，“杀鸡给猴看”就是用一小范围的刑罚来产生大范围的威慑作用，这正是权和势的完美配合产生的妙用。所以在现实的政治中，经常起作用的是势而不是权，权与势虽然难以分离，但两者之间的消长并不同步，有的人是先有权后有势，有的人是先有势后有权；有的人是先失权后失势，有的人是先失势后失权，最好的状况是权势双得，就可坐稳江山了。总而言之，君主拥有的势越大、越强，获得的威严、尊敬也越多。一旦失势，不仅会失去人君之威严，更有性命之忧。

2. 势是君主治国的动力源

“凡明主之治国也，任其势”。君主治国必须依靠势，没有势就缺少治国的凭借。韩非说如果君主是鱼，那么势就是深渊：“鱼不可脱于深渊”，君主治国主要是治吏，然后通过吏去治民，以达天下大治之效，君主治吏主要靠术与法，但法和术不是什么人都能运用的，必须拥有至高无上的权势才能有资格运用这两样东西，管子明确提出“夫权者，神圣之所资也”。又说“人主之所以制臣下者，威势也。故威势在下则主制于臣，威势在上则臣制于主”。谁拥有了势，谁就能够驾驭对方、统治对方。势“在君则制臣，在臣则胜君”，韩非将威势比喻为人的筋力，即管理属下的动力源：“夫马之所以能任重引车致远道者，以筋力也。万乘之主、千乘之君所以制天下而征诸侯者，以其威势也。威势者，人主之筋力也。今大臣得威，左右擅势，是人主失力。人主失力而能有国者，千无一人”。管子将威势作为治国（治吏和治民）的动力源：“明主在上位，有必治之势，则群臣不敢为非。是故群臣之不敢欺主者，非爱主也，以畏主之威势也；百姓之争用，非以爱主也，以畏主之法令也；故明主操必胜之数，以治必用之民，处必尊之势，以制必服之臣。故令行禁止，主尊而臣卑。”失去势，君主就失去了治国资本；拥有势，君主才能令行禁止。慎到认为势位在国家管理中的作用无可替代，得势，不肖者可以让贤者屈服；失势，贤能之人不得不屈服于不肖者。尧为匹夫时尽管贤能但没有势，所以连邻居都使唤不动。南面称王后，拥有了显赫的势位，就能让整个国家听命于己，这就是势的作用，正因为势是君主统治的力量，所以势决定着君主的命运，决定着国家的治与乱。韩非说：“夫尧、舜生而在上位，虽有十桀、纣不能乱者，则势治也；桀、纣亦生而在上位，虽有十尧、舜而亦不能治者，则势乱也。”

三、势的来源

势是让飞蓬高飞千里的风，是托浮千钧重物的船，是让腾蛇巨龙一跃而起的云雾，概言之，是各种各样的“动力”。正如慎到所说：“夫三王五伯之德，参于天地，通于鬼神，周于生物者，其得助博也”。势就是各种各样的“助力”。而这种“助力”从何而来？令君主们得之者昌，失之者亡的“势”究竟来源于何方？

从形式上来说，由于世袭制的存在，君主的权势直接来自于世袭制度，臣子们的势则来自于官吏选拔制度和其自身的努力，但是经过深入分析，就会发现势来自于被统治者，慎到深刻地认识到“势”其实就来自于民众的帮助和支持：“身不肖而令行者，得助于众也”。民众的帮助和支持成就了君主们的“势”。故“势”并不神秘，它是民众力量在君王身上的集中和表现。现代管理学认为，势尽管是客观存在的，但它又是相对的，势产生于管理者和被管理者之间的位差，势其实是建立在被管理者的服从、支持和拥护之上的，没有被管理者的服从、支持和拥护，管理者也就没有了势。更进一步，慎到认识到，民众赋予君王的势不是供其谋私利的工具，而是管理国家所需，是为公众谋利的：“立天子而贵之者，非以利一人也。曰：天下无一贵，则理无由通，通理以为天下也。故立天子以为天下，非立天下以为天子也。立国君以为国，非立国以为君也。立官长以为官，非立官以为长也”。天下如果没有一位权威（贵），那么规则就无法实施，所以必须立天子、国君、官长，并赋予他们威势，这是为了治国的需要而不是为了他们个人的需要。这正是慎到势论的精深之处，他站在治理国家的立场上来看待势，认识到势对于国家管理来说是必需的，而不是站在统治者个人的立场，把势作为君主专制的强大武器。

《管子》同样认为君主之势来源于民众：“蛟龙，水虫之神者也。乘于水则神立，失于水则神废。人主，天下之有威者也，得民则威立，失民则威废。蛟龙待得水而后立其神，人主待得民而后成其威”。所以君主要想拥有大势，就必须得民，如何得民？《管子》认为君主要想得民，就必须公平执法：“暴人不胜，邪乱不止，则君人者势伤而威日衰矣。故为人君者，莫贵于胜。所谓胜者，法立令行之谓胜”。这里的“胜”即通过刑赏建立君主的威势。因此，《管子》由势之重要而得出法重于一切，人君要维护自己的势，就要严格守法、执法，把法令和国家社稷放在首位。

四、势的特征

1. 客观性

“势”作为一种客观存在形态，本身没有对错之分，也不涉及价值判断。韩非曰：“故立尺材于高山之上，下临千仞之峪，材非长也，位高也”。一棵小树无论在哪里都是一棵小树，但如果它长在高山之上，利用高山之“势”，就会比峡谷中的参天大树还高出许多，其高出大树的那部分势能就是客观存在的高山的高度所带来的。慎子云：“腾蛇游雾，飞龙乘云，云罢雾霁，与蚯蚓同，则失其所乘也”。腾蛇飞龙之所以能够遨游天际，不是因为它们本性能够展翅飞翔，而是善于利用客观存在的云雾（势）的缘故。宋洪兵认为："在社会领域，'势'同样是一种客观存在，其社会学依据就在于人类个体因力量、性别、年龄、习俗不同而形成的社会地位及社会威望的等级差别，等级差别是人类社会形成'势'的根本前提。马克斯·韦伯从历史本体论的视角得出结论，社会及家庭权威的支配权力，其信仰基础乃是自远古以来即被视为当然的恭顺关系。这说明蕴涵支配权力的'势位'以及由此而产生的服从和恭顺关系，乃是人类源自社会习俗与生活经验的一种'自生自发'的客观存在。"

政治领域客观存在的势作为一种能量，是一柄"双刃剑"，既可造福于人，也会带来危害。韩非说："夫尧、舜生而在上位，虽有十桀、纣不能乱者，则势治也；桀、纣亦生而在上位，虽有十尧、舜而亦不能治者，则势乱也"。慎子云："尧为匹夫，不能治三人；而桀为天子，能乱天下。吾以此知势位之足恃，而贤智之不足慕也……由此观之，贤智未足以服众，而势位足以屈贤者也"。这充分说明了"势"的客观性。客观中性的"势位"确实得其人则天下治、失其人则天下乱。关键在于由什么样的人来控制它，所谓"贤者用之则天下治，不肖者用之则天下乱"。

2. 强制性

慎到、韩非充分意识到了"势"的强制性特征。慎子说："势位足以屈贤也"。势能够让贤能之士不得不屈服，韩非在《五蠹》中举了一个让所有贤能之士都不得不承认的事实："鲁哀公，下主也，南面君国，境内之民莫不敢臣，民者固服于势，势诚易以服人，故仲尼反为臣，而哀公固为君；仲尼非怀其义，服其势也。"势之所以让孔子这样的圣贤"服"，关键原因就在于社会地位的等级差别具有强制性，长期以来，中国对天地和人类社会的尊卑等级排序逐渐形成了以下序列，依次为：天、地、君、亲、师，天第一，地第二，君被称为"天子"，紧随其后，鲁哀公处在"君位"而孔子处在"臣位"，孔子德性、才能、威望虽高，即使拥有"师"的位置，也排在君的后面。"势位"就是等级差别而产生的能量，它本身就是君主追求的目标，相当于"体"，谁处在君位谁就是君，就能统治国家；谁处在臣位谁就是臣，就必须服从君令。相对于"势"而言，"法"、"术"包括"礼"都是用，都是手段，无论是在春秋之前的礼制社会还是战国之后的法制体制或阳儒阴法体制，"礼"、"法"、"术"都是为了维护强制性的等级、尊卑关系进而维持国家的统治的手段，势就是这种强制性的等级、尊卑关系的体现，所以具有强制性；势和掌握生杀大权的"权柄"连在一起，如前文所分析的，势是一种比有形的权更强大的无形的威慑力量，权和势都能对被管理者的行为构成强制性的影响力，能影响、制约乃至改变下属的行为。

3. 排他性

势不像知识、信息一样具有共享性，而是像资产一样具有排他性，法家一致认为势应归君主独有，反对君臣共享。管子曰："权势者，人主之所独守也。故人主失守则危，臣吏失守则乱"。又说："凡人君之所以为君者，势也，故人君失势，则臣制之矣。势在下，则君制于臣矣。势在上，则臣制于君矣。"势在臣，即使君知道臣不忠、不守法听令，也无可奈何。势在子，子虽不孝，父亲也束手无策。失势，则臣弑君，子弑父。韩非格外强调权势的独占性及排他性特征，主张"权势不可以借人，上失其一，臣以为百，故臣得借则力多，力多则内外为用，内外为用则人主壅"。表示："夫赏罚之为道，利器也，君固握之，不可以示人"。《吕氏春秋》也主张权势不能够共享或平均："权钧则不能相使，势等则不能相并，治乱齐则不能相正"。

4. 动力性

从哲学上说，"势"是事物之间因为相互位置和相互关系而引起的变化趋向，这种趋向既具有方向性，又具有能量的大小（决定于相互关系的性质），在政治领域，"势"产生的前提是存在着差异性位置关系（等级），只有满足这一条件，才会产生"势能"，即上级对下级拥有的影响、改变、控制下属的行为的力量，此即势的动力性特征，所以韩非将君主的势比作人主之筋力："万乘之主、千乘之君所以制天下而征诸侯者，以其威势也。威势者，人主之筋力也"。又将君主的权势比作“虎豹”的爪牙：“今势重者，人主之爪牙也”。势就是君主实施管理的动力源，是管理的能量，人主失去了权势这种能量，就像虎豹失去了爪牙一样，必将为人所制。权势这种能量“在君则制臣，在臣则胜君”。

5. 无形性

“势”在今天的管理学中相当于领导权威，其本质就是有形权力所产生的无形的影响力，它不直接改变人的行为，而是通过对人的心理发生强制性的作用来改变人的行为。权是有形的命令，作用范围很小且不能随便使用，势是一种比有形的权更强大的无形的威慑力量，能让人“不令而行”。因为它无形，所以无孔不入、无处不在。如果把权力比作投入湖面的石子，势就相当于石子在湖面上产生的波纹。

6. 相对性

虽然君主的权势是一种不以人的意志为转移的客观存在，并且从形式上看来自于世袭制度，但是深入分析就会发现势依赖于被统治者的恭顺、畏惧和服从，韩非明确指出君主权势的源泉在于臣民：“为主而无臣，奚国之有?”民众的帮助和支持成就了君主们的“势”，失去了被管理者也就失去了势，所以作为客观存在的势具有相对性。

五、“势治”管理思想——运势

1.“运势”的原则：要符合正义标准（为天下人谋利益）

既然“势”是管理的动力来源，具有既可造福于人类又可为害天下的中性特征，那么如何发挥这把“双刃剑”的作用才能取得天下大治的效果？儒家和法家的思路既有相同点又有区别。

两家的相同点在于：首先，在对“势”的重要性的认识上，两家均承认“势”的重要，并对权势的动力性、客观性、强制性等特征都有清醒的认识。其次，儒法两家都意识到最高权力的行使存在着滥用进而为害天下的危险，都强调权力的行使要符合为天下人谋利益的正义性标准，并且都以“天下人之天下”为治国依据，追求“天下大治”。

2. 如何确保“运势”符合正义标准

儒法两家的不同点聚焦于以下关键性问题：如何确保“势”的运用符合为天下人谋利益的正义标准？儒家和法家选择了两种路径。

（1）儒家主张：“贤人政治”。儒家从“势位”归属角度，强调通过权力归属的正义性来实现权力行使的正义性，认为治理天下的关键就在于由什么样的人来掌握“势位”，提倡通过“贤人”的道德人格和内在修养来节制权势的滥用，由此实现政治正义。所谓“贤者用之则天下治，不肖者用之则天下乱”、“尧、舜得势而治，桀、纣得势而乱”，所以儒家明确主张由贤者占据高位，赞同“汤武革命”。孟子说：“为政不因先王之道，可谓智乎？是以惟仁者宜在高位。不仁而在高位，是播其恶于众也”。荀子则说：“天下者，至重也，非至强莫之能任；至大也，非至辨莫之能分；至众也，非至明莫之能和。此三至者，非圣人莫之能尽，故非圣人莫之能王”。可见，儒家是在承认“势位”重要性的前提下强调应该由“贤智”之人占据“势位”。

（2）法家主张：以“法治”来规范。法家更倾向于通过建立外在规范来确保“权势”的正当行使。法家并没有简单地反对“贤人政治”，慎到明确提出君主权力行使的正义性标准在于为天下人谋福利：“故立天子以为天下，非立天下以为天子也。立国君以为国，非立国以为君也”。但法家更深刻地看到了君主世袭时代政治的实际情况，韩非强调，简单的要么尧舜之圣贤、要么桀纣之残暴这样的两极政治思维，只考虑了权力行使的两种极端状况，而对现实政治中最一般的情形却缺乏清晰而全面的考察。在现实政治中，上述两种极端状况其实是“千世而一出”的，绝大多数君主既不如尧舜般圣贤，也不如桀纣般的不肖，而是“上不及尧舜，而下亦不为桀纣”的“中人”，真正的政治使命大都由智力、才能、道德均属中流的普通君主来承担，“世之治者不绝于中”。在无法始终依靠“贤人”来确保权力运用正义性的情况下，必须考虑绝大多数君主都是“中人”的现实，对其外在的行为进行规范。韩非最终放弃了“贤人政治”，直接从外在规范来确保权势的正当行使。另外，势也是法的前提，法不能离开势，“君持柄以处势，故令行禁止”，只有以势作为后盾，法才能真正得以有效施行，法与势两者相互依赖、相互结合，缺少任何一方，另一方就不能独立发挥作用。所以韩非说：“抱法处势则治，背法去势则乱”。人主只要“抱法处势”，掌握权势同时坚持法治，就能把国家治理好。“中人”政治理论的实质就是突出强调以客观有效的制度来防止君主的情感偏向、个人好恶等非理性因素介入政治运作，以免影响政治运作的公平与正义。马克斯·韦伯认为，发展成熟的官僚制从某一特定意义而言是处于“无恨亦无爱”政治原则支配之下的理性制度。韩非在《难势》篇中通过复应之者所表达的“中人”政治理论所达到的思想深度与理论境界，无疑是人类在寻求这种理性制度的过程中的一座辉煌的丰碑。

《难势》篇的论述层层深入，充分展示了韩非思想的深刻洞察力：从慎到强调“势位”对于治理国家的极端重要性及其客观性、强制性开始；递进到应慎子者对“势位”归属正义性问题的探讨；再到复应之者以现实主义的态度主张：从“势位”归属的角度来解决权力行使的正义性问题，远不如从建立规范入手来解决权力行使的正义性有效。三个层面层层递进，韩非“势治”思想的现实主义品格及其思想路径，由此得到充分展示。

从思想风格来说，儒家是由内在修养达到目的的理想主义，法家则是由外在规范达到目的的现实主义，儒家强调的是内在的约束，法家注重的是外在的规范。近人胡适对儒法的优劣作了很好的评判：“若有了标准法，君主的贤不贤都不关紧要。人治主义的缺点在于只能希望‘惟仁者在高位’，却免不了‘不仁而在高位’的危险。法治的目的在于建立标准法，使君主遵守不变。现在所谓‘立宪政体’，即是这个道理。但中国古代虽有这种观念，却不曾做到施行的地步。”

3. 如何“运势”

韩非认为：“夫势者，名一而变无数者也”。权势只有一个名称，却有很多的表现形式。韩非创造性地把“势”分为两种形式：“自然之势”和“所得而设之势”，即“人为之势”。韩非认为，权势从开始就自然存在于特定的政治统治当中，这是权力的原始状态，君主之势首先来自他世袭而来的居高临下的位置，此即自然之势。其次还存在着人为之势，来自于君主手中掌握的赏罚大权，并通过君主的努力扩大和加强之，此即“运势”。韩非子说：“虎、豹之所以能胜人执百兽者，以其爪牙也。当使虎豹失其爪牙，则人必制之矣。今势重者，人主之爪牙也。”可见，刑德之权即君主的“爪牙”，即势。相比于自然之势，韩非更重视人为之势，他的理论体系也是紧紧围绕着如何运势展开的。韩非认为，“势”与人的德、才无关，所以将“势”归于“利”而不归于“德”，归于“力”而不归于“心”。“势”的威力在于“一”而忌“两”，君主必须牢牢将权势掌握，不能让臣下分享。“赏罚者，利器也。君操之以制臣，臣得之以拥主”。无不在强调赏罚大权必须归人君所独有的重要性，君王只有把全部权力都集中在自己手中，才能成为真正最高的绝对权威。

但是问题就在于仅靠君主一人是不足以治国的，必须借助众人的力量，将特定的事务委托、授权给合适的人去办理是治国的关键。所以君主授权给臣下又是必须的：“任人以事，存亡治乱之机也。……任人者，使有势也。……任人者，使断事也”。难处就在于如何既要集权，又不得不授权。除此之外，更有一个难点，那就是法家所清醒地看到的，现实中君主的品德、才智仅属“中人”，而不是“贤能之士”，必须站在“中人”君主们的立场，为他们建立一套“运势”的理论与策略，使臣子们既有足够的权力管理好国家，又不能膨胀到威胁君主权势的地步。韩非“势治”思想的着眼点是从“法”（制度、组织结构）与术（人事）入手。通过：①护势；②造势；③减他人之势这三种主要手段，而达到成功“运势”、天下大治的目的。

（1）护势（以法治民，以术驭臣）。①要重视护势，韩非再三强调：君主必须牢牢掌握住

"势"，绝不可须臾松懈，而且"势"的威力在于"一"，切忌有"两"，合格的君主必须能够控制、巩固、利用、扩张自己的"势"并确保其绝对性与唯一性。一旦"失势"，"释其刑德而使臣用之，则君反制于臣矣"。所以明主必须"执柄以处势"，法和术都是塑造"势"的手段。对民，要形成"法如朝露"之势，普及而不散；对臣，要形成"群臣悚惧"的局面，使臣下都像被拔掉羽毛的凤凰一样，不好好服侍君主就根本无法存活。以法治民，以术驭臣的目的就是要在一国之内形成一种"势"，君主即使只有中等才能，也可以有效治国了。②以法护势，韩非提出"法势合一"的观点，认为统治者必须同时兼备两种权威，即制定法的权威与实施法的权威，才能达到"抱法处势则治"的境界。只有用法维护自己的势才能使天下得到治理。③以术护势，韩非说："国者，君之车也；势者，君之马也。无术以御之，身虽劳犹不免乱；有术以御之，身处逸乐之地又致帝王之功也"。(国家就像君主的车，"势"为拖车的马，"术"为驾驭的手段)

(2) 造势。即通过人为的方式使得原有的权势得到放大和加强。韩非认为造势包括两个方面：一为"聪明之势"；二为"威严之势"。这两种势相互补充，构成当权者的统御之势。

首先是增强"聪明之势"，韩非论道："明主者，使天下不得不为己视，使天下不得不为己听"。"聪明之势"就是以天下的智慧为己所用，以明察秋毫的能力和智慧提高自己的领导权威。儒家是以虚心求教、礼贤下士来增强自己的"聪明之势"，如周文王、武王重用姜尚，齐桓公重用智臣管仲，汉高祖重用张良、萧何、韩信，刘备三顾茅庐，唐太宗虚心接受魏徵等人的积极进谏等，都在客观上增强了君主的"聪明之势"。法家则从另一个角度出发，认为君臣之间关系是一种"君臣也者，以计合者也"的利害关系，在权势上呈现此消彼长的情况，因而，君主要强化自己的统治，必须既要借用臣下的"聪明之势"，又要时刻对臣下保持警惕："爱臣太亲，必危其身；人臣太贵，必易主位"。如何才能做到既要借用臣下的"聪明之势"，又要限制臣下的权力？就要依赖"术"(详见拙文《法家的"术治"管理思想研究》)，韩非正是通过一套系统的课能之术、禁奸之术和自神之术来达到君主既要用臣下来帮助自己治理国家，又要防止臣下犯上作乱的目的的。

其次是增强"威严之势"，这是以力增势的办法，"威势者，人主之筋力也"，"威严之势"之所以重要，是因为"夫严家无悍虏，而慈母有败子，吾以此知威势之可以禁暴，而厚德不足以止乱也"。那么如何来塑造、增强"威严之势"？韩非的回答是用"法"。君主的权力范围不仅仅是朝廷重臣，还包括臣民，如果说通过"术"君主实现的是朝内权力的集中，那么通过法君主塑造的"威严之势"就将所有的子民和整个社会都纳入君主的控制之中。有了法，君权将不会因为"天高皇帝远"而受到削弱，同时集权的中央也大大增加了控制社会的能力。

为了增加威势，韩非主张人君要密藏心思，这样才能让臣子产生天威不可触犯的威严感，韩非说："赏罚者，邦之利器也。在君则制臣，在臣则胜君。君见赏，臣则损之以为德；君见罚，臣则益之以为威。人君见赏而人臣用其势，人君见罚而人臣乘其威。故曰：邦之利器不可以示人"。《管子》则提倡人君深居简出、神出鬼没，隐蔽自己的行踪，使自己在臣下的心目中充满高深莫测的神秘感，这种神秘感会对臣下产生巨大的威慑力，从而增加民众对君主的敬畏之情："人主，天下之有势者也，深居则人畏其势。故虎豹去其幽而近于人，则人得之而易其威。人主去其门而迫于民，则民轻之而傲其势"。在这方面秦始皇最为典型，他的宫殿之间尽是秘密的地道，他经常变换居住的宫室，严禁侍从把他的言行透露给大臣，侍从如果违令泄露了他的行踪，就要被处死。

"聪明之势"是君主用"术"来实现的，而"威严之势"是君主用"法"塑造的。因此韩非主张只有法、术并用，才能"护势"、"造势"。他说："术者，因任而授官，循名而责实，操杀生之柄，课群臣之能者也，此人主之所执也。法者，宪令著于官府，刑罚必于民心，赏存乎慎法，而罚加乎奸令者也，此臣之所师也。君无术则弊于上，臣无法则乱于下，此不可一无，皆帝王之具也"。"法"是公示于众的制度的外在框架或刚性结构，"术"则是君主独享的隐伏于制度之中的机变手段和阴柔方法。法与术缺一不可，都是君主维护其权势以统治天下的手段，"势"则始终一贯地被当做最高价值和核心目标，从这个角度来看，术和法是为“势”服务的，根本目的是造势，“法、术、势”合一，才能实现天下大治的目标。

（3）减他人之势。①定分。即要明确责、权、利，目的是在减少他人之势之前，首先确定权力分配的结构。法家认为，用势要处理好“分”的问题，即划分和确定官吏的个人权力。慎到说：“故治天下及国，在于定分而已矣”。商鞅认为可以通过政治名分的确立来造就治世之形势：“故夫名分定，势治之道也；名分不定，势乱之道也”。从维护君权来看，将职责落实到各级朝臣，同时分隔属下的权势是对君主权势的一种有效的制度性保护。②集权。法家强调权力的一元化。慎到认为“两则争，杂则相伤”。对于同一件事的权力不可以多元化。一国之内只可以有一个国君，“多贤不可以多君，无贤不可以无君”。君主的权势绝对不可以外借，否则“偏借其权势则上下易位矣”。秦始皇嬴政（公元前259~前210年），13岁即王位，因年幼朝政由相国吕不韦及嫪毐掌管。22岁（秦王政九年）在故都雍城举行了成人加冕仪式，从此正式登基“亲理朝政”，做的第一件事就是把权力全部抓到自己手中，为此，他必须摧毁两大权力集团：一个是以相国吕不韦为首的官僚集团；另一个是以宦官嫪毐为首的宫廷集团，就在他“亲理朝政”的第一年（公元前238年），他就以周密的谋划和铁血的手段，将嫪毐五马分尸，免除了吕不韦的相职，把吕不韦放逐到巴蜀，彻底消灭了妨碍他治国秉政的两大集团，为自己的统治扫清了道路，39岁完成了统一中国的历史大业——称帝。③设法减少他人势力。在这个方面，汉武帝颁布“推恩令”是一个著名的措施。他鼓励诸侯王推“私恩”，把所封土地的一部分分给子弟并封其为列侯，由皇帝制定这些侯国的名号。各王国纷纷请求分封子弟。经过一段时间，原来的各王国所辖土地越来越小，诸侯国强大难制的问题以及藩王割据的危险就渐渐不存在了。

六、结束语

先秦法家对“势治”的认识是建立在中国从夏、商、周到春秋、战国两千余年治理国家实践的基础上的。它首先来自于活生生的历朝历代的一线管理实践，其次来源于每朝每代对实践的总结、提炼、积累，再总结、再提炼、再积累……到韩非时代，已经形成了“势治”的理论雏形。本文对法家的“势治”管理思想进行了梳理和分析，从“势”的含义到“势”的作用，从“势”的来源到“势”的特征，最后是如何运用“势”来进行管理。势产生于管理者和被管理者之间的位差，它是建立在被管理者的服从、支持和拥护之上的，所以它具有相对性，但它同时又是客观存在的，具有客观性、强制性、排他性特征，它最显著的特征是无形的动力性特征。如何运用“势”来治理国家？儒家认为“势”应掌握在贤人手中，而法家则冷峻地看到儒家主张的理想主义色彩，认为贤人政治靠不住，与其从“势位”归属的角度来解决权力行使的正义性问题，远不如从建立规范入手来解决权力行使的正义性有效。至于如何运势？则主要有护势（以法治民，以术驭臣）、造势（聪明之势，威严之势）、减他人之势这三种手段，而达到天下大治的最终目的。

〔参考文献〕

[1] 尸子·明堂.
[2] 韩非子·功名.
[3] 韩非子·难势.
[4] 韩非子·八经.
[5] 管子·君臣下.
[6] 冯友兰. 中国哲学简史［M］. 北京：生活·读书·新知三联书店，2009.
[7] 礼记·卷三·曲礼上.
[8] 韩非子·备内.

[9] 管子·明法.
[10] 管子·法法.
[11] 韩非子·功名.
[12] 韩非子·五蠹.
[13] 韩非子·扬权.
[14] 韩非子·喻老.
[15] 韩非子·难三.
[16] 管子·霸言.
[17] 管子·明法解.
[18] 韩非子·人主.
[19] 慎子·威德.
[20] 管子·形势解.
[21] 管子·正世.
[22] 宋洪兵. 韩非“势治”思想再研究 [J]. 古代文明，2007 (2).
[23] 管子·七主七臣.
[24] 韩非子·内储说下.
[25] 韩非子·内储说上.
[26] 吕氏春秋·慎势.
[27] 孟子·离娄上.
[28] 荀子·正论.
[29] 胡适. 中国中古思想史长编 [M]. 合肥：安徽教育出版社，2006.
[30] 韩非子·八说.
[31] 韩非子·二柄.
[32] 韩非子·大体.
[33] 韩非子·外储说右下.
[34] 韩非子·奸劫弑臣.
[35] 韩非子·饰邪.
[36] 韩非子·爱臣.
[37] 韩非子·显学.
[38] 韩非子·定法.
[39] 慎子·内篇.
[40] 商君书·定分.
[41] 慎子·德立.
[42] 慎子·佚文.

Study on the “Ruling by Authority” Management Thought of Legalist School

GU Wentao[1,2], ZHU Dawei[1], DING Dawei[1], MA Lei[3]

(1. School of Economics & Management, Tsinghua University, Beijing, 100084, China;
2. Business and Trade Bureau of People's Government of Tianjin Hexi District, Tianjin, 300202, China;
3. School of Humanities and Social Sciences of Nanjing University of Science and Technology, Nanjing, 210009, China)

Abstract: In this paper, the “authority” is analyzed from five aspects: Connotation, function, source, characteristics, operating. Further more, the “Ruling by authority” management thought of Han Fei and legalist school is discussed completely.

Key Words: Hanfei; Authority and Influence; Power; Law

【研究范式与方法】

再议“中国式管理”研究领域的研究方法问题

——一个研究方法体系的建构

吕 成 杨 明

（南京大学哲学系，南京 210089）

[摘 要] 近年来，学界针对“中国式管理” 研究领域的研究方法问题进行了深刻的反省，并掀起了相关问题的大讨论。本文首先提出了当前该领域存在的四大基本研究维度，并据此对该领域研究方法进行划分。然后，通过对各类研究方法特点的详尽剖析，理清各类研究方法间的内在逻辑线索，从而最终完成了对“管理学在中国”领域中研究方法体系的建构。

[关键词] 中国式管理；研究方法体系；研究维度；研究特点；内在逻辑

一、引 言

近年来，关于“中国式管理”领域研究方法的讨论日益增多，众多学者就这一问题发表了各自的观点。虽然，各位学者的观点不尽相同，但在探索“管理学在中国”的研究方法道路上却也达成了较为普遍的一致，即应从中国现实出发、从实践问题入手，通过定量、定性的多元化研究方法手段进行客观的研究，并最终达到构建理论体系、检验理论体系的目的。然而，值得我们注意的一点是，各类研究方法间迥异的研究维度与研究特点，导致了每类研究方法具体侧重点与研究意义的不同，甚至相互矛盾。由此，便引出了如下几个极为重要的问题，即各类研究方法间究竟存在着何种关系？研究者应如何处理好各种研究方法彼此间的关系，从而真正实现多元化研究方法并存的和谐局面？

二、讨论前的三点说明

在文章进行具体讨论之前，笔者应针对如下几点做一个简要的说明。

首先，笔者将对本文所讨论的对象以及概念进行一个清晰的界定，以免使读者在理解的过程中产生偏差。正如文章题目所提示，本文所讨论的核心对象是“中国式管理”领域中的研究方法，然而该研究对象包含着两个概念，即“中国式管理”与研究方法，因此，文章将首先针对上述两

[基金项目] 本研究受南京大学“大学生创新训练计划”项目资助（XY101028493）。

[作者简介] 吕成（1989—），山东烟台人，南京大学哲学系，2007 级本科，第二学位管理学，研究方向为中国式管理、管理哲学。杨明（1968—），汉族，江苏兴化人，南京大学哲学系，教授，研究方向为中国传统伦理思想。

个概念进行一个简略但清晰的界定。

第一，何为“中国式管理”？关于这一研究领域的命名学界多年来一直存在着争议，众多学者也提出过诸多不同的表述方式，譬如“管理学在中国”、“中国管理科学”以及本文所采用的“中国式管理”等。应强调的是，本文并无意就这一问题进行更为详细的探讨，相反，本文更偏向将“中国式管理”（或者其他表述方式）符号化，使其单纯地作为一个修饰词。因此，秉持这样的观点，笔者对本文这个已经符号化的“中国式管理”以及“中国式管理”研究领域概念进行一个简单的、泛化的界定。本文所探讨的“中国式管理”是指国内外学者所进行的涉及中国社会情境乃至中国特有文化的管理科学研究。

第二，何为研究方法？笔者此处强调，此研究方法并非具体的、实际操作的研究方法，而文章所做的工作也并非详细探讨该领域各个具体研究方法的特点与优劣，并将它们逐一归纳、分类。相反，文章试图通过从宏观的角度对该领域研究方法体系进行系统的把握与理解。应承认“研究方法体系”这一概念并非笔者原创，崔援民在阐述“现代管理方法论”学科的研究对象时，曾间接地对“研究方法体系”进行过定义。崔援民认为“‘现代管理方法论’要研究的，不是管理的全过程，而是介于管理者与管理对象之间的方法系统。而且，该学科要研究的着眼点不是某一个具体方法，而是整个方法体系；不是探究某一方法的具体应用，而是研究这些方法的升华、提高和外推”。本文将要展开讨论的对象并非一个具体的研究方法抑或手段，而是一个由各类具体研究方法所组成的整体，这便是上文所述的“方法体系”。

其次，本文将通过所提出的四类研究维度对“中国式管理”领域的研究方法体系进行划分，但应强调这种基于研究维度对研究方法体系所做的划分，并不意味着每类研究方法只包含着某一种具体的研究方法、手段；相反，每类研究方法中可能包含着多种具体的研究方法、手段。导致这种状况出现的原因则恰恰是此类划分的标准，即基于研究维度的划分，抑或说是基于研究方法的逻辑视角，而非基于具体研究方法自身特点的划分。

最后，我们应明确针对“中国式管理”这一领域所进行探索研究的并非只有中国学者，也并非只发生于中国境内。国际学界早在20世纪90年代就已明确提出，基于美国乃至西方情境下的管理学理论与研究方法并不在世界范围内具有普遍解释性。在面对中国特殊情境下的管理学问题时，Boyacigiller等就曾提出了“基于北美洲情境下所诞生的管理学理论与研究工具是否具有充分的解释性”这一疑问，而Doktor等则更为直接地指明诞生于西方的“管理理论与研究工具并不具有他们所相信的高度解释性与普遍适用性”，因为“它们无法完整、彻底地解释与预测迥异于西方环境下的组织形式与行为”。正是基于这样的认识，近年来越来越多的国际学者纷纷致力于“中国式管理”（其表述可能并非如此）这一领域的研究。

三、微观层面的解构

1. 四类研究维度的划分

在简要说明了上述三点问题之后，文章将正式进入该领域四类研究维度的论述与探讨。首先，通过阅读外国学者的研究成果，我们不难发现，外国研究者更多的是将中国视为“一片肥沃的土壤，它既可以发展出新型的组织、管理理论，也可以验证已存在的、基于西方情境下的理论是否具有有效性”。正是基于这样的认识，国际学界形成了两条截然不同的研究道路，即探索“中国式的管理理论”（Chinese Theory of Management）与“基于中国情境的管理理论”（Theory of Chinese Management）这两大类研究趋向。对于这两条研究道路的区别，我们可以很清晰地分辨出来，“中国式的管理理论”（Chinese Theory of Management）是具有中国特色的管理理论，它是基于中国特有社会环境下所提出的不同于西方已有管理理论的新型组织、管理理论；而与此相反，"基于中国情境的管理理论"（Theory of Chinese Management）则是将中国视为检验西方已有管理理论是否有效的试验田，其研究客体仍为西方已有的管理理论，而并未生发出新型的有别于西方的组织、管理理论。

正是外国学者在进行"中国式管理"研究的过程中所表现出上述两大类趋向，帮助我们形成了划分该领域研究方法体系的两个重要的研究维度，即"基于西方管理科学"的维度与"基于现实实践"的维度。

在从国际学界的视角对"中国式管理"领域的研究维度进行分析之后，我们将目光转向国内对"中国式管理"领域所做的研究，并分析其所特有的研究维度。国内"中国式管理"领域所进行的研究，显著区别于国际学界的一点在于，众多学者将中国古代传统思想，抑或中国古代先哲智慧视为其重要的理论来源。正如彭贺所强调的，"东方管理应注重对东方优秀传统管理文化精髓的提炼和继承"、"对中国传统文化精髓的研究是进行（管理科学）本土框架建构的基石"。的确，以中国传统思想为核心的优秀中国传统文化是"中国式管理"研究领域的一大理论基石，而这恰恰是西方管理科学所没有的，独具中国特色的研究倾向。因此，我们可以进行如下的概括：国内"中国式管理"领域的研究具有一个明显倾向，即对中国传统典籍进行系统的梳理，试图挖掘中国传统思想中的管理思想。这便形成了"中国式管理"领域的第三个研究维度，即极具中国特色的"基于文本文献"的维度。

国内"中国式管理"研究领域，除了具有上述回归传统典籍的研究趋向之外，还存在着另一明显趋向性，即依赖于哲学思辨进行体系化的建构。针对这一点，以谭劲松为代表的一批学者认为"目前一些研究仍然单纯采用所谓'思辨'的方法，没有更多地综合实证、实验、演绎等科学方法"，从而"造成大胆假设有余，小心求证不足，研究结论经不起推敲，缺少科学性"的局面。诚然，当前国内"中国式管理"领域涌现出了众多标新立异、独具中国特色的理论体系，但正是由于国内部分学者过分追求"中国式管理"理论体系的一步到位，而忽略了现实的理论支撑与实践检验，并最终转向形而上学的建构。当然，笔者此处并不否认一些理论体系的确存在着其现实的理论支撑与实践证明，只是同其体系的宏大规模相比，这些面向现实的探究是远远不够的。综上所述，正是国内学界这一极具特色的研究趋向，帮助我们形成了最后一个研究维度，即"基于哲学思辨"的维度。

通过对国际学界与国内学界针对"中国式管理"这一领域所做研究的分析，笔者最后提出下述四个研究维度，即"基于西方管理科学"的维度、"基于现实实践"的维度、"基于文本文献"的维度以及"基于哲学思辨"的维度。基于此四个研究维度，下文将对"中国式管理"领域的研究方法体系进行划分，并进行相关的阐述。

2."基于西方管理科学"的维度

笔者认为，正如其名称所述，基于这一维度的研究方法，其在执行过程中所始终秉持的主要原则是将西方已存的管理学理论置于中国情境下进行讨论，而这里应指出的是，这"置"的过程存在着两条不同的路径。第一条路径是将西方管理学理论置于中国特有的"语言情境"之下。我们不能否认，正如罗纪宁所言，这种研究路径"盲目地把西方系统科学的数理方法和管理概念与中国古代的系统哲学作机械性粘贴"，其所得到的理论结论无非"内核是西方各学派的管理理念，外表是中国儒道和诸子百家的术语"。第二条路径则是将西方管理学理论置于中国特有的"现实情境"之下。相比较"换包装"般的第一条路径而言，这种将西方管理学理论置于中国"现实情境"下的研究路径看似更具合理性与现实性（这里应指明的是，此类研究并非真正意义上的面向中国特殊现实的"情境嵌入式研究"，而主要差别表现在"情境嵌入式研究"是在面向中国特殊现实的基础上，形成区别于西方管理理论的"中国式管理"理论，而文中所述的路径是将西方管理学已存的理论应用于中国现实之中，已验证该理论是否仍具可行性，并对其进行扩展、深化），然而对于这一路径的看法，国内外学者多抱以悲观的态度，彭贺就在多篇文章中表示，不希望中国特色管理学"为他人做注脚"抑或"跟着西方学者后面做拾人牙慧的事情"。而 Barney 等则评价这类研究为"将已建立的理论应用到中国情境下"，并且，Barney 等人拒绝承认通过此类研究途径所得到的研究成果为"中国式的管理理论"（Chinese Theory of Management），而称其为"基于中国情境的管理理论"（Theory of Chinese Management）。

基于对该类研究方法的"双重路径"特性的阐释，笔者在这里还要指出基于该维度的研究方法的另一重要特征，即"双重断裂性"。由于该类研究方法其一路径是将西方管理理论置于中国"语言情境"之下，并对其进行"中国语言的包装"，所以，其必将导致的结果是研究者为了迎合西方管理理论，抑或说是为了更好地为西方管理理论"量体裁衣"，将中国传统思想整而化零，并依据西方管理体系，对中国古代各派学说，甚至各派学说中的思想片段逐条排查。而当这些思想片段与西方管理体系相吻合，或者存在解释关系时，"中国式管理"思想便诞生了。笔者称其为第一重断裂，即"中国传统管理思想知识的断裂"。而第二重断裂则是基于另一路径所产生的，即西方管理理论被置于中国"现实情境"下。研究者似乎为了证实西方管理理论并非具有普适性，抑或是为了维护中国所具有的"特殊性"，从而进一步肯定"中国式管理"的价值与存在的必然性，因此，研究者更倾向于选用西方管理科学的部分理论来对中国特殊的情境进行探讨，而非将西方管理科学整体地移植。Barney 等就曾罗列出得到"基于中国情境的管理理论"（Theory of Chinese Management）的这类研究方法所常用的必要、先决、已存的西方管理理论，即"组织行为学、组织理论、决策管理以及跨国公司"。而正是这对西方管理科学的选择性利用，是笔者所称的第二重断裂，即"管理理论体系的断裂"。

3."基于现实实践"的维度

笔者认为，若以"基于现实实践"这一维度对该领域研究方法体系进行划分，则可以涵盖相当数量的研究方法，这其中既包括已存的诸如量化、案例研究方法，也包括近年来，众多学者所进行深入挖掘的、尚未得到广泛应用的研究方法，譬如"以问题为中心"、"情境嵌入式"，等等。正如笔者上文所描述的，当前，学界对如何推动、促进"中国式管理"领域的研究方法发展这一问题几乎已达成了一致的共识，并形成了一股潮流，即"中国式管理"的研究方法应将研究者引向中国现实，而非西方管理理论抑或古代典籍。这一发展趋势我们可以通过王学秀所撰写的《"管理学在中国"研究：概念、问题与方向——第一届"管理学在中国"学术研讨会观点评述》一文窥豹一斑。与会的各位学者纷纷就"中国式管理"的研究趋向与研究方法的问题发表自己的看法，对于"中国式管理"是否应该"基于西方管理科学"这一维度进行研究，"郭重庆院士在讲话中认为，中国管理学的创建要从对西方管理经典的'照着说'，到向中国管理的'接着讲'转变"；面对"中国式管理"研究是否应"基于文献考究"这一维度进行研究，王学秀本人则认为"由于传统封建专制统治的思想钳制，自古以来，中国学术界多'考据'和'阐释'，少见'经世济用'之学"；而对于"中国式管理"是否应基于纯粹的抽象哲学思辨，罗珉教授认为，正是这种运用"'先验的'、'内省的'思维去进行抽象研究的传统"的"思维惯性"，阻碍了"管理学研究向实证方法转变"。基于这种论调，与会学者郭重庆院士、罗珉教授、李垣教授等人都呼吁中国管理学"应直面中国管理实践"抑或"基于中国情境"，而韩巍副教授则更为直接地提出管理科学的"社会学转向"。

正如上文所述，笔者认为，"基于现实实践"维度的研究方法不仅为数众多，而且种类繁多，其中既包括已被西方学者所广泛采用的定量、定性、案例分析等研究方法，也包括在这股"方法论探索、革新”的浪潮下涌现出的新型研究方法。然而，苏勇、于保平二人曾针对国内该领域近十余年来所刊登的文献，进行了系统的数据分析工作。通过苏、于二人所得出的分析数据（案例分析，1篇；二手材料、数据，8篇；访谈调查，1篇；内容分析，93篇；问卷调查，1篇），我们不难发现，虽然当前该领域涌现出如此繁多的研究方法，但是只是停留在“理论层面”，抑或说只是众多研究者的“模型概念”。这些研究方法并未被众多研究者所采用，更不用说进行现实的研究工作。反观西方各学者近年来从中国文化的视角对企业管理活动的研究，我们可以轻易地看出国内“中国式管理”的研究现状同西方管理学界所存在的差距。Bruton等认为“基于亚洲管理活动的研究”（Asian Management Research）由于其特殊的“文化背景以及其他特殊的情境”，使其在一定程度上“冲破了管理学研究领域中现存的理论范式”（paradigms）。针对该领域所存在的研究方法问题，Bruton等基于数据统计的基础上，指出了“基于现实调查的量化数据分析方法仍是主流，而没有应用量化统计的定性研究方法仍占少数”。通过Bruton等所做的数据统计，我们也可以直观地认识到，在国际刊物上刊登的该领域文章，运用量化方法进行研究的文章共计247篇，通过定性研究方法得出结论的文章共计33篇，而运用管理实验研究方法的文章则为15篇。比较上述两组数字，我们不难发现，目前国内学界同国际学界所存在的差距。而正是由于国内研究方法的不明确，导致我们陷入了一种“自说自话”、“自娱自乐”的尴尬处境。这既表现在管理理论同管理实践的脱节，也表现在“理想化”的研究方法与现实研究过程的脱节，更表现在国内学界同国际学界的脱节。而这也正是国内一批学者所积极呼吁“中国管理科学的研究需要规范化、国际化，需要遵循国际通用的问卷、统计和实验方法”的原因。

4.“基于文本文献”的维度

当前“中国式管理”研究领域中，不可否认“基于文本文献”这一维度的研究方法乃一大主流，但其存在的问题也相当明显。随着“中国式管理”研究的深入与发展，众多学者将目光投向了更为广阔的中国传统思想领域，并希望从拥有数千年历史的中国传统思想中挖掘更为全面的“中国式管理”思想。由此，近年来涌现出一批学者历数中国数千年所产生的思想家们，从中汲取涉及管理科学的思想，并对其按照不同的划分标准进行系统的整理。对于基于这一维度的研究方法，彭贺曾指出其所存在的四种研究取向，即“‘六经注我’式研究”、“‘我注六经’式研究”、“梳理式研究”以及“考古式研究”。而且尹卫东也表示此类研究方法对于“总体回顾、深刻反思管理思想演变的工作显得尤为薄弱，大都停留在简单介绍管理学家的生平著作和理论观点的层次”上。诚然，此类研究方法正如各位学者在文中所指出的那样，存在着种种问题，譬如强烈的主观性以及过于重视文本的表面、孤立挖掘，既忽略了现实意义，也忽略了其发展的内在逻辑性。但在当前这一研究领域中，这类研究方法仍被众多学者所广泛采用。众多学者通过此类研究方法，对中国传统思想进行了更为全面的整理，并试图最终得出体系化的“中国式管理”理论知识，这一理论知识体系笔者称为“中国传统管理思想的知识体系”。这里应指明的一点是，此体系化理论并非得到实践检验的理论体系，而是基于“文本挖掘”所形成的理论知识体系。

笔者认为，这类研究方法虽然摆脱了西方管理科学体系的束缚，但又过分迷恋于中国传统思想，从而忽略针对现实的研究。这类学者大多奉行“古为今用”的主张，并在此信念之下历数中国历史中所涌现出的众多思想家、名著、名言，并从众多古籍中汲取出能为企业管理活动所用的管理学思想。当然，将此类研究方法发挥到极致的，当属由苏东水教授所主编的《中国管理通鉴》。该书从技巧、人物、著作以及名言等角度对中国古代管理思想进行了系统梳理。当然，我们也不可否认此类研究方法拓宽了“中国式管理”领域的研究范围以及相关研究者们的研究视阈，而且中国传统思想中适用于企业管理活动的管理思想也被众多研究者进一步地深入挖掘与探讨，并最终形成了相对完善的“中国传统管理思想的知识体系”，从而推动了“中国式管理”研究的进一步发展。

5. “基于哲学思辨”的维度

正如马庆国所言“在管理与其他社科领域，我国大多数论文的主流研究方法，还限于总结性的、思辨性的方法”，而笔者所言的第四个基本维度，“基于哲学建构”的维度正是基于这种认识所得出的。这里应当承认的是，当前通过这类研究方法所取得的研究成果是最为丰富的。譬如，成中英的C理论、曾仕强的M理论、苏东水的东方管理理论、席酉民的和谐理论等。笔者认为，此类“基于哲学建构”维度的研究方法摒弃了为西方管理科学体系“做注脚”以及对古典文献进行“考古式”的工作，并最终形成了众多的“中国式管理”学派与相应的理论学说。当然，这些无疑都是“中国式管理”领域的重要理论成就。然而，这些理论体系虽然庞大恢弘，但由于极度缺乏现实实践的充分支撑、检验，使得此类研究方法越来越倾向于形上的哲学思辨建构，并逐渐成为研究者头脑中的“思维游戏”。

针对上述诸多“中国式管理”学派以及学说所进行论述、阐释的文章不计其数，本文这里便不一一引用，但通过阅读、理解，我们不难发现，上述学者都是热衷于构建出一个完整的、具有高度开阔性以及高度解释性的抽象中国式管理体系。而对于这种中国式管理体系与西方科学管理体系之关系这一问题上，大部分学者更倾向于承认两者的差异性，并强调两者的互补性，正如苏东水教授所言，“西方管理原创与东方管理文化具有互补性，而且，东西方管理文化的融合和发展已成必然趋势，东方管理的人本思想与西方管理的科学思想互补互融是推动管理学创新和发展的正确途径”。曾仕强也在其《中国式管理》一书中对东西方管理哲学差异性这一问题进行了解释，“由于各地区具有不相同的风土人情，表示各地区的哲学并不相同，管理必须和当地的风土人情结合在一起，才能增强效果，所以各地区的管理哲学也不一样”。同时，曾仕强认为“21世纪是中国管理哲学结合西方管理科学得以发扬的时代，两者缺一，都将跛脚难行”。由此，我们可以得出这样的结论，由这类“基于哲学建构”维度的研究方法所得到的诸多中国式管理体系是独立于西方管理体系的一种抽象的“中国式管理哲学的理论体系”，并且期望能同西方管理科学体系进行平等的交流与沟通，从而共同促进管理学的发展。

四、宏观层面的建构

上文已从四个基本维度，即“基于西方管理科学”的维度、“基于文献考究”的维度、“基于哲学建构”的维度以及“基于现实实践”的维度，将国内“中国式管理”领域的研究方法体系进行了再划分，并由此形成了基于不同研究维度、不同研究趋向的四类研究方法。为了理清各类研究方法间的逻辑关系，并最终实现“中国式管理”领域研究方法体系的整体性构化，下文将从两组不同的视角出发，分别对四类研究方法的特点进行详尽的比较剖析。

1. 两组分析视角的阐释

艾尔·巴比曾在《社会研究方法》一书中，对社会学科的研究方法进行过如下简明的定义，即“社会科学家是如何解答人类社会生活的”。通过这个简明的定义，我们可以分析得出社会科学的研究方法是由三个核心部分所组成的：其一是“如何解答”（研究方法其自身）；其二是“社会科学家”（研究者）；其三是“人类社会生活”（研究对象）。很显然，作为社会科学分支的管理学科，其研究方法亦具有上述简单的特征。因此，笔者基于上述对社会学科研究方法的认识，将分别从两组视角对“中国式管理”领域研究方法的特点进行分析，即“研究方法其自身”的视角（笔者将“研究对象”归入此视角之中）与“研究者”的视角。

2.“研究方法其自身”的视角

由于“基于研究方法其自身”的视角所强调的是研究方法其本身所具备的特点，因此笔者又将该视角细化为如下三点，即研究对象的特点、研究过程中具体研究手段的特点以及待形成研究结论的特点。

(1) 研究对象。笔者认为，“基于西方管理科学”这一维度的研究方法所始终秉持的主要原则是将西方已存的管理学理论置于中国情境下进行讨论，而这“置”的过程则具体表现为“双重路径”。鉴于其“双重路径”的特性，“基于西方管理科学”维度的研究方法必然具有两类研究对象的。其一是中国古代思想家、典籍中所蕴涵的观点、名言，又如罗纪宁所言，选取此路径的研究者只需明确“西方现代管理理论和方法如何如何，中国古代有哪些观点与之对应”，最后则凭借已存的西方管理理论赋予中国古代语言以管理学的新含义。其二是当代中国特殊情境下所产生的管理现象。对于这一路径的研究，Barney 等曾做出相对客观的评价。Barney 等认为虽然这种“‘基于中国情境的管理理论’（Theory of Chinese Management）可以为研究者指明一条清晰的研究路径，并且可以通过‘借鉴并发展’的途径扩展、深化已存的西方管理理论”，但同时，该研究路径所存在的问题同样突出，即“中国学者的研究日程表必将由西方学者所做的前期工作所决定”，而且 Barney 等亦承认“理解中国管理界独特现象的最优方法，绝非是基于西方经验所发展出来的管理理论”。

吕力曾对“基于文本文献”维度的研究方法提出过自己的看法，吕力认为该类研究方法“大量的工作在厘清古代管理的思想、原则、宗旨以及对这些素材做出当下的解读”，而其“着力点在挖掘思想、解释思想，其最高成就是在成就一个兼容并包的管理思想体系”。而苏勇、于保平二人则基于统计数据的分析，认为“东方管理的研究方法大多局限在经典文献中治国策略、君子修己安人模式的整理”。如此看来，该类研究方法的研究对象则相对单一，即以古代典籍为载体的中国传统思想。运用此类研究方法的研究者试图通过对中国传统思想的深入挖掘，总结归纳出适用于当今管理活动的名言、警句、技巧抑或思想观点，并最终形成中国古代管理思想的知识体系。当然这种单纯基于文本文献的研究方法也存在着极为显著的问题，王学秀就曾指出“以文化典籍为基础的研究存在诸多不确定性”，笔者认为，在不确定中即存在王学秀所言的“文化变迁性”，也存在着脱离现实的抽象归纳性。

对“基于哲学思辨”这一维度的研究方法，我们不得不承认，放眼“中国式管理”国内学界，该类研究方法为该领域的发展作出了卓越贡献，并形成了一批以东方管理学理论、和谐管理理论为代表的极具中国特色的管理理论。彭贺就曾指出“东方管理哲学研究是目前东方管理研究领域中最受学者关注、成果最多的领域”。然而，围绕此类研究方法，我们也可以听到许多批评的声音。韩巍认为“不少‘创新理论’给人形似‘自成体系’疑似‘自说自话’”。为了准确地判定一个理论体系是否算是成熟，韩巍提出了三个关键的判定标准，其中之一便是“是否与经验相一致”。在笔者看来，韩巍之所以提出这一判定标准，其根本目的在于界定生成该理论体系的研究方法究竟是直面现实实践的，还是通过哲学思辨建构的，简而言之便是其研究对象是抽象还是具象问题。韩巍据此判定标准，对当今在“中国式管理”领域具有一定影响力的和谐观念、东方管理理论以及和合管理理论进行比较分析，并对东方管理理论、和合管理理论提出了质疑，认为其是建立在“‘善意’的空中楼阁里的”。当然，彭贺也就东方管理理论体系的建构问题同韩巍进行了争论，彭贺指出东方管理理论体系的建立是“从 20 世纪 80 年代开始，对乡镇企业、地区经济发展和管理现代化等问题进行调研、思考和研究”之后所得出的，并强调了东方管理学的两个研究对象，即“东方优秀管理文化精髓”与“东方诸国管理思想和实践”。基于上述针对东方管理学的讨论，笔者可以判定，此类“基于哲学思辨”维度的研究方法，虽然其研究过程呈现出一种脱离现实建构理论体系的态势，但从其研究对象来分析，此类研究方法则具有两个研究对象：一是抽象的中国传统思想；二是相对具象化的特殊中国管理实践活动。

“基于现实实践”维度的研究方法，虽然近年来为众多学者所提及、建议，但通过苏勇、于保平二人的数据分析，我们不难看出，国内此类研究方法目前仍未被广泛采用。笔者认为，虽然此类研究方法包含着以案例分析、量化分析以及情境嵌入式研究等诸多具体的研究方法，但其着眼点是一致的，即“中国式管理”的研究应面向中国的现实。因此，基于对实证主义的此类研究方法，其研究对象只可能为现实以及现实存在的实践。

（2）研究过程。对于“基于西方管理科学”这一维度的研究方法，笔者仍想基于其“双重路径”的特性对其研究过程进行分析。若将西方管理科学置于“中国语言情境”中，我们不难发现在研究过程中，研究者所做的工作就是“匹配”并“粘贴”，最后形成被中国传统语言文字包装过的西方管理体系。反观另一路径，若将西方管理科学置于“中国现实情境中”，笔者认为此路径在研究过程中所表现出的具体研究手段与西方管理科学无异，即通过实证主义各类研究手段，检验西方管理理论是否在中国具有可行性，并且基于中国情境的特殊性，对该理论进行适当的拓展、深化。但就笔者看来，最终拓展、深化所形成的理论体系绝非“中国式管理”理论。而且，笔者甚至认为，经过中国（抑或东方其他国家）特殊情境“加工”过的西方管理理论甚至不可称为西方管理理论，而是一种脱离了理论生成特殊背景，并具有极为广泛适用性的终极理论体系。且不论此理论是否可建构，但若真能形成如此理论，倒也算是中国（抑或东方诸国）对管理学界的卓越贡献。

“基于文本文献”维度的研究方法，其研究过程则相对纯粹一些，众多学者对其亦多有描述，其中，彭贺在多篇文章中将其称为“考古式”的研究方法；韩巍、吕力则将这种“文献梳理式”的研究方法划归为“人文主义研究方法”，并从“研究方法应多元化”的视角对其进行了批判。韩巍认为这种对“经书和注经式”抑或对“子曰”的研究并未能“充分体现管理之‘本土化特色’”；而吕力则强调，这类基于文献梳理的研究方法离开了“当代丰富的管理实践和成熟的实证主义研究方法”。通过上述文字，我们可以看出，“基于文本文献”这一维度的研究方法在研究过程中最为显著的特点便是通过“考古式”的挖掘，抑或“注经式”的赋予内涵，对中国古代思想进行现代管理意义上的再阐释。

“基于哲学思辨”维度的研究方法正是凭借其强大的哲学思辨能力，使研究者建构出为数众多的“中国式管理理论”体系。然而正如罗珉所言，此类研究者“过分强调抽象研究方法”，所建构的“理论得不到管理实践的有力支撑，与实践严重脱节的中国管理理论走进了自己精心构筑的象牙塔，成为一种抽象研究方法制造出来的逻辑精品”，而罗纪宁则更为直接地称此类研究“大多停留在概念体系构建和原则阐释上，缺乏可操作性，离实际应用有相当距离”，因而大多数“是没有意义的智力游戏”。由于“中国式管理”学界急于得到国际的认可，并迫切希望拥有平等的地位以期同西方管理科学理论进行沟通、对话，因而，尽快建立一个体系化的“中国式管理”理论体系成为各研究者乃至学界的首要目标。然而，又由于缺乏长期足够的客观实践经验作为理论支撑，因此，只得将理论体系的建设工作诉诸抽象的哲学层面，并通过形而上的哲学建构，达到形成体系化的“中国式管理”理论的目的。

“基于现实实践”维度的研究方法由于是面向现实进行调查研究的，因而其在研究过程中所表现出的具体研究手段种类繁多，但仍可被清晰地把握。这其中既包括量化、案例分析等传统的研究手段，也包括近年来学者所提出的诸如情境嵌入式等尚未得到广泛应用的研究方法。

（3）研究结论。由于各类研究方法的研究对象以及研究过程所表现出的具体手段各不相同，因此，各类研究方法也不可避免地将研究者引向不同的研究结论，而笔者将以是否建立体系化的

"中国式管理理论"（Chinese Theory of Management）为标准对四类研究方法进行分析。

正如上文所述，"基于西方管理科学"维度的研究方法由于其自身"双重路径"所导致，使其研究结论陷入了"双重断裂"的窘境，即"中国传统管理思想的断裂"与"管理理论体系的断裂"。正是由于此类研究方法具有"双重断裂"的特性，从而导致了由此类研究方法所得出的研究结论是相对独立的，这即表现为对中国传统思想片段似的理解与阐释，也表现为"中国式管理"领域理论体系的缺失。纵然此类研究方法存在扩展、深化西方已存管理理论的可能，但对于形成有效的"中国式管理"理论体系这一目标，显然通过该研究方法是无法达到的。

"基于文本文献"维度的研究方法正是对"中国传统管理思想的断裂"进行了体系化的建构。通过对古代典籍的系统整理，研究者对中国传统思想中所蕴涵的管理学思想形成了体系化的知识理论。但由于该理论体系既缺乏现实实践的有效支持，又缺乏现实实践的检验，因而仅仅是研究者在思维空间中对中国传统思想进行现代管理学的系统再阐释，因而笔者姑且称为"中国传统管理思想的知识体系"。

"基于哲学思辨"维度的研究方法则针对"管理理论体系的断裂"进行了体系化的建构。此类研究方法将"对中华优秀传统管理文化的研究"，作为"中国管理研究的起点"，但绝非"终点"，与此同时，运用该研究方法的部分学者又强调其理论体系的建立亦是基于对现实实践活动的研究归纳。笔者先不质疑是否每个"精巧"的"中国式管理"理论体系的建立都经历过对现实实践研究归纳这一环节，但此类"中国式管理"的理论体系有待实践的检验却是在学界达到一致共识的。彭贺曾承认当今为数众多的"中国式管理"理论体系"尚未得到自然科学意义上的'充分'经验支持"。因此，笔者称此类理论体系为"中国式管理哲学的理论体系"。

"基于现实实践"维度的研究方法则强调"中国式管理"的研究应直面中国的现实，这既包括对中国特有管理现象的解释，又包括对中国特有管理问题的探讨。相比较上述研究方法将研究的重点放在了中国传统思想之上，此类研究方法更关心对中国现实实践的认识与把握，并期望以经验总结代替逻辑思辨、文献挖掘，从而形成真正意义上的"中国式管理"理论体系。虽然此类的研究方法当前并未被国内学者所普遍运用，但我们可以预见到此类研究方法将肩负"中国式管理"待存理论的建立与"中国式管理"已存理论的检验这两重任务。

上文已分别从研究对象、研究过程以及研究结论三个角度对四类研究方法的特点进行了分析，并由此形成了表 1。

表 1　"研究方法其自身"视角下的对比分析

基于研究方法其自身的维度 / 基于研究方法的维度	研究对象		研究过程		研究结论	
	研究对象	具象、抽象	具体手段	空间性	规模	意义
基于西方管理科学的维度	中国传统思想、中国现实、西方管理科学	具象、抽象	粘贴、实证主义研究方法	思维空间 现实空间	独立	检验
基于文本文献的维度	中国传统思想	抽象	考古式、注经式	思维空间	体系	建立
基于哲学思辨的维度	中国传统思想、中国现实	具象、抽象	现实调查、哲学思辨建构	思维空间 现实空间	体系	建立
基于现实实践的维度	中国现实	具象	以量化研究为核心的研究方法	现实空间	体系	建立、检验

通过表 1 的概括，我们可以清楚看出各类研究方法所存在的特点。“基于西方管理科学”维度的研究方法由于具有“双重路径”性，在研究对象上则表现为中国传统思想与中国现实两方面。其具体的研究手段亦表现为两方面：一是通过机械的匹配、粘贴为西方管理科学披上中国语言的外衣；二是运用与西方管理科学研究无异的实证主义研究方法，检验已存的西方管理理论是否适用于中国现实，并试图对其进行适当的发展。而其研究结论同样受到“双重断裂性”的影响，在规模上则呈现相对独立的态势，并未形成体系化的理论。

“基于文本文献”维度的研究方法，其研究对象是以中国古代典籍为载体的中国传统思想。研究者通过“考古式”、“注经式”的人文科学研究方法对其进行系统的梳理，并由此形成了“中国式管理”知识层面的体系化理论，即“中国传统管理思想的知识体系”。

“基于哲学思辨”维度的研究方法，由于其将中国传统思想与中国现实同时视为其研究对象（且不论两者孰重孰轻），因此，在研究过程中，其所呈现出的具体研究方法，既包括针对现实实践的研究，也包括逻辑思辨与哲学建构，并最终通过缜密的思考、强大的思维能力，构筑了庞大的“中国式管理哲学的理论体系”。

“基于现实实践”维度的研究方法强调的是中国现实问题与特殊管理行为活动在“中国式管理”研究中的基础性地位，并视其为唯一的研究对象。在具体的研究手段上，此类研究方法更倾向于实证主义，而由此得出的结论也注定为极具信服力的理论体系。

这里应指出的一点是，各类研究方法的划分标准为不同的研究维度，而非指研究过程中的具体研究手段。而这也可以解释为何基于不同维度的各类研究方法（“基于西方管理科学”与“基于现实实践”维度的研究方法）在操作层面上出现了相同的具体研究手段。

表 1 不仅罗列了上文已论述的各类研究方法特点，而且还依据特点的性质进行了必要的归纳与概括。其中包括将研究对象进行具象化、抽象化的区分；对研究过程所依赖的空间进行了思维空间与现实空间的划分；以及对所形成理论意义的划分。碍于篇幅，此处只提及一点，以免引起误会。即“基于西方管理科学”维度的研究方法，其研究意义表现为检验，应指出的是，此类研究方法所检验的对象是西方已存的管理科学理论，而非“中国式管理”理论；与之相反的是，“基于现实实践”维度的研究方法所检验的则是“中国传统管理思想的知识体系”与“中国式管理哲学的理论体系”中所蕴涵的诸多“中国式管理”理论。

3.“研究者”的视角

在结束对“研究方法其自身”特点的阐述之后，文章将从“基于研究者”的视角对各类研究方法的特点进行更为深入的探讨。正如美国学者肯尼思·D.贝利所指出，“自然科学家一般不是他所正在研究的现象的参与者，而社会科学家则是”。社会科学家“自身在研究现象之中，因此，研究者必然会把自己的知识、情感、意志、价值观念等带进认识过程”，因此“很难具有客观性”。基于此认识，笔者将从研究者“主观介入性”的角度进行分析。

首先，据表 1 我们可以清楚、明确地认定，“基于文本文献”维度的研究方法是主观介入性最强的一类研究方法。因为我们得知，该类研究方法不仅研究对象为抽象的中国思想，而且研究的过程是基于思维空间进行并得以完成的。因此，我们可以较为轻易地判定此类研究具有最强的主观介入性。

其次，“基于哲学思辨”维度的研究方法亦具有较强的主观介入性。虽然此类研究方法的研究对象包括抽象化的中国传统思想与具象化的中国现实。然而，在面对着诸多庞大的“中国式管理”理论体系时，具象化的中国现实所起到的作用则显得极度匮乏，这不仅体现在无法提供强有力的理论支撑，也体现在无法证实或者证伪如此繁杂的理论体系。因此，当前选取此类研究方法的研究者们，其所做的工作无非是通过缜密的逻辑与抽象的思辨构筑形而上的“中国式管理哲学的理论体系”。很显然，这种缺乏大量客观实践经验支撑与检验的研究结论仍属于研究者依赖其主观美好愿望所建构的“逻辑精品”。

再次，正如上述所述，“基于西方管理科学”维度的研究方法由于自身的“双重路径”性，导致了其研究过程即可发生于思维空间，亦可发生于现实空间之中。当研究者选取此类研究方法中“语言路径”时，会呈现出强烈的主观介入性，即将西方管理理论同中国传统思想、名言等相匹配、粘贴；但经由“现实路径”的此类研究方法又因为面向现实的研究取向，而存在着相对的客观性。然而与“基于哲学思辨”维度的研究方法所不同的是，此类研究方法并未建构“中国式管理”理论体系，而且，其研究结论彼此间出相对独立，因此，此类研究方法并不需要强大的逻辑思维能力。相反，由此可见，其主观介入程度略弱于前文所述的两类研究方法。

最后，很显然，“基于现实实践”维度的研究方法，其主观介入性程度最低。此类研究方法的研究对象为绝对客观的中国现实。而且，其研究过程中所表现出的具体研究手段更倾向于实证主义，而这也决定了其研究过程必将基于现实空间。综上所述，“基于现实实践”维度的研究方法受主观介入性的影响程度最弱。

综上所述，我们不难发现，从“基于文本文献”维度的研究方法到“基于现实实践”维度的研究方法呈现出“主观介入性”由强变弱的趋势，而与此同时，“客观介入性”则呈现出恰恰相反的趋势，即从研究者逐渐摆脱了依赖于主观的研究，转而越来越重视现实与实践，详见图 1。

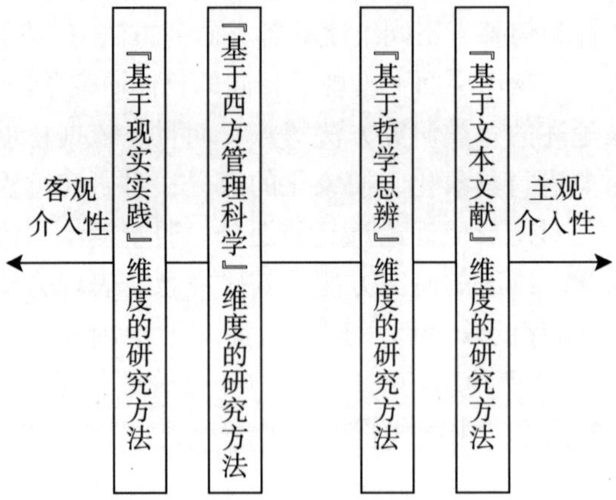

图 1 “研究者”视角下的对比分析

当然，这样的排列顺序并非绝对化的，笔者承认各类研究方法中特例的存在，譬如，我们不能否认当前学界存在着一批通过“哲学思辨”建构出的所谓“中国管理哲学体系”完全缺乏基本的现实研究支撑，而仅仅是研究者主观意识的思维活动。很显然，如此这般的“基于哲学思辨”维度的研究方法，其主观介入性程度毫无疑问是最高的。再如，我们也会发现，有些运用“基于西方管理科学”维度研究方法的研究者，其研究工作并未涉及中、西文字概念间的拼接，而仅仅是将着眼点放在西方管理科学理论在中国情境下的再应用。对于这样的研究，我们也没有理由承认其与“基于现实实践”维度的研究方法在客观介入性程度上存在着明显的差异。

由此，我们可以得出这样的结论，即本文针对各类研究方法的主、客观介入性所提出的排列顺序，是一般意义上的考量。图 1 的提出较为全面地考虑了各类研究方法自身的特点，然而，这并不意味着特例的不存在。相反，具体的研究方法、手段可能会因为其特殊性冲破此排列顺序，从而产生特例。

五、各研究方法间的内在逻辑

上文已从“研究方法其自身”与“研究者”两个维度，对“中国式管理”领域四类研究方法的特点进行了较为详尽的描述。通过对上述各类研究方法特点的把握与理解，我们已对各研究方法形成了相对独立的认识。下文则将理清各类研究方法间的内在逻辑，从而形成对“中国式管理”领域研究方法体系的整体性把握。

1. 两条逻辑线索

对上述四类研究方法进行内在逻辑层面的分析，将主要基于两条逻辑线索，一是“内在作用性”的逻辑线索，二则是“内在时间性”的逻辑线索。应指明一点，此两条逻辑线索并不是彼此独立存在的，相反其存在着紧密的联系。譬如，对于“内在时间性”逻辑线索的理清是基于对“内在作用性”逻辑线索的准确把握；而“内在作用性”逻辑线索则是对“内在时间性”线索的验证。

2.“内在作用性”的逻辑线索

为了理清各类研究方法间的“内在作用性”逻辑线索，首先我们应先对各类研究方法对“中国式管理”领域所产生的作用，即其研究意义进行把握。基于上文对各类研究方法特点的阐述，我们可以分别对四类研究方法进行如下的理解。

正如表 1 所列出的，由“基于西方管理理论”维度的研究方法所得到研究结论具有检验这一研究意义，而上文也曾提及，此处的“检验”是基于中国独特的情境，对已存的西方管理理论进行检验、修补。又鉴于该类研究方法具有“双重断裂”的特征，即对“中国传统思想”片断式的理解、阐释与对“西方管理理论”片段式地套用、检验。因此，我们不难得出如下结论，运用此类研究方法所得到的结论，其对“中国式管理”领域的意义在于尝试将中国传统思想、中国现实与以西方管理科学为主流的管理科学进行初步的联系，并由此形成了机械的、片断式的，依赖于西方管理理论体系的“中国式管理”知识。

“基于文本文献”维度的研究方法通过对中国古代典籍的人文科学式的研究，进一步挖掘了中国传统思想中的管理思想。此类“考古式”研究方法，虽然彻底脱离了现实实践，转而成为管理思想的研究，但我们却不能否认，该类研究方法帮助我们完成了“中国式管理”领域中“思想史研究”的体系化。由此，我们可以认定，该研究方法对“中国式管理”领域的作用在于形成了“中国传统管理思想的知识体系”。

“基于哲学思辨”维度的研究方法亦是基于对中国现实与中国传统思想的研究，并形成了诸多“中国式管理”的理论体系。但应指出的是，此类研究方法虽将中国传统思想与中国现实同时视为其研究对象，但目前，此类研究方法显然更为关注思维空间中的逻辑思辨，而非现实空间中的经验支撑与检验。由此看来，该类研究方法的作用在于完成了“中国式管理”领域中的另一类理论体系，即“中国式管理哲学的理论体系”，这正是彭贺所谓的中国“管理哲学”领域。

最后，“基于现实实践”维度的研究方法，其意义则体现在两个方面：一是基于对中国现实实践的研究建立具有现实经验支撑的中国“管理科学”理论体系；二是将“中国式管理哲学的理论体系”与“中国传统管理思想的知识体系”引入现实之中，通过现实的实践检验其科学性。

上文已分别对四类研究方法对“中国式管理”领域所产生的作用进行了分析，基于此分析，我们便可以相对清晰地厘清该领域各研究方法间的“内在作用性”逻辑。

首先，“基于西方管理科学”维度的研究方法通过已存的西方管理理论，对中国传统思想与管理科学进行了机械式的联系，当然，这样原始、简陋的联系具有诸多的缺陷，譬如上文所提及的

“中国传统管理思想的断裂”与“管理理论体系的断裂”。而正是由于此类研究方法存在的缺陷，致使“中国式管理”领域迫切地期望其他类研究方法的出现，以期满足此类研究方法所产生的“双重断裂”。鉴于“中国式管理”领域所存在的“体系化诉求”与“知识化诉求”，“基于文本文献”与“基于哲学思辨”维度的研究方法产生了。此两类研究方法依赖研究者强烈的主观介入性，形成了“中国传统管理思想的知识体系”与“中国式管理哲学的理论体系”，并由此满足了此前该领域所存在的“中国式管理”理论的“体系化诉求”与中国传统思想的“知识化诉求”。然而，上述三类研究方法虽然研究成果丰硕，但依然存在着明显的问题，即脱离了客观的现实实践与经验，而过于偏重主观的、抽象的建构。而“基于现实实践”维度的研究方法正是针对这一缺陷对“中国式管理”研究领域的研究方法体系进行了有效的完善。此类研究方法强调管理学研究方法的“社会学转向”，以期通过直面现实，赋予“中国式管理”领域内已形成的与待形成的各类理论以客观科学性。

综上所述，我们可以看出“中国式管理”领域内的四类研究方法并非独立存在的，而是彼此间相互支撑、相互弥补，并由此形成了兼顾抽象与具象、客观现实与主观经验、建立与检验的完整研究方法体系。

3.“内在时间性”的逻辑线索

本文在阐述四类研究方法间的“内在作用性”逻辑时，以对其“内在时间性”的逻辑线索有所涉及。基于对其“内在作用性”逻辑的把握，我们可以轻易地理清其“内在逻辑”线索。而这里应指出的一点是，此处所讲的时间是基于逻辑层面的，而非现实层面中的时间。而且，在当前“中国式管理”研究领域中，此四类研究方法均占据着重要的地位，呈现出并存的局面，然而，这并不妨碍我们进行逻辑层面上的时间性讨论。

从以上部分的论述中，我们可以得知，“基于西方管理科学”维度的研究方法具有逻辑先行性。因为此类研究方法以已存的西方管理理论为媒介，赋予了中国传统思想以管理层面的意义，并对中国现实中所存在的独特管理现象与问题进行了西方管理理论式的解读。因此，基于对这种尝试性、片断式、机械联系式研究的认识，我们可以判定此类研究方法在该领域四类研究中居于逻辑层面的起点位置。而正是由于这不完美、充满缺陷的逻辑起点，使“中国式管理”研究领域产生了极为强烈的“体系化的诉求”与“知识化的诉求”，从而直接促成了其他研究方法的诞生。

为了满足“中国式管理”领域的“双重诉求”，“基于文本文献”维度与“基于哲学思辨”维度的研究方法诞生了。随之而来的是完整的“中国传统管理思想的知识体系”与“中国式管理哲学的理论体系”。然而，在“中国式管理”领域初步完成了体系化与知识化之后，新的问题又产生了。研究者发现，虽然上述两类理论体系具有缜密的逻辑性与严密性，但由于其存在着强烈的主观介入性，因而缺少了现实实践的经验支撑与检验，从而导致了“中国式管理”理论与实践的脱节。针对这一问题，“基于现实实践”维度的研究方法被学界广泛地提及。

正是由于“基于现实实践”维度的研究方法强调客观现实对建构“中国式管理”理论体系的重要性，因而，其具备了上述其他三类研究方法所不具备的特性与作用。此类研究方法即可以通过现实的实践检验“中国式管理哲学的理论体系”与“中国传统管理思想的知识体系”的可行性与科学性，也可以基于对现实的调查，形成具有现实客观经验支撑，而非主观思维建构的新型“中国式管理”理论。

综上所述，我们理清了四类研究方法间的“内在的时间性”逻辑线索，即由“基于西方管理科学”维度的研究方法产生了“中国式管理”领域的“体系化诉求”与“知识化诉求”。以期满足此两类诉求，“基于文本文献”维度与“基于哲学思辨”维度的研究方法依赖强烈的主观介入性，分别形成了完整的“中国传统管理思想的知识体系”与“中国式管理哲学的理论体系”。然而，此两类理论体系由于缺乏客观的经验支撑与实践检验，而与管理实践相脱节，针对这一问题，“基于现实实践”维度的研究方法则做了有效的补充，从而最终形成了完整的“中国式管理”研究方法体系。

六、研究方法体系的整体性构建

1.“中国式管理”领域的研究方法体系

上文已分别从“内在作用性”与“内在时间性”两条逻辑线索对“中国式管理”研究领域的四类研究方法进行了分析与联系，至此，我们便可对该领域研究方法体系的内在逻辑进行整体性的把握。具体如图 2 所示。

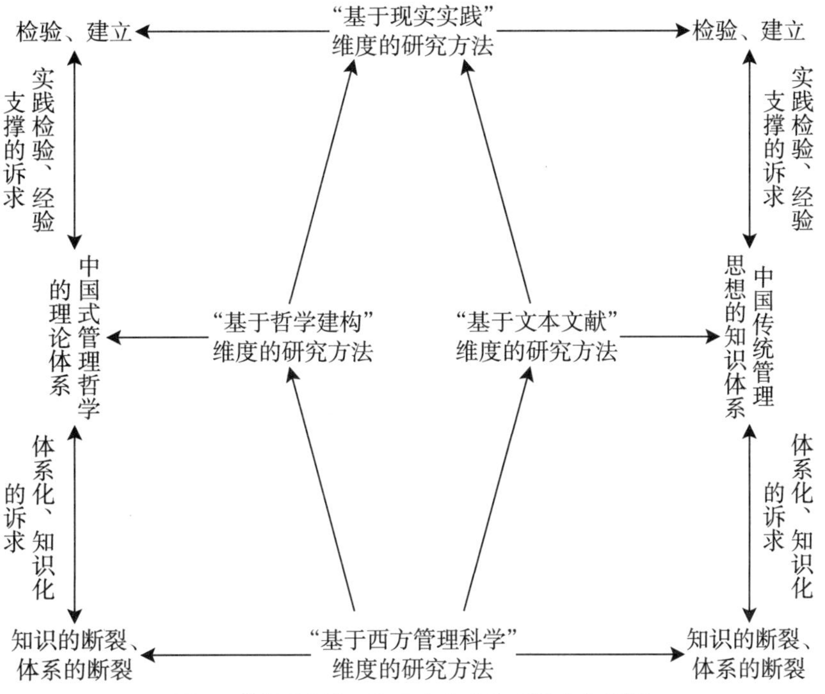

图 2 “中国式管理”研究方法体系的内在逻辑

首先，图 2 内部反映的是该领域四类研究方法之间的“内在时间性”，即以“基于西方管理科学”维度的研究方法作为逻辑起点，以“基于现实实践”维度的研究方法作为逻辑终点，而“基于文本文献”维度与“基于哲学思辨”维度的研究方法则是基于逻辑过程中，不断推进了该领域的发展与深化。

图 2 外围所反映的则是该领域四类研究方法之间的“内在作用性”,“基于西方管理科学”维度的研究方法以西方管理理论为媒介，首次在中国传统思想、中国现实与管理学之间建立了联系，然而，由于此类研究方法自身的缺陷，导致了其在开启“中国式管理”领域研究的同时，也呈现出“双重断裂”。“基于文本文献”维度与“基于哲学思辨”维度的研究方法依赖强烈的主观介入性，形成了“中国传统管理思想的知识体系”与“中国式管理哲学的理论体系”，在一定程度上弥补了“双重断裂”，但同样存在着严重的问题，即缺乏现实的经验支撑与实践检验。而这一严重问题则最终导致了“基于现实实践”维度的研究方法的诞生。此类研究方法由于强调客观现实的重

要性，因而对“中国传统管理思想的知识体系”与“中国式管理哲学的理论体系”进行了有效的检验，并形成了具有经验支撑的新型“中国式管理”理论体系。至此，“中国式管理”领域的研究方法体系建构完成。

2. 相关核心问题与说明

正如数理逻辑的开创者、“分析哲学之父”弗雷格所言，“一个科学家的工作完成之日，也是这一建筑物的基础倒塌之时”。诚然，伴随着“中国式管理”领域的研究方法体系建构完成，新的问题也随之而来。

首先，笔者想先就“研究方法”这一概念做如下说明。正如本文开篇所述，本文所探讨的“研究方法”并非具体的，应用于实践层面上的研究方法、手段。相反，本文提出了该领域目前所存在的四大基本研究维度，并据此对现有的研究方法进行了再划分。因此，本文所提及的四类基于不同维度的研究方法更似一个“类概念”，即每一类研究方法间蕴涵着诸多具体的研究方法、手段。很明显，这其中蕴涵着一个从属的层级关系。

基于上述认识，笔者想就几个相对核心的问题进行相关说明。首先，本文所提出的研究方法体系是否涵盖了该领域所有的具体研究方法？答案是否定的。随着四十余年“中国式管理”研究的深入，以及科学技术水平的提高，越来越多的先进研究方法、手段被提出，并被广泛地采用。因此，我们有理由相信，在未来的学术探索过程中，更为新颖的研究方法会源源不断地涌现出来。因此，我们可以认定，本文所构建的“中国式管理”领域的研究方法体系并非一个僵硬、死板的理论牢笼，相反，其是一个可被无限扩展、扩充的动态体系。而这，恰恰又引出了另一个核心问题，此研究方法体系是否会有碍于甚至限制该领域新型的研究方法、手段的生成?

笔者认为，正是由于此研究方法体系具有上文所述的“类概念”性质，因此，具体的研究方法、手段的更新与四类研究维度的相对固定分属两个不同的层面，彼此互不冲突。由此，我们可以认定，“中国式管理”领域的研究方法体系非但不会限制具体的研究方法不断推陈出新，反而会因得益于新型的具体研究方法，从而变得更加饱满、充实。

最关键的一个问题是，“中国式管理”研究领域是否会产生第五研究维度，甚至更多的研究维度？笔者认为，基于不同研究维度的研究方法都在相互的互动中，展现着其特殊的意义与价值。换句话说，基于不同研究维度的研究方法间存在着互补性的功能，而这也是该研究方法体系得以建构的基础。因此，笔者此处并不断然否认其他研究维度存在的可能性，相反，笔者愿给出一条判定其合法性的标准，即基于新式研究维度的研究方法是否同已存的研究维度产生互补性的、良性的互动，并进一步完善了“中国式管理”领域的研究方法体系。

诚如上文所说，本文所提出的“中国式管理”领域的研究方法体系是一个可被无限扩展、扩充的动态体系，这既表现在其内部可包含新型的具体研究方法，也表现在其自身可被不断地超越，不断地展开。

七、结　语

综上所述，本文首先基于不同的研究维度，将“中国式管理”领域的研究方法体系划分为四类，“基于西方管理科学”维度的研究方法、“基于文本文献”维度的研究方法、“基于哲学思辨”维度的研究方法以及“基于现实实践”维度的研究方法。其次，本文又分别从“研究方法其自身”与“研究者”两个视角对上述四类研究方法的特点进行了详尽的阐述，并据此理清了各类研究方法间的内在逻辑线索。至此，本文完成了对“中国式管理”领域研究方法体系的整体性构化。基于图 2，我们可以更为清晰地把握如下观点，即“中国式管理”研究领域中的四类研究方法并非独立存在的、互无联系的；相反，此四类研究方法由于彼此研究维度、研究特点以及研究意义的不同，呈现出各有分工、相互支撑的局面，并最终建构了“中国式管理”领域中完整的研究方法体系。

最后，我想援引 McGrath 的一句话，我们“不可能完成一项没有缺陷的研究。因为所选择的任何研究方法都存在着其内在的缺陷性，而任何研究方法的选择也必将限制该结论的得出”。诚如 McGrath 所言，为了进一步推动管理科学的“中国化”进程，并促进该研究领域健康的发展，我们必须坚定不移地运用多元化、多维度的研究方法。笔者强烈认为，“中国式管理”领域的研究方法并非简单的四选一选择题，每类研究方法都有其特有的研究维度、研究特点与研究意义，因此，我们必须学会如何合理地运用四类研究方法，使“中国式管理”领域的研究方法体系充分地发挥其优点，实现该领域各研究方法相互支撑、研究成果相互支撑、研究成果与研究方法相互支撑的良性循环，从而真正实现为世界管理科学贡献中国智慧的宏伟目标。

八、致　谢

感谢南京大学“大学生创新训练计划”项目为本研究所提供的经费支持；感谢第三届“管理学在中国”学术研讨会提供的交流平台；感谢复旦大学彭贺老师在文章撰写过程中提出的宝贵建议；感谢南京大学赵曙明老师、兰州大学贾旭东老师的鼓励；最后，感谢我的父母、家人和朋友，衷心地感谢你们的关心、鼓励与陪伴。

〔参考文献〕

[1] 崔援民. 关于建立“现代管理方法论”学科体系的构想 [J]. 中国软科学，1997 (4)：120-122.

[2] 彭贺. 困惑与出路：中国特色管理研究的方向 [J]. 经济理论与经济管理，2008 (7)：58-61.

[3] 谭劲松. 关于中国管理学科发展的讨论 [J]. 管理世界，2007 (1)：81-91，104.

[4] 罗纪宁. 创建中国特色管理学的基本问题之管见 [J]. 管理学报，2005，2 (1)：195-197.

[5] 彭贺. 从管理与文化的关系看中国式管理 [J]. 管理学报，2007，4 (3)：253-257.

[6] 王学秀. “管理学在中国”研究：概念、问题与方向——第一届“管理学在中国”学术研讨会观点评述 [J]. 管理学报，2008，5 (3)：313-319，365.

[7] 苏勇，于保平. 东方管理研究：理论回顾与发展方向 [J]. 管理学报，2009，6 (12)：1578-1587.

[8] 马庆国. 中国管理科学研究面临的几个关键性问题 [J]. 管理世界，2002 (8)：105-115，140.

[9] 彭贺. 论东方管理的研究策略 [J]. 学术月刊，2009 (6)：85-92.

[10] 尹卫东. 哲学视域中的管理思想演变论纲 [J]. 江海学刊，2002 (2)：48-53，206.

[11] 苏东水总主编. 中国管理通鉴 [M]. 杭州：浙江人民出版社，1996：3.

[12] 成中英. C 理论：中国管理哲学 [M]. 上海：学林出版社，1999：6.

[13] 曾仕强. 中国式管理 [M]. 北京：中国社会科学出版社，2005：8.

[14] 苏东水. 东方管理学 [M]. 上海：复旦大学出版社，2005：9.

[15] 席酉民，尚玉钒. 和谐管理理论 [M]. 北京：中国人民大学出版社，2002：11.

[16] 苏东水. 论东西方管理的融合与创新 [J]. 学术研究，2002 (5)：39-45.

[17] 耿国阶，曾仕强. 中国式管理 [J]. 公共管理评论，2007 (1)：189-193.

[18] 余江，曾仕强. 中西管理思路碰撞下的最优选择 [J]. 新经济，2006 (6)：40-41.

[19] [美] 艾尔·巴比著. 社会研究方法（第 8 版）[M]. 丘泽奇译. 北京：华夏出版社，2000：5.

[20] 罗纪宁. 当代中国管理学主要流派、研究范式和方法评析 [J]. 商业研究，2006 (12)：86-89.

[21] 吕力. “中国管理学”研究的方法论问题 [J]. 经济论坛，2009 (15)：14-15.

[22] 王学秀. 文化传统与中国式管理价值观选择 [J]. 科学学与科学技术管理，2006，27 (2)：156-160.

[23] 韩巍. 从批判性和建设性的视角看"管理学在中国"[J]. 管理学报，2008，(5) 2：161-169.

[24] 彭贺. 也从批判性和建设性的视角看"管理学在中国"[J]. 管理学报，2009，(6) 2：160-164.

[25] 韩巍. 学术探讨中的措辞及表达——谈《创建中国特色管理学的基本问题之管见》[J]. 管理学报，2005，2 (4)：386-391.

[26] 罗珉. 中国管理学反思与发展思路 [J]. 管理学报，2008，5 (4)：478-482.

[27] Boyacigiller N.，Adler N.. The Parochial Dinosaur：Organizational Science in Global Context [J]. Acad. Management Review，1991，16 (2)：262-290.

[28] Barney J. B.，Zhang S. J.. The Future of Chinese Management Research：A Theory of Chinese Management Versus a Chinese Theory of Management [J]. Management and Organization Review，2009，5 (1)：15-28.

[29] Bruton G. D.，Lau C. M.. Asian Management Research：Status Today and Future Outlook [J]. Journal of Management Studies，2008，45 (3)：636-659.

[30] Bailey K. D.. Methods of Social Research：Qualitative and Quantitative Approaches (4th Edition) [M]. New York：Free Press，1994.

[31] Doktor R.，Tung R.，Von Glinow M. A.. Future Directions for Management Theory Development [J]. Acad. Management Review，1991，16 (2)：362-365.

[32] Edited by Geachi P. and Black M.. Translations from the Philosophical Writings of Gottlob Frege [M]. New York：Philosophical Library，1952.

[33] Li J. T.，Tsui A. S.. A Citation Analysis of Management and Organization Research in the Chinese Context：1984-1999 [J]. Asia Pacific Journal of Management，2002，19：87-107.

[34] McGrath J.，Dilemmatics：the Study of Research Choices and Dilemmas [J]. American Behavioral Scientist. 1981，25 (2)：179-211.

Reconsideration of the Research Methods in the Field of Chinese Management：Establishing a System of Research Methods

LV Cheng，YANG Ming

(Department of Philosophy，Nanjing University，Nanjing，210089，China)

Abstract：Recently，more and more researchers rethink the research methods in the field of Chinese Management，and，meanwhile，a heated debate has been initiated. In the first place，4 dimensions of research will be proposed in this paper. Then，based on these different dimensions of research，this paper will divided the research methods in the field of Chinese management into 4 parts. Finally，through analyzing the characteristics of research methods，the inner logic will be demonstrated，and the system of research methods in the field of Chinese management will be established.

Key Words：Chinese Management；System of Research Methods；Dimension of Research；Characteristic of Research；Inner Logic

2011年1月
第1期

比 较 管 理
Comparative Management

Jan., 2011
No. 1

【研究范式与方法】

管理学维度的比较

罗 珉

（西南财经大学企业管理研究所，成都 610074）

［摘 要］本文从古典管理学范式的维度、人际关系学派和现代学派管理学范式的维度、中国管理学范式的维度和管理学范式修正的维度等方面讨论了管理学范式维度问题。本文认为，管理学的维度不仅是研究范围的确定和出发点的界定，更重要的是它决定了理论范式的取向或指向。

［关键词］管理学；范式；维度

在管理理论范式和方法论范式的领域中，范式的维度被视为影响研究设计和范式的取向或指向的一个重要变量，这些描述管理理论的维度与描述人的个性和身体特征的方式非常相似。事实上，影响管理理论的因素有许多，它们既反映了各种管理理论范式的特征，又描述了影响和改变方法论范式内部结构性维度的各个方面。管理理论的维度不仅是研究范围的确定和出发点的界定，更重要的是它决定了理论范式的取向或指向（Orientation）。

一、古典管理学范式的维度

如果以私人产权和市场经济作为制度前提，古典管理学范式由以下五个维度所组成：

（1）个体主义（Individualism）。假定管理原理、原则和制度必须以管理主体的个人行为为基础，它可以从社会历史背景中抽象出来。这一维度来自古典经济学。

（2）理性的经济人。假定每个行为主体的行为都是合乎理性的，也就是能按逻辑上前后一贯的方式作出管理决策（Decision Making）。理性的个人是自然的、自由的、自治的。例如，理性的管理者在对管理行为的选择上有稳定的偏好次序，不会采取前后互相矛盾的决策。

（3）技术规律。假定单个行为主体都服从于技术规律，通过时间动作分析，实现工作方法的标准化、工作条件的标准化和工作时间的标准化加以确认。其一是按照技术规律可以实现劳动过程的标准化；其二是技术规律与组织的效能和效率相关。

（4）组织是一个高度结构化、形式化、不受个人支配的集权（Centralization）组织。古典管理学家马克斯·韦伯（Weber，1947）认为，集权组织是为了达到诸如高生产效率等目标的最有效的组织形式。他承认，在实践中存在着集权的程度差异，但他提出，最有效的组织具有某些特点，他称这种组织为“理想”式组织。按照古典管理学范式的维度，组织具有以下四个特征：①存在

［作者简介］罗珉（1954—），四川成都人，西南财经大学企业管理研究所所长，教授、博士研究生导师；主要研究方向：后现代管理、管理学方法论；E-mail: luom711@126.com。

着明确的专业分工；②组织内部的职能依等级正式安排，即确立了自上而下的指挥系链（Chain of Command）；[①] ③集权组织的官员尽人力之可能客观地贯彻这些规则和程序，“人”的因素放在组织之后再给予考虑；④集权组织对人员的雇用是建立在严格地按特定标准选择的基础之上的（Scott，1961）。

（5）封闭式协作系统（Closed System）。这一维度是切斯特·巴纳德提出的。当一个组织系统协作得很成功，能够实现组织目标时，这个系统就有“效能”（Effectiveness），它是系统存在的必要条件；系统的“效率”（Efficiency）是指系统成员个人目标的满足程度（Satisfaction），协同效应（Synergy）是个人效率综合作用的结果。

古典管理学采取了物理学中最常见的分析方法——隔离法（Isolating Approach），通过一系列假定，排除一切干扰因素，把个人从社会组织中抽象出来，得到了一个“理想类型”（Ideal Type）——“经济人”。企业家经营企业的目的是获取最大限度的利润，而工人的目的是获取最高的工资收入。古典管理学家弗里德里克·泰罗鼓吹劳资双方的利益在根本上是一致的，在提高劳动生产率的基础上，工人可以多拿工资，雇主也可以多得利润。假如在能够判定工人工作效率比往常提高多少的前提下，给予工人一定量的（Quantitative）工资激励，会引导工人努力工作、服从指挥、接受管理。其结果是工人得到实惠即工资增加，而企业主们则增加了收入，也方便了管理。这种标准化的、利用人的经济动机来实现对人严加管束的管理模式，更符合科学管理（Scientific Management）的要求和特性。

当然，古典管理理论的范式也有自己的保护带（Protective Belt）。例如，泰罗的科学管理尽管是“血汗工资制度”，但其保护带却是希望赋予科学管理强烈的人本主义色彩（Humanism）。泰罗认为，要精心选人、用人并加以培训，让他们做能够做得最好的工作。或许他有一种理想主义的观念，或寄希望于产生一场完全的“心理革命”（Mental Revolution），以实现工人、管理人员和工厂主的根本利益的一致，能够协调一致地提高效率。此外，泰罗还强调管理人员提前精心制订计划的重要性以及管理人员有责任设计工作制度，以帮助工人把工作做得更好。

或许有人可能会提出疑问，为什么古典管理学以个体行为单位为研究对象，而管理学本身应当以研究组织整体为目标？然而，在古典管理学的解释中，组织整体可以划归到个体的理性经济人的维度基础上，这在科学哲学中称之为“理论还原”。这就合理地解释了为什么理性经济人与个体主义是古典管理学硬核（Hardcore）的假设。

今天，无论对古典管理学提出什么样的批评，都无法否认古典管理学精心构造了一种有效的“管理学范式”，这正是库恩所说的“常态科学”。对于如何解决管理学的难题，在古典管理学家手里有着相对明晰的维度规则，而且人们有理由相信，困难确实能够被解决。这一工作狭窄和自足的基础正是其获得地位和成功的关键所在。这样，对基础的、困难的、混沌的和费时的争论就可以避免。管理学的学科成员能致力于对范式进行精确系统的阐述、发展，能对范式的细致理论加以验证。

---

① 指挥系链是决定权力、职责和联系的正式渠道。指挥系链是被看做一系列上级与下级之间的关系。从组织最上层总经理开始往下直到非熟练的工人，管理的指挥系链像一座金字塔。由于这些现象的复杂性，人们认为任何人都不应该受到一个以上的上级的直接指挥，正如统一指挥原则所规定的那样。统一指挥原则侧重在下属只执行来自一个上级的权力和命令，并只和这个上级联系。古典组织理论同时也认为，当情况需要的时候，有必要给予越过正式指挥系链的机会。考虑到这一点，亨利·法约尔建立了法约尔桥（Fayol's Bridge）。他提出，只要其他相应的上级事先同意了在哪些情况下可以交叉联系，应给予下级权力，让他可以和指挥系链以外的同事直接联系。参见亨利·法约尔著. 工业管理与一般管理. 北京：中国社会科学出版社，1982.

二、人际关系学派和现代学派管理学范式的维度

人际关系学派（The Human Relations School）率先对古典管理学派的范式维度提出了批评。人际关系学者认为，组织的科层制度（Hierarchy of Authority）、等级制、指挥系链（Chain of Command）和管理职能过程是完好的，不过一旦加入人的因素，这种完好性就会被打破。古典管理学对管理过程处理的方式方法上有不完善之处，那就是“忽视人的因素”（dehumanizing）。因此，管理的对象不仅是物的管理问题，更重要的是人的管理问题，因而就产生了管理中的人的因素和领导方式问题。人是每一个组织中的核心，是具有社会性的动物。应当重视人的积极性对提高劳动生产率的影响和作用。

因此，人际关系学派以及后来的行为科学学派既继承了古典管理学的范式维度，又对其进行了必要的修正。他们增加的维度可以概括为以下四个方面：

（1）单个行为主体的社会性。人际关系学派以及后来的行为科学学派认为，不能脱离特定的社会和组织环境来讨论单个行为主体，管理中的任何行为主体都不可以从社会历史背景中抽象出来，应当强调社会的整体性以及在变动中考察个人与组织人文环境的相互作用关系。单个行为主体不是被动的、孤立的个体，他们的行为不仅仅受工资的刺激，影响生产效率的最重要的因素是工作中的人际关系（Interpersonal Relations）。

（2）人是社会人，是复杂的社会系统的成员（Mayo，1945）。单独考察个人的动机来发现管理规律是只见树木不见森林的片面做法。按照“社会人”的基本假设，在组织中进行活动的职工不是各自孤立的存在，而是作为某一集团或组织的一员的“社会人”，是社会的存在，因而管理方式、管理的出发点和新的领导能力在于提高员工的满意度。

（3）组织是人们希望实现自导、自治、自我负责和自我实现的场所。管理部门应发挥个人的全部潜力，改善人与人之间的关系，从而使整个组织更好地发挥作用（Argyris，1964）。

（4）群体（group）。严格地说，行为科学学派的这一维度来自于社会学。社会学大师法国学者埃米尔·迪尔凯姆（Durkheim，1898）强调了这一维度的重要性：在任何社会组织中，群体总是由建立他们的价值观和规范来控制人们行为的。管理学研究应当以群体中人的行为和群体行为模式为对象。

现代管理学认为，古典管理学和人际关系学派的范式维度都似乎太简单化了。“为了在知识领域里取得富于成果的进展”，应当对“假象的自律领域之间的人为分离”达成共识，管理学应当增加范式维度。

（1）人是“复杂的社会人”（Lorsch and Morse，1970）。假定人的需求是多样而复杂的，有经济的、社会的等，因此，人的需求是复杂的和变化的。它包括下面四个最基本点：①人不仅是复杂的，而且是高度可变的；②人们通过他们的组织经验是能够熟悉新的动机的；③人们在不同组织或同一组织的不同部门中的动机可能是不同的；④人们能够对各种不同的管理策略做出反应。

（2）管理主体是“有限理性的管理人”（Manager of Bounded Rationality）。“有限的理性”比“完全理性”更接近于现实，追求令人满意的利润比追求最大利润更接近于现实。

（3）开放式协作系统（The Open Cooperative System）。系统有范围，但它们也和外部环境一起相互影响，即组织是开放系统。必须认识到研究一个组织和许多子系统内的计划组织和控制的内部关系的重要性（Scott，2003）。

（4）技术系统（Technical System）。技术系统对于由个人态度和群体行为构成的社会系统有巨

大影响，应当研究技术系统和人际之间具有紧密关系的其他方面。特别是在e时代和互联网的运用方面，不仅提供了新的管理工具和使管理方法产生改变，而且对组织的学习模式和组织的行为、个人态度和群体行为产生了巨大的影响。实际中的管理者们可以通过互联网的赛博空间（Cyberspace）从多种渠道汲取知识，引导自己的实践。

三、中国管理学范式的维度

在管理学文献中，管理与管理理论的普遍主义的原则（Universal Principle）是一个常见的假设。也就是说，西方管理理论提出的、表述的和预测的是一个稳定且普遍的现实管理世界。

我们应当注意，西方管理学的范式维度是以所谓假定的普遍主义原则（Presumed Universalism）为基础构筑的，它并不一定符合不同文化背景条件下的组织及其管理的实践，范式的维度在不同文化背景条件下会面临"水土不服"的问题。如果理论有用，一定是既要随时适应所要顺应的特定文化背景，同时又要在与其声称提出、表述和预测的现实关系上是递归和自反的关系（Recursive and Reflexive Relationship），即能够重返实践。实践永远只能通过本地传统文化和体制实现，它们在构建普遍主义的范式中起着关键参照物的作用。

我们认为，中国管理学的范式维度应当基本接受西方管理学各个流派多维度范式（Multi-Dimensional Paradigms），但应作部分的修正和补充。主要表现在以下五个方面：

（1）社会维（Social Dimension）的理性。中国管理学的范式维度受"马克思范式"维度的影响较大，"马克思范式"维度也像现代管理学一样包含人是复杂的社会人的假定，然而马克思比西方现代管理学家多长了一个"心眼"，他在自己的概念框架中多加了一个新的坐标轴，即社会历史因子（Social Historic Factor）。换句话说，在对复杂的社会人按逻辑上前后一贯的方式作出的管理决策进行评论时，按马克思的分析必须把他放在一个具体的社会历史背景中加以考察，必须假定一个特殊的问题情境（Problematic Context），这就是所谓的社会（历史）维。应当注意的是，"马克思范式"将"人"的全面和自由发展理解为"将来完成时"，对人的终极关怀，使"马克思范式"中洋溢着强烈的人文精神。因此，我们应当对管理效率追求的同时，保持对"组织发展"与"人的发展"之间关系的清醒洞察。

（2）组织制度变迁的假设。这是指中国组织处于由一种组织管理制度向另一种组织管理制度变迁的过程之中，管理理论的发展必然要受到组织制度变迁的影响。这一假设的提出，将决定其他许多具体理论分析方法和分析结论的发展和创新，并决定中国管理学未来面貌的根本特征。西方现代管理学与其说是对制度的忽略，毋宁说是出于阶级利益考虑的故意回避，并且正是由于对这些难以度量因素的回避，它才实现了形式化的进步。但是，我们必须考虑制度变迁的影响。

（3）中国传统文化的假设。主要是指我国独特的历史文化对管理运行的影响，并且这种影响比之其他假设要更深刻、更广泛也更复杂。从某种意义上讲，独特的历史文化背景可能是导致中国管理学独特性或个性化的最根本原因。[①] 荷兰心理学家、国际管理学家吉尔特·霍夫斯泰德指出："在一个社会中，管理受到其自身文化环境的巨大束缚，因为不可能在没有深入了解他们的价值、信仰和表达方式的情况下协调他们的行动。"

（4）全面物质利益的假设。全面物质利益原则是已故的我国著名管理学家蒋一苇教授（蒋一

---

① 关于组织制度变迁的假设和中国传统文化假设在国内理论界讨论还不太多，可参见罗珉著. 管理理论的新发展. 第三章"管理的基本假设". 成都：西南财经大学出版社，2003.

苇，1980）提出的，它应当成为构建中国管理学的内核。只有在这一内核基础上，才能从根本上摒除那种只强调国家利益和股东利益，而不关心包括职工在内的多元化主体的利益问题，从而调动多方面参与改革和管理变革的积极性。

（5）主体的假设。实施管理的主体是有限理性的、具有独立产权边界的企业组织，他们是市场竞争主体和法人主体。这一主体是由多元化的、各自具有独立产权边界的利益主体构成的。

我们呼吁，中国管理学应该确立自己的范式维度，这有助于改变目前那种重引进西方的管理理论，轻创建中国自己的管理学，重抽象方法；轻实证研究，重西方管理理论普遍主义的原则，轻中国传统文化作用的我国管理学界现状。

管理学的"中国维"（Chinese Dimensions）的确立将为我们开启洞察力（Perception）大门的途径和系统地学习多向思维的机会。它不仅能够解释现实、构建现实、赋予现实以确定的意义，同时还创设了不同于西方管理理论的中国管理学和实践的空间。这种知识性的现实是能够超出西方管理理论的时代，或者迁移并占据中国管理实践新的空间，并在观念上远离西方管理理论。即使现实不完全符合代表它的范式维度也没有关系，中国改革的伟大实践和中国管理者的实践行动将参与和证实我们的范式维度所构筑的现实。

管理学发展史告诉我们，管理理论和实践存在着一种不断重复的模式，即一种范式维度的内在矛盾孕育着下一轮的创新。中国伟大的企业改革和管理实践将为管理学发展创造极其丰富的素材，中国管理学的发展和变化不是孤立的和局部的，也会带动世界管理学的发展和变化，并成为世界管理学的重要组成部分。对西方管理理论假定的普遍主义原则在中国的现实递归（Recursively）的实践中，西方管理学范式维度失去的仅仅是无关性，而中国管理学范式将会在走向未来时获得一切。只要允许人们去不停地书写中国管理的实践，管理学范式的进步便给了中国企业和组织安装了勇往直前的发动机，时间就从未来走向现在。

四、管理学范式维度的修正

寻求对已有的管理学维度进行适当的修正，一直是现代管理学各个理论流派对管理学发展模式的基本选择。这些理论流派主张管理学应当坚持对科学主义范式追求的理想，认为管理学可以通过时间的隧道，使管理理论缓慢地、自然而然地、平稳地取得根本性进步。他们论证到，管理学发展模式应当是坚持管理学发展的现代模式（Modern Model），通过对已有的管理理论维度进行适当的修正，可以对超现代学派的不确定性与不可逆性和后现代学派的"非理性"与多元化范式进行消解。管理学界一般将持这种观点的学者称为持续学派，这是今天居主流地位的学派。

持续学派的重要观点是，管理学追求的终极目标始终是对科学、效率和效能的追求，主张在理性基础上吸收人本主义范式的内容来消解互联网的发展和新经济对管理学发展的冲击。西方管理启蒙思想所强调的科学精神和人文精神在后工业社会的环境下，仍然是有价值的。因此，管理学发展问题的核心是如何在现代管理学的理论框架下对其进行适当的修正，使其适应后工业社会环境的问题。

现代模式建立在两种支配性论断的基础上：其一，建立在泰罗主义或是新泰罗主义的科学主义范式基础之上。泰罗主义倾向于强调确定性、稳定、有序、均匀和平衡，过程具有可逆性（Reversibility），科层制度的"永恒不变"、内部稳定的等级制和人性的X理论的假设。各种假定都是以这样的基本信念为中心的，即相信在某个层次上组织及其管理是简单的，而且被一些时间可逆的基本定律所支配。因而，管理学既具有普遍性原理的适用功能，又具有对未来的预言功能。

其二，建立在人际关系学派的人本主义范式基础之上。人本主义范式以新康德主义（Neo-Kantianism）、现象学（Phenomenology）、诠释学（Interpretation）等哲学思潮为理论基础，强调管理学与自然科学的差异，认为组织及其管理现象其本质是人的主体精神的外化或客体化，是“精神世界”和“文化世界”。因此，认识组织及其管理现象不能用反映的方式，更不能用自然科学的方法，唯一可行的是“理解”、“感受”、“分析”或“解释”。管理学研究对象是“一种个别的、仅仅一度发生于一定时间内的事件”，它只能运用“个别化方法”去进行研究。

持续学派主张管理学应当缓慢地、自然而然地、平稳地取得根本性进步。这种进步表现在系统管理学派用开放系统取代古典管理学的封闭系统；用肯尼斯·阿罗（Arrow，1951）的有限理性（Bounded Rationality）取代古典管理学的理性主义；用赫伯特·西蒙（Simon，1960）的“管理人”与合理化或是满意解取代古典管理学的“经济人”和最大化或最优化；用动态均衡取代古典管理学的静态均衡；用团队管理范式（Team Management）取代高度科层化、严格的等级层级、规章制度和非人性的、正式的关系的科层制组织范式；以垂直整合组织形式的解体（Deintegretion）和组织灵活性的日益加强，大型组织缩小规模，合同承包越来越多被采用作为特征，将组织分散为更具自主性经营单位的“后福特主义”（Post-Fordist）组织结构模式取代大规模提供标准化产品以及控制市场的“福特主义”（Fordist）生产方式；以包含了自主性（Autonomy）、知识工人（Knowledge Workers）、授权（Empowerment）、扁平型组织结构（Flat Structure）、有机体（Organism）、员工自我控制（Self-Control）、任务导向（Task Orientation）等概念的“基于知识的，本质上是自我传导的”组织范式（Drucker，1988）取代传统泰罗主义的“他组织”或“被组织”范式等。

我们在表 1 中总结了管理理论范式维度的演变中管理学现代性的启蒙维度与管理学现代性的修正维度之间的差异，这有助于我们更好地把握管理学范式维度的演变情况。

表 1　管理学范式维度的演变

现代性的启蒙维度	现代性的修正维度
封闭系统	开放系统
科层制组织范式	团队管理范式
理性主义	有限理性主义
最大化或最优化	合理化或是满意解
理性决策	尽可能的理性，或者运用后理性主义
线性思维	循环思维或因果思维
静态均衡	动态均衡，动态平衡
科学方法	科学性与艺术性
逻辑	逻辑和直觉
数量化	在可能的地方进行量化
组织及其管理的刚性	组织及其管理的柔性
福特主义	后福特主义

五、结束语

今天，管理学发展的历史背景和动力因素也不同于过去。随着知识经济时代的到来和新技术革命的发展，建立在工厂化背景下的管理学向着什么发展方向的问题已经成为管理学发展的重要课题。这需要我们要不断地站在历史和今天两个不同的角度，从系统整体的视角出发，关注管理学范式维度的发展。

〔参考文献〕

［1］Max Weber. The Theory of Social and Economic Organizations. Translated by A. M. Henderson and T. Parsons，［M］. New York：Free Press，1947：328–340.

［2］William G. Scott. Organization Theory：An Overview and an Appraisal［J］. The Academy of Management Journal，1961，4（1）：7–26.

［3］Lyndall F. Urwick. The Golden Book of Management：An Historical Record of the Life and Work of Seventy Pioneers［M］. London：Newman Neame，Ltd.，1956.

［4］弗里德里克·泰罗. 科学管理原理［M］. 曹丽顺译. 北京：中国社会科学出版社，1984：238.

［5］弗里德里克·泰罗. 科学管理原理［M］. 曹丽顺译. 北京：中国社会科学出版社，1984：246.

［6］George Elton Mayo. The Human Problems of An Industrial Civilization［M］. Cambridge，Massachusetts：Harvard University Press，1945.

［7］Chris Argyris. Integrating the Individual and the Organization［M］. New York：Wiley，1964.

［8］Emile Durkheim（1898）. "L" individualisme et les intellectuels'，La science sociale et l'action［C］. Paris：Presses Universitaires de France，1987：271–272.

［9］伊曼纽·华勒斯坦（Immanuel Wallerstein）. 开放社会科学［M］. 刘锋译. 北京：生活·读书·新知三联书店，1997：82.

［10］Jay W. Lorsch and John J. Morse. Structural Design of Organizations［M］. Homewood Illinois：Irwin and Dorsey，1970.

［11］赫伯特·A.西蒙. 现代决策理论的基石：有限理性说［M］. 杨砾，徐立译. 北京：北京经济学院出版社，1989：6.

［12］W. Richard Scott. Organizations：Rational，Natural，and Open Systems. Fifth edition［M］. Thousand Oaks，California：Sage，2003.

［13］Geert Hofstede. Culture's Consequences［M］. Beverly Hill，California：Sage Publications，1984.

［14］蒋一苇. 社会主义的全面物质利益原则［N］. 人民日报，1980-8-16.

［15］Kenneth J. Arrow. Social Choice and Individual Values［M］. New York：Wiley，1951.

［16］Peter F. Drucker. The Coming of the New Organization［J］. Harvard Business Review，1988，66（1）：45–53.

Comparison of Management Dimensions

LUO Min

（Enterprise Management Institute，Southwestern University of Finance And Economics，Chengdu，610074，China）

Abstract：This article elaborates on dimensions of management paradigm from the perspectives of the classical management paradigm，the management paradigms of the human relations school and the modernization school，the Chinese management paradigm and their modification dimensions. The author thinks that dimensions of management paradigm are the definition of both research scope and the research starting points，and more importantly，the dimensions determines the orientations of theoretical paradigm.

Key Words：Management；Paradigm；Dimension

【研究范式与方法】

福特和盖茨的管理比较

杨兆宇　刘茜茜　王　远

（沈阳建筑大学管理学院，沈阳　110168）

[摘　要] 福特和盖茨一个是人类工业时代最有代表性的企业家，一个是信息时代最有代表性的企业家，二者都是美国实战派的管理大家。他们的管理实践是人类两个时代最具典型意义的，他们的管理理念对跟随其后的管理者产生了重大的影响。本文首先介绍了二者的生平，根据分析比较二者的早年生活，寻找他们后来所产生的管理行为的根源。接着结合他们各自的生平和二者的自传，亨利·福特的《向前进》、《我和我的生活》和比尔·盖茨的《未来之路》等书籍，从管理理论、管理成就或者说是管理创新和管理局限三方面比较他们的管理思想并分析他们的管理行为，旨在找出从工业社会到信息社会管理演变的轨迹，为今后的管理发展指明方向。本文的基本结论就是二者根据时代的特征进行了大胆的创新和实践，并最后获得了成功。福特将美国变为“车轮上的世界”，盖茨把信息时代带到了人们面前。

[关键词] 福特；盖茨；汽车；软件；工业社会；信息社会

一、导　论

从工业时代到信息时代，管理的理念、手段、方式等都经历着不断的变化。就像从泰勒的科学管理、法约尔的现代经营管理到彼得·德鲁克的企业家创新精神，我们必须承认管理领域已经发生了不可逆转的变革。作为管理者，就一定要思考和利用这些已经发生的变革，让这些巨变时代的管理理论指导管理实践。这些管理者或者说企业家便成为当之无愧的实践大家。从工业时代走到现在，管理史上出现过无数的实践大家，他们的创业历史、经营理念以及企业文化为后人留下了无数值得学习和借鉴的经验和教训，同时也让我们看到了管理更为重要的一面——实践的意义。

每个时代都有其不可替代的英雄人物和时代标杆，在工业和信息这两个时代，本文认为创造汽车王国的亨利·福特和打造网络天下的比尔·盖茨是当之无愧的时代英雄。被誉为“汽车之父”的亨利·福特（Henry Ford）与“硅谷之王”比尔·盖茨（Bill Gates）都是西方社会实战派管理大家的代表人物。虽然他们之间相差了近一个世纪，指导二者的管理思想也大相径庭。亨利是泰勒思想的践行者，盖茨则置身于德鲁克、彼得·圣吉等信息时代管理大家所提倡的管理理念的氛围之中。但二者仍有诸多相似之处，除了管理思想、个人信念非常相似以外，最重要的是福特和盖茨都是将理论付诸实践的管理者。亨利·福特说：“我将为大众造一种汽车。”比尔·盖茨说：“在每个

[作者简介] 杨兆宇（1956—），男，辽宁沈阳人，辽宁大学管理学博士，沈阳建筑大学管理学院教授。刘茜茜（1986—），女，内蒙古赤峰人，沈阳建筑大学管理学院研究生。王远（1986—），女，河北廊坊人，沈阳建筑大学管理学研究生。

家庭的每张桌面上都将有一台计算机!”，事实如此，信念成为现实。

之所以选择二者作比较，最重要的原因在于福特是“旧经济”的开创者和代表者，而盖茨则是所谓“新经济”的开创者和代表者。他们能代表工业时代和信息时代的管理特点，也能为我们发现管理领域的发展趋势提供有力的证据。本文是对工业社会和信息社会下的亨利和盖茨进行研究，所以全文的背景及研究环境当然是以工业时代和信息时代下的美国大环境为主，更具体地说，本文只是探讨从亨利出生到其执掌福特公司的最后一刻（1863~1946）和盖茨出生到辞去微软职务为止（1955~2008）这一期间，二者的管理理念和实践行为。

本文从对二者的简介开始，接着分析比较他们的管理理念、管理成就以及管理缺陷。

比较分析福特和盖茨的管理思想就不得不涉及二者所处时代的管理，这对我们了解现代管理思想产生及发展的过程有重大的参考价值，从他们的成功和失败中，我们可以更好地借鉴和学习，以促进现代管理水平的提高。更为有意义地在于我们可以通过史料说明道理，揭示一个多世纪以来的管理轨迹，为未来指明方向。这对我们以后在管理领域的研究也有重要的借鉴意义。

二、管理者的比较

工业社会的福特和信息社会的盖茨，他们的出生时间相差了92年，出生背景也大不相同，他们身上的不同之处太多，但是他们都固执、洞察力敏锐、对事物有独到见解，所具有的市场判断力、个人信念、管理思想却十分相似。本文的这一部分就比较分析福特和盖茨个人经历，因为每个人的思想都和他们的经历有密切的关系，了解他们的个人经历，更有助于我们了解二者思想的形成轨迹。

1863年7月30日清晨，一个婴儿用响亮的啼哭声向世人宣告着他的来临，这啼哭声对所有人来说显然是一曲最为美妙的音乐，因为它不仅给这个家庭，更是给这个国家带来了无比的欢乐。于是，在若干年以后，“亨利·福特”这个名字就已经变成了一个特殊的代号，它似乎不属于其他人而只和“汽车大王”紧紧地联系在一起了。

以当时的生活水准来看，亨利·福特出生时的家庭条件已经算是小康之上的水平了。当时威廉·福特名下所拥有的土地达到120英亩，亨利作为家里的长子，老威廉自然对儿子寄予厚望。他希望儿子能够把他的事业进行下去，但亨利似乎从一开始就讨厌农场的一切，并与父亲产生了矛盾。然而乐观、朴素的母亲，却对亨利·福特的一生产生了巨大的影响。母亲的辛苦和永不停歇的勤奋在亨利的记忆里留下了深刻的印象，也许是出于为母亲减轻负担的初衷，更或者是逃离农场繁重琐碎的农活。童年时期的他就幻想着“许多农活必定可以以某种更为有效的方式加以完成”。随着工业与经济的发展，富有的农场主开始使用机械代替劳动力工作，这样大大减轻了人们的负担。福特也逐渐意识到只有机械才能把人们从繁重的劳动中解脱出来，并从此对机械产生了浓厚的兴趣。正如他在《我的生活与工作》中提到的：

“甚至在年纪很小的时候，我就怀疑许多农活或许能用更好的方法完成。这个想法使我才真正地理解了机械——尽管我父母一直说我天生就是搞机械的人。”

在史蒂芬·沃兹所著的《亨利福特——他的生意和生活》一书中也曾提到：

小亨利早就很注意工作效率。19世纪末期，弗里德里克·温斯洛·泰勒等许多工业专家把实现劳动产出效率最大化落实为具体的操作机制，然而，他们的“科学管理”意念其实对这个密歇根小男孩来说几乎是与生俱来的。这一点他妹妹玛格丽特描绘得很清楚：

“亨利总想花最少的时间和精力把事情做出来，如果能用较简便的办法完成一件事，那么这件事本来就应该这样做。我们农场的各扇大门开关起来非常沉重，于是亨利就为大门安上铰链，还安上了不用下马车就能开门和关门的装置。”

正是由于亨利·福特出生在这样一个任务繁重的农家里，才使他更能体会到减轻负担、增加工作效率的重要性。而当时以蒸汽机为主的机械设备对农业生产方式产生着深刻的变革，也对小福特有着深远的影响。对机械的痴迷和执著，不仅完成了亨利·福特的梦想——造一辆大众化的汽车，更是为他日后成为汽车工业的鼻祖奠定了基础。

与亨利·福特相比，比尔·盖茨的家庭条件要优越得多。

1955 年 10 月 28 日，比尔·盖茨诞生于西雅图一个富有天才的家族。他的外祖父是一位闻名全美的银行家；他的祖父在财富与权力之间游刃有余，最终登上了太平洋国家银行副总裁的宝座；他的父亲是西雅图德高望重的律师，而母亲是当地的社交名人。与仅上到中学的亨利·福特不同，比尔·盖茨接受了良好的教育，甚至可以说是精英式的教育。如果说进入哈佛大学只是让盖茨接受所有人梦寐以求的知识和荣誉的话，西雅图的湖滨中学则可以说是比尔·盖茨成功的摇篮。1968 年，湖滨中学成为当时美国最先开设计算机课程的学校，这为盖茨提供了接触电脑的机会，也改变了他的人生。

正如《比尔·盖茨与微软公司》一书中提到的：

“1968 年，学校作出了一项将会改变 13 岁的比尔之生活——同样也改变了其他许多人生活的决定……主要由学生家长筹集的资金使学校能通过电传打字机进入电脑，即程序数据处理机（PDP）……比尔·盖茨当时就被吸引住了，当时的最要好朋友坎特·埃文斯和长比尔两岁的保罗·艾伦也同样被深深地吸引了。无论有没有空余时间，他们都会急匆匆地到电脑房去使用那台机器。那批学生如此专心致志，很快在电脑知识方面就超过了他们的老师……

在詹姆斯·华莱士所著的《创造辉煌——比尔·盖茨与微软公司的崛起》一书中也有如下描述：

“艾伦和盖茨不仅在电脑房里度过很多时光，他们也常常探讨电脑技术的未来。‘我们用计算机究竟能够做些什么呢？这个问题使我们很痴迷，这一广阔领域的知识正是我们所要吸取的……盖茨和我总是对电脑的应用有很大的梦想。’艾伦谈道”。

可以说良好的教育为盖茨掌控“知识时代”打下了坚实的基础，优越的家庭条件、进入贵族学校为他提供了接触电脑以及电脑知识的机会、认识志同道合的朋友，都成为比尔·盖茨以后进入 IT 并建立微软王国，成为 IT 行业的领军人物不可忽略的因素。

少年时代不同的经历让亨利和盖茨选择了不同的方向，但无论如何，二者最后都建立了自己的王国和游戏规则。

亨利·福特（1863~1947）于 1903 年创立福特汽车公司。1908 年福特汽车公司生产出世界上第一辆属于普通百姓的汽车——T 型车，从此改变了美国人的生活方式，世界汽车工业革命就此开始。

《亨利·福特与福特公司》一书中描述道：

“1908 年 9 月，美国许多报刊上刊登的一则广告宣称，一种新颖的汽车即将上市。广告上说，‘这种新车有强劲的动力，速度快而且经久耐用……比它更出色的汽车还没有，也不可能会造的出来……如此新颖的汽车仅售 850 美元。这个价格比价钱最低的汽车还要便宜好几百美元’。”

“难怪许多读者看了广告以后，只会对它的夸夸其谈一笑了之，随后又翻到后面一页……绝大多数报纸杂志的读者还从未想到会有可能拥有汽车……他们并不明白这则广告至少已经预示了两个大的改革，一是美国乃至全世界的生活方式的变革，另一个则是制造业的变革。做广告的这辆车——‘福特四汽缸，20 匹马力，五人座旅行轿车’——即时 T 型车。这是一辆将要改变整个世界的汽车，也是亨利·福特智慧的结晶。”

他也是世界上第一位使用流水线大批量生产汽车的人。1913 年，福特汽车公司又开发出了世界上第一条流水线，这一创举使T型车一共达到了1500万辆，缔造了一个至今仍未被打破的世界纪录。更重要的是，流水线的发明与推广使福特彻底改变了生产的工作程序和管理方式，把管理人改变成像泰罗那样管理时间。标准化的程序会因一个人的延误而影响整个流水线的效率。"时间"自动完成对工人的监督并消除了工序之间的积压。工作的质量和效率对工人技术和管理者的能力的依赖大大减轻了。那些刚刚从事生产线的工人只需要经过简单的培训，就可以高效率高质量地工作，专业化的生产方式让雇员再也不需要像欧洲工人那样一代又一代以口传身教的方式进行手艺积累了。

正像福特自己在其自传《向前进》中所说的那样：

"如果一个设备能够提高10%的效率，或者能够节省10%的时间，那么，假如没有采用这个设备就等于损失了10%的利润……我自己的工厂就是依据上述原理生存和发展的。当然，这些原理完全是顺应自然的产物。"

福特不但改变了工业生产方式，而且对现代社会和文化产生了巨大的影响，因此有一些社会理论学家将这一段经济和社会历史称为"福特主义"。福特先生为此被尊为"为世界装上轮子"的人。在1999年,《财富》杂志将他评为"21世纪商业巨人"以表彰他和福特汽车公司对人类工业发展所作出的杰出贡献。他用人生中最黄金的前20年证实了市场下的管理，然而其在关键的后20年又固执反抗着管理下的市场。命运的成功和先验的反抗塑造了亨利福特执著、幽默、感性，又粗暴和独裁等气质。在逝世前不久，福特汽车的市场反馈和占有份额成了总结英雄半生的笑柄，逝世后，他那孤独者的管理气质牵引着人们纷纭的感慨、默默的祭奠。虽然亨利·福特的事业以在威逼下不得不让权的下场而悲情地落幕，但是其在20世纪商业史上所做出的惊天动地的事情以及对美国所做的贡献是所有人都无法忽视和忘却的。

"未来主义者"阿尔文·托夫勒（A1vin Toffler）在其著作《第三次浪潮》中将人类历史分为农业社会、工业社会和信息社会。就像工业社会取代农业社会一样，不可避免，工业社会也终将由信息社会取而代之。用托夫勒的话说就是，"体力劳动经济"已经被"脑力劳动经济"所取代。信息社会的比尔·盖茨就如当时的福特一样，凭着一个单纯而宏伟的目标——让每个人的桌面都有一台个人电脑。在几十年的商场拼搏中，盖茨帮助微软成为全球规模最大的公司之一，一手打造了微软这个软件行业的帝国，微软产品几乎无处不在。经过短短的30年的发展，微软的这个梦想实现了。但在称霸软件市场的同时，微软也因为与美国监管机构及欧盟之间上演的反垄断大战遭到外界指责。

虽然《比尔·盖茨全传》对此有独特的分析：

"微软屡屡被对手推上法庭的原因：一是微软的效率太高，以至于超过竞争对手和公众可以接受的范围；二是盖茨本身的偏执，盖茨考虑问题考虑得最多的是如何提高微软的效率，而很少考虑竞争对手的生存乃至公众的反应。

但是微软蛮横粗暴的定价和排斥异己的态度就像后期的福特一样让人们心存不满；接二连三的诉讼也表明人们认定微软的品牌里面渗透着垄断暴利的水分；在中国政府的几次采购中连连挫败，也一定程度上说明微软这个牌子也并不是那么讨人喜欢。"

在离开从无到有、从小到大的微软帝国之后，盖茨将为我们留下怎样的遗产？对于他担任微软这艘巨船船长的日子里，人们对他又会留下怎样的回忆？

市场研究公司Directions on Microsoft的联合创始人罗布·霍维兹（Rob Horwitz）认为，盖茨可以与汽车制造业先驱亨利·福特（Henry Ford）相提并论。他说："盖茨掌握了一项很少有人接触到的、不可思议的技术，他知道如何进行再设计、扩展、包装及销售，让大众承受得了，消费得起。福特并不是汽车的发明者，而电脑也不是盖茨发明的，但他们都聪明、睿智，知道如何让自己的产品最大限度地得到普及。”如此说来，盖茨也可以与另一位名人相提并论，他就是托马斯·爱迪生（Thomas Edison）。因为两个人均创造了很好的技术，并让自己的技术相对于竞争对手来说在更大程度上得到普及。“我们不得不承认盖茨是一个产业革新者，而不是技术发明家。他准确预测了未来发展趋势，并通过努力让自己的技术产品在市场上获得垄断地位。”

福特和盖茨的成功，验证了一条经济学的基本规律：如果市场起飞，那些恰好在起点进入市场的人，将会获得超过一般数学期望值的投资回报。福特和盖茨把握了一个与新兴产业一起成长的市场机会，一飞冲天。虽然把握时机是盖茨和福特成功不可忽视的重要因素，但绝不能全部归功于此。在二者创业以及守业的过程中，出色的管理才能以及独到的管理手段，特别是突破束缚的创新能力比机遇更有力地发挥了至关重要的作用。

出生背景不同的福特和盖茨都是凭借一个简单而执著的信念创造了时代神话，这也就是无论是谁，只要不断理清并加深个人的真正愿望，集中精力、培养耐心，并客观地观察现实，就有成功的可能。这也是彼得·圣吉所倡导的学习型组织的精神基础。而这种个人愿望一旦成为员工的共同愿景，企业的发展力量就会不可估量。这就是圣吉称为“共同愿景”的东西，他说：“如果有任何一项领导的理念，几千年来一直能在组织中鼓舞人心，那就是拥有一种能够凝聚，并坚持实现共同的愿景的能力。一个缺少全体衷心共有的目标、价值观与使命的组织，必定难成大器。”

在中国，百年老店寥寥无几，而像福特和盖茨这样的实践大家也少之又少，这其中的原因不言而喻。中国需要有自己的品牌，需要有自己的百年老店，更需要有自己的管理实践者。而找到能鼓舞人心的个人信念是成功的第一步。

三、管理理论的比较

19 世纪末 20 世纪初是人类现代化进程亦即工业化发展明显加快的时期。在这个时期，科学技术得到了空前发展，社会生产力水平也达到了一定的高度。但是，当时一个突出的矛盾就是管理落后于技术，致使许多生产潜力得不到充分的发挥。这种情况首先引起了企业中一些具有科学知识和管理经验的管理人员和技术人员的关注。他们围绕如何提高企业劳动生产率的问题进行了大量的实验和研究，提出了一系列科学的管理制度和管理方法，完成了从经验管理向科学管理的转变，使管理学正式成为一门科学。弗里德里克·温斯洛·泰勒（Frederick Winslow Taylor，1856–1915）便是科学管理的创始人。

福特时代正是“科学管理兴起的时代”，一种管理理论是否能够成立取决于企业家们的实践，如果在实践中走不通，这种理论再好也会被人们遗忘。泰勒的科学管理是针对传统的经验管理而提出的，它是一种真正意义上的现场管理、工作地管理，其中心问题是提高劳动生产率，追求的是效率，福特的管理实践成为泰勒科学管理理论的实验场。

在泰勒的《科学管理原理》一书中，泰勒认为最好的管理是一门实在的科学，它是以明确规定的法则、条例和原理为基础的。泰勒经过对传统经验管理和科学管理的比较分析，为科学管理制定了四项新任务，这也是科学管理应该遵循的四条原理。第一，对工人操作的每个动作进行科学研究，用以替代老的单凭经验的办法。第二，科学地挑选工人，并进行培训和教育，改变过去由工人任意挑选自己的工作并根据各自可能进行自我培训的情况。第三，与工人亲密协作，以保证一切工作都按已发展起来的科学原则去办。他认为，工人为了获得高的报酬，是乐意与管理人员合作的。这也为福特日后的五美元工作日提供了依据。第四，正确地划分工人与管理人员之间的工作，形成管理者与工人的经久性合作。

20 世纪 90 年代以来，特别是在人类进入 21 世纪之后，全球的政治、经济、社会文化发生了巨大的变化。知识经济的到来使信息与知识成为重要的战略资源，而信息技术的发展又为获取这些资源提供了可能。这种变化如德鲁克在其著作《巨变时代的管理》中所提到的："一百多年来，所有发达国家都逐步进入以组织的雇员为主的社会。现在，这种趋势自己发生了倒退。以美国为首的发达国家在组织与组织工作的个人二者之间的关系上和不同组织之间的关系上正在迅速地进入网络社会。要在这种新型的网络社会中进行管理，我们需要不同的行为、技巧和态度。"

彼得·圣吉也在其《第五项修炼》一书中对信息社会的管理精神做了如下结论："全球企业正在形成一个共同学习的社会"……"90年代最成功的公司，将是那些建基于学习型组织的公司。"

盖茨经历的正是信息革命风起云涌的时代，彼得·圣吉的学习型组织、大前研一的专业主义特别是管理实践学派的彼得·德鲁克的理念，贯彻在盖茨的微软公司。盖茨的管理实践成为现代管理理论的试验场。

尽管指导二者的管理思想不尽相同，但可以看出从亨利·福特到比尔·盖茨，管理已经不再是一种随机的、感性的行为，而是将"科学"二字贯穿始终的一种艺术。福特和盖茨都将同时代的管理理论付诸实践，他们的管理措施融合了最具时代特征的管理思想，同时又蕴涵着属于自己的管理思想和理念，更确切地说，他们十分清楚自己为何"管理"以及如何去"管理"。这才是他们能成为世纪伟人最关键的一点。

正如福特在自传《向前进》中开篇所说的：

"……我不赞同所有此类的论断。在我看来，如果我们不对机器机器操作了解得更多，如果我们不去深刻地理解生活中的机器部分，那么我们绝对不会有闲暇去欣赏树木、鸟儿、鲜花和绿地。"

"……企业中少一些官僚作风，政府中多一些商业关怀这个口号之所以是好的，并不仅仅是因为它替企业或政府着想，而主要是因为它的落脚点是普通老百姓。……商业的功用不是简单的赚钱或投机，而是为人们提供可以消费的产品。"

"……他们在失败后还是不曾意识到此点，人们只注重于工厂或销售场所的管理及其所需的资金，其实最基础的东西恰好是产品本身，没有足够的商品知识只能导致时间的浪费。我是在用了12年的时间来探索福特车型的模式，才制造出了T型车……大部分商家并非是想从根本上改变其生产方式，却只是在改变其产品。而我们的福特汽车公司却走上了与之相反的路。我们始终持续改变的是生产方式……"

对于以上的所有独特见解，福特这样告诉我们：我希望这些理论能够把世界变得更便于人们生活，而远不只是作为一种商业理论存在。

事实证明，福特汽车公司的成功绝不等同于一般的商业成功案例，这是因为它以简单明了的方式证明，这些被亨利·福特称为"我的理念"，到目前为止仍旧正确。

比尔·盖茨也有同亨利·福特相似的"理念"。在1993年，盖茨曾说过：

"我想编写计算机软件，这是一件非常专业的事。我知道它会成为一个很大的行业。我不知道自己能否成功，但我预感到计算机将会成为每一张办公桌上很有价值的工具，而且最终会成为每个家庭有价值的工具。"

"……有时候，顾客确实对我们的产品或经营上的某一方面表示不满意，这一点都没错。我们倾听他们的意见，并会把他们关心的问题弄个水落石出。更重要的是要把那些知识融合到我们的经营和规划中去，重新制定如何开展业务活动的方针，从而使这些问题将来不会再发生在其他顾客身上。"

"我们的成功只基于一样东西：那就是优质的产品。这并不是一件复杂的事情。我们并没有超人的作用可以使那些非一流质量的产品能够销售得非常出色。"

盖茨的理念成就了一个帝国的崛起，也影响着信息时代管理理念的巨变。

接下来，本文从以下几个重要的方面做具体详细的分析，比较二者管理理念的相似之处和不同之处。

首先是从大量生产到大众消费的产业理念。与其说亨利·福特和比尔·盖茨创建了两个帝国，不如说二者开辟了两个与众不同的产业。他们反其道而行之，形成了属于自己的管理特色和独特的管理理念。而以“低价”和“大量”的战略，为他们建造产业并快速扩张打下了基础。

没有人比福特更了解大量生产、低价出售的好处。就像《福特传》所讲的那样：

“福特制的诞生对于福特汽车公司以至于整个资本主义世界产生的影响都是巨大的。仅以福特汽车公司为例：1913~1914 年，福特汽车公司的生产再次实现了翻番，可是在此期间工人的数量不仅没有增加，反而从 14336 人减少为 12880 人……因成倍增长的产量而得的钞票滚滚不断地流入福特等人的腰包”。

就连福特本人也骄傲地说：

“……所有的流水线体现了生产的主旨。并且，还有一切零配件都是为了便于制造而设计的。相对于过去，这是多大的节约！……如果以当前我们的生产规模计算，我们还像 1903 年，公司起步那样雇用相同数量的工人来安装一部汽车，并且他们只负责安装的话，那么，现在我们的雇工就会达到 20 多万！然而，即使是在日产 4000 辆汽车的鼎盛时期，我们的雇工总量也没有超过 5000 人”。

如出一辙，比尔·盖茨也是“低价”和“大量”的受益者。微软今天的垄断地位来源于它当初进入市场的低价、开放、独立的战略。这个战略不仅扩大了销售量，而且形成了强大的进入壁垒。盖茨在其《未来之路》中写道：“微软公司许可的软件使用价格极低，我们深信只要在数量上打主意，就能赚钱。”

《比尔·盖茨与微软公司》如是说：

“……与生俱来的商业意识和对未来的准确预测使他又一次获得了成功。微软把 BASIC 卖给 Commodore、苹果、Radio Shack、NCR、通用电气、得州仪器、英特尔及其他公司后，金钱潮水一样开始蜂拥而来。‘仅一张普通版本的 BASIC 磁盘就卖到 5 万美元，而我们几小时就可以完成’，其中的一位程序设计人员回忆说。”

“当时，除了微软公司，还没有任何一家公司具备这样的能力或者知识。当然其他人也不具备获得成功所必需的动力。微软第一次开始成为整个电脑界的标准。盖茨说，‘我们制定了标准’——他的话就是指的这个意思。”

亨利·福特和比尔·盖茨不仅受益于大量生产、低价出售策略，也改变了大众消费结构的改变。

T 型车的开发，既是一种对于新的消费需求的响应，也是一种对于新的消费需求的呼唤。它把本来处于潜在状态的需求变成了现实形态的需求，从而引起了整个社会消费结构的变动，T 型车走进平民百姓的消费，自然不可能一蹴而就。它经历了长达 20 多年的漫长过程。正是在这一过程中，它作为一项持续的创新，不仅以不断改变的设计和工艺，而且以其消费示范效应和新的市场营销手段，一方面不断满足业已成熟的社会消费需求；另一方面也引导着社会消费需求的改变。让汽车从富人的奢华享受物成为平民百姓的生活日用品。

比尔·盖茨充当了亨利·福特曾经的角色。Windows 在 1986 年的首发式，与 1914 年的 T 型车的推出具有相似之处。比尔·盖茨将我们的世界从工业时代拖入了信息时代。但一个关键的问题是，比尔·盖茨仍遵循着亨利·福特的标准化原理，每个家庭的电脑上都使用着不同版本的 Windows 或是 Office。唯一不同的是，福特先生只让 T 型车涂上黑色漆，而盖茨先生允许你采取个人定制的服务。比尔·盖茨的微软公司让电脑从复杂的庞然大物摆在了每个人的桌子上。

独特的组织机构理念。作为当今世界的两个顶级品牌，微软和福特的成功可谓来之不易，除了其管理人的过人才智以外，微软和福特的魅力和卓著更来自其自身。

实行管理职能分工是科学管理的主要内容，泰勒认为按照职能分工的原理，必须把计划职能与执行职能分开。作为科学管理实验场所的福特工厂，直线职能式的组织机构建制，在当时的福特公司既有利于保证集中统一的指挥，又可发挥各类专家的专业管理作用。可以说从“福特制”之前，所有的企业很少有完整或者说是科学的组织机构。自从福特首创了“流水线”的生产方式，福特公司的整个结构就像那流水线一般，紧凑、流畅的自上而下地运转。专业化、细化的劳动分工大大提高了劳动生产率，也让福特汽车公司像那机器一样有规律地运作。独特的组织机构不仅促进了福特汽车公司的成功，也为以后公司的组织模式提供了借鉴。正像《福特传》中所评价的那样：

“川流不息的传送带，把整个工厂联系在一起，如果说‘泰罗制’的更多成分还只是停留在理论上的话；那么从产生起就用在了生产中，用在了更多地榨取工人血汗的‘福特制’正式诞生了，它为以后汽车工业的发展奠定了基本模式。”

“历史证明，福特公司这些开创性的业绩，带来了世界工业史上一个新的时代——大规模自动生产时代的来临。福特工厂的专家们不仅生产了汽车，而且生产出一套方法，而后者更具深远意义。‘福特制’的诞生对于福特汽车公司以至于整个资本主义世界生产的影响都是巨大的。”

无独有偶，如今微软的数字神经系统就像福特的流水线一样，是整个公司的血脉，贯穿于整个组织，为其提供新鲜的“血液”。这也正是德鲁克在《巨变时代的管理》中所倡导的以信息为基础的组织变革。而这场变革之所以能发生，在于蓝领基层逐渐被数量庞大的知识工作者（Knowledge Worker）所取代。

《比尔·盖茨的微软帝国》一书中说：

“……微软有近十万多的正式员工，超过一半是做软件开发的，另一部分做营销，其他人分布在各管理职能部门和法律事务部。人事、财务、生产、流通等，所有的管理职能统称财务行政部门，人员精减但管理效率极高，靠的是功能无比强大的实时在线管理系统，并将所有可能外包的功能一概外包。IT 部门管理着微软自己的‘数字神经系统’。盖茨曾提出衡量企业数字神经系统的标准，但不管用什么标准衡量，微软自己的数字神经系统都可能是世界上所有企业中最好的管理系统。覆盖及至所有功能末梢，而具有不可想象的灵活……微软的所有营销都是通过 OEM 预装和分销零售两个渠道营销系统完成的，是少有的 100%的渠道营销模式。”

组织变革是组织为了适应内外环境和条件的变化，对组织规模，结构及构成要素等适时地进行调整，其目的是为了提高组织对环境的适应能力。20 世纪 80 年代，在全球化、市场化和信息化三大时代潮流的背景下，组织的发展表现出组织运行高速化、组织合作网络化、组织结构扁平化、组织构建柔性化、组织运作团队化、组织管理人本化，更重要的是组织要保持领先的唯一办法就是比竞争对手更快、更好地学习，这就是彼得·圣吉所提倡的学习型组织。在《第五项修炼》的开篇，彼得就有诸如此类的结论：“90 年代最成功的企业将会是‘学习型组织’，因为未来唯一持久的优势，是有能力比你的竞争对手学习得更快。”

组织结构的倒置——将来组织中权力的大规模转移是现在组织结构的趋势，也是微软成功的秘诀。福特公司是传统的金字塔式组织机构建制，最上面的是福特，然后是中间层，最后是基层。指挥键从上到下，决策来自最上层，下面是执行层。但是，接触市场最多的是基层。随着商品的多样性，顾客的个性化日益突出，就要求将金字塔式结构倒置，成为顾客——线工作人员—管理人员的网络型组织。现在决策由一线工作人员决定，而上层领导变为支持服务。为了保证公司能拥有这种文化，盖茨采用了扁平化的公司结构，没有设置中层经理。他按照不同的任务将员工组织起来，只有一个项目经理调节团队内的工作，但没有被授予凌驾于别人之上的权利。从公司招聘人员时看重的素质到公司面试、挑选人员时的问题和程序，到公司的待遇和福利，所有人力资源措施都帮助微软建立了一种日后对员工行为和公司业绩产生巨大影响的公司文化，也巩固了盖茨作为领导者的精神地位。从福特的直线职能到微软的扁平网络化，组织结构的变革正在朝着简单、快速、高效的方向发展。

其次是把服务置于利润之前的经营理念。利润是企业的生命之本，经济活动的根本目的就是利润最大化。但是，如果企业仅把利润视为一笔钱，管理者只将企业作为赚钱的机器，则会限制管理者的眼光，更会影响和制约企业的发展。

亨利·福特和比尔·盖茨之所以能取得如此辉煌的成就，重要的一点就是二者所做的一切都是致力于证明"把服务置于利润之前"的事业是一种高贵的职业，它能使世界变得更加美好。作为良好的服务的报酬，利润只能是服务的结果，而不是经营的基础。就像在其自传中所总结的自己的经营"黄金原则"：

"第一，不断提高生产规模，保证产品质量优秀、设计优美、实用并迅速推向市场。

第二，永远追求产品的高质量、低成本、低价格。

第三，永不间断地逐步提高工人工资——绝不降低工人工资。

第四，以最经济的手段把产品推向消费者，以其得到产品低成本的实惠。"

这些基本原则可以用一个词来概括——"服务"。"服务"是福特产业哲学的一个范畴，他认为真正的产业不是赚钱而是服务，是为"生产而生产"，是使一个死气沉沉的体制变得生机勃勃的精致艺术。

除了"黄金原则"，福特将"服务理念"贯穿于他整个的管理过程中，在《向前进》亨利·福特自传中，福特对其理念做了如下的解释："我只是明白以服务为基础而建立的企业必能得到发展，即使是在现有金融机制无法改变的情况下"。

"何为工业理念？工业理念的实质并非是赚钱。它是要以数以万计的需要这一理念的人来体现一种服务的理念。生产再生产，尽力去寻找一种可以使生产炼化为艺术的一种制度，使生产可以持续发展，以建设更多的车间及生产更多有价值的商品为基础而提供方法的才是真正的工业理念。"

亨利·福特有这样一段比喻很生动，也很富有哲理。"如果你遇到将企业比为河水，认为利益流到身边，就应当停下来的人，你就是遇到了一个认为停止企业产品的流通，企业还能持续发展的人。他想获得利润但只想通过这种停止生产利润的方式来获得。"

对于自己的这种基于服务的管理理念，亨利·福特信心十足。

"糟糕的经营管理必能在服务的原则下得到改善，从而让我们开始将服务与金融的原则应用于现实。"

能够触摸到福特境界的企业家大有人在。比尔·盖茨，这个改变了现代经济生活秩序的退学学生和世界首富，不只是把世界夷平，也为企业家构建了畅通无阻的沟通平台，而且提升了人类的福利层次。

比尔·盖茨是当今个人财富最多的人，虽然他生活俭朴但他并不吝啬。除了对员工、朋友外，盖茨对于慈善事业的捐赠更是慷慨大方。他不仅从金钱上改变着很多人的生活质量，他的思想也深深地影响着我们这个时代的人。1999 年，盖茨撰写了《未来时速》一书，向人们展示了计算机技术如何以崭新的方式来解决商业问题。他的"服务理念"触角延伸到人们生活的各个角落。比尔·盖茨的所有开发和产品都是围绕着迎合消费者、服务消费者而展开的，特别是随着网络技术的发展和互联网的进步，为了在未来的计算机发展过程中处于有利地位，Microsoft 积极推出了自己的.NET 战略。作为微软公司的新的战略，所有的微软产品都将围绕这个战略开发。什么是.NET？用比尔·盖茨自己的话说：

“.NET 体验是最终用户与 XML、Web 服务交互的一种手段，是微软以服务的方式递交软件的一种策略。它是将 Internet 本身作为构建新一代操作系统和应用程序的基础，大大延伸了当前的网络和系统设计思想，这样，开发人员将能够彻底摆脱硬件设备和非兼容环境的束缚，轻松地实现各种环境的网络互接。Microsoft.NET 能使用户通过 Web 与众多的智能设备交互，同时确保用户而不是应用程序控制这个交互，它能使用户对应用程序、服务、个性化设备的体验简单、一致而安全。无疑，Microsoft.NET 是当今计算机技术通向计算机时代的一个里程碑。”

正是这种“服务理念”让微软在 IT 行业创立了一个又一个里程碑。也就是这个巨人，在一次访问偏远的印度乡村时，几个印度农民跑向比尔·盖茨，感谢微软提供的软件，使得远程诊断成为可能，解救了乡民的生命。看着他们朴实真诚的笑容，盖茨的眼泪夺眶而出。他真诚地说，提升人类福利层次，是他生命的全部意义。

最后，我们探讨的是最为重要的“以人为本”的员工管理理念。企业在本质上无非经营这三种资源，一是人力资源；二是客户资源；三是物质资源。其实企业本身生产什么产品或提供什么服务并不重要，最重要的是把经营管理的注意力聚焦在人力资源和客户资源上。这样，企业家和管理者的经营理念和思路境界就全然不同了。

福特时代是蓝领阶层成长的时代，那些刚刚擦净两腿从农田来到生产线旁的工人在福特的工厂学习标准化的操作流程，经过简单培训，就可以高效率、高质量地工作。这些雇员逐渐成为工业社会的中坚力量，作为一个脱离农民的崭新阶层推动着美国的发展。处于社会生产力水平正在经历从农业社会到工业社会的变化的“蓝领”大多是农民出身，受到的教育也十分有限，物质的相对匮乏，让人们更多的是去关注生理上的需求，生产者为了更多地创造财富，把人当成经济人，而忽略了人的社会属性和各种需要。工业时代的管理方式是由当时的生产力水平所决定的。这也决定了福特对员工的管理方式，但相对于当时的时代，福特做出了比其他领导者更明智的“员工管理方式”这是不容忽视的。

福特对于人才的重视达到前所未有的高度，而且许多先进的管理理论都可以从他的思想中找到影子。

1.5 美元薪酬制度，就是最好的证明

虽然现在的管理书籍一再强调薪水并不是唯一的激励手段，把工人单纯地定义为只想拿高薪的经济人是落后的。但是，在 100 年以前，在所有企业都奉行着传统的工资关系的时候，福特能够率先打破常规实行“五美元工资日”等创举，不得不再次说明亨利·福特对人性的理解以及对以人为本最完美的诠释。也证明了他对管理的独到见解，开辟了激励手段的新纪元。

福特曾在其自传中说过：

“工资的支付和领取绝不只是金钱的简单转移。对工人发放工资连同雇佣一起常常被传统的云雾所笼罩。一方面，在主与仆的传统关系中，主人要善良、有眼力，而仆人们要对主人感激、依赖；另一方面，认为公司应该像一个大家庭，其中质量意识、和谐气氛及民主管理至关重要。在我看来，工人的工资以及雇主与雇员的关系，绝对不是相对独立的小世界，它们都是社会的一部分，并依赖于整个社会而存在。这种工业生产关系由工人对社会做出的工作量以及社会从中的受益程度所决定，后者当然受到工人所提供的服务质量和强度的制约。只要愿意，我们完全有能力改善这些关系。但是，我们必须抛弃这种想法，即雇员和雇主之间的关系是一种主仆关系……如果他把工作做得很好，他就会得到好的薪水，就像他生产出优质产品一样，在他领导下的员工也可以获得好的报酬。事实上，这是效率问题，绝对不是慈善行为……”

正是对雇主与雇员关系独到的见解，使福特有理由像传统的工资关系挑战，同时也用高效率的生产改进了这种工资关系。1914 年年初，福特汽车公司宣布将立即把工人的常规薪水翻了一

倍。此举很快地就被称为“5 美元工作日”，和亨利·福特的名字永远联系在了一起。

首先，公司决定把工作日从 9 小时下调到八小时；其次，工厂把原来的两班制改为三班倒以使生产不间断地进行。第三项令所有记者们目瞪口呆的新政策：福特汽车公司宣布在一个星期之内为工人建立起每天 5 美元的基本薪酬率，总数大致为现有薪水的两倍。

福特在 1914 年整年的报界采访中，都声明新的薪资政策来源于若干人民主义原则。在库森斯眼中，“5 美元工作日”是一个准绳，能够衡量一个公司是否进步，是否达到了现代化和人性化。“一家公司如果能把每个员工当做个人和实体来对待，就会发现公司因此有了灵魂，就会做到不太明智的竞争者们所做不到的事情”。

5 美元日薪制产生了一系列的连锁反应，福特为此说：“我宁愿我的公司里有两万富裕起来的新一代的工人，也不愿我的公司里只有一小撮新贵族和百万富翁!”

这是一个人力资源管理中的跳跃，但这并非只是福特利他主义的决定，福特依靠保证他的工人具备购买轿车的能力，成功地为自己的产品创造了一个巨大的市场。但不管怎么说，福特的高薪制度不仅提高了当时工人的生活水平，更促进了一个工薪阶级的产生。

如出一辙，微软公司也并未放弃薪酬对员工的激励，但又不乏具有信息时代特征的薪酬改革。知识工作者已经越来越被大家所认可，德鲁克认为知识工作者不再是企业的成本，而成为利润中心。因此，知识工作者既是老板的雇员，也是雇员的老板。正因为如此，企业必须了解知识工作者的需要、要求及期望。这也是人性假说从 X 理论向 Y 理论过渡的现实基础。同时，知识工作者可自行掌握“生产工具”——知识，但知识却是必须终身学习才能持续拥有的。为此学习已成为知识工作者一生中最重要的工具。因此身为知识工作者的经理人对员工的管理，既要注意影响员工的保健因素，也要利用激励因素去激发职工的工作热情，并保持持续的创造动力。

在以信息为生存资源的微软，对知识员工的管理更是重中之重。盖茨正是意识到这一点，才让微软成为人才集聚的宝地。那到底盖茨用什么“特别方法”让更多的成功人士为其工作呢?

大家都知道，微软是使用股票奖励普通员工的企业之一。微软员工可以拥有公司的股份，并享有 15%的优惠，高级专业人员还可以享受更大幅度的优惠。因此，微软员工主要的经济来源并非薪水，而是股票的升值。有了员工拥有股票的比例比其他任何上市公司都高的优势后，微软才得以把员工的薪水压得比竞争对手都要低。这种将员工的个人利益同公司的效益、管理和员工自身的努力等因素结合起来的做法，具有明显的激励功效。

在对微软应用部门进行的一次调查中，有 88%的雇员认为微软是该行业的最佳工作场所之一。除了自由的工作空间、宜人的工作环境外和具有挑战性的工作外，独特的薪酬制度更让绝大部分的员工得到了发展的保障。

在对员工的奖励方面，盖茨和微软一直是最慷慨的。微软的薪酬激励体现在股票和期权上。作为第一家用股票奖励普通员工的企业，毫无疑问微软乐意与员工分享财富，在这个方面其他公司绝无可以出其右者。在决定奖励的过程中，微软公司对员工的业绩考核采取经理和员工双方沟通的形式。他在人员管理上最富人性味、最富人性化的举措让微软这个拥有三万多名员工的庞然大物充满了生机。

在《比尔·盖茨的微软帝国》一文中，作者将这种方式定义为“让员工和公司共同致富”。文中如是说：“微软的人员管理是成功的，微软的员工管理最重要的一点就是让员工分享公司的利益。”

很多人知道，比尔·盖茨是世界首富，这并不在于他的工资，而在于他拥有公司的股票。当微软公司的股票价格持续上涨时，盖茨的财富就会水涨船高。同样，持有股票的微软员工也就有许多人成为百万富翁，约翰·希布鲁克在《纽约人》中这样写道：“世界上没有其他任何地方会像微软那样有那么多的百万富翁和亿万富翁每天都上班工作——其中 1.5 万员工中有 2200 名员工都拥有价值至少100万美元的微软股票……"

十年以后光是千万富翁就超过了2000人。现在虽然盖茨已经辞职，但他与员工共同致富的理念仍在微软延续。

随着管理理论与手段的不断进步，我们不难发现，工资在薪酬激励的组成中所占的比例越来越少。从福特的"5美元工作日"到微软的"股票奖励"，工资的身影越来越模糊，激励的形式在不断地上升到更高的层次。但无论怎样变化，我们必须要认识到这背后所隐含的真谛——了解人性，并能在一定程度满足人性，这也许就是盖茨和福特成功的秘诀所在。

2."无头衔管理"所倡导的公平、自由、发展

对员工的重视，虽然两人采取了不同的手段和方式，况且二者所处的管理时代不同，所掌握的管理理论及管理理念自然会有差异。但是在合理的奖惩员工、废除头衔制度、挖掘员工潜力等方面二者却惊人的相似。在底特律工厂和微软里，亨利·福特和比尔·盖茨给员工的不仅是生活的保证，更是一种公平、自由、发展的工作环境和生存空间。

提供一个公平竞争的平台，把机会给有能力的下属，是福特一直秉承的用人原则。微软公司内部也实行独树一帜的达尔文式管理风格："适者生存，不适者淘汰"。微软采取360度的全方位工作评估方法，即由员工本人、负责经理、直属下属、同事、客户对员工做全面的评价，以保证评估的客观性。

对于"无头衔管理"方式的态度，二者有高度的统一。

"树上沉甸甸地挂满了漂亮的圆圆的浆果，……职责严格地限制在他的浆果的周长之内。"

农夫的儿子这样描述"办公室政治"。

在另一部自传《向前进》中，福特也曾谈到自己对员工管理的认识：

"企业头衔之风盛行，因而导致业绩低下。糟糕的特征之一是按衔论责，这种恶劣游戏直接导致人人负责、人人没有责任。"

"一群人聚集在一起工作，不是为了给彼此写信；对人们来说，为了一起工作，用不着彼此相爱。"他认为，"大量的劳工骚动都是起源于那些下级管理人员不公正地行使权力。"

在内部管理上，福特公司提倡最大限度的"无头衔管理"："没有特别的职责附加在任何职位上，没有一系列的上下级权力等级，也几乎没有头衔，没有会议……没有繁文缛节。"这为员工提供了一个更为轻松、自由的空间，也为他们的晋升、提拔找到了依据。

福特说："一个人的晋升应该取决于他的工作业绩，而不是依赖于某个人的好恶。"

亨利·福特也曾表示：当你考虑的是把工作做好，而不是为一个想得到提升的人找一个合适的头衔时，那就不会有提升的困难了。

亨利·福特曾说过："头衔是权力的象征，头衔制度是僵化的管理体制。如果哪个公司还保存着这样一级级的森严的管理体制的话，那它的管理层和员工之间也肯定不会有融洽的关系。"福特认为工作不需要头衔而应该本色用人，所以废除多余的头衔，工人们每天都能看到他安详、和蔼和精力充沛的老板出现在各个场所，福特很随便地穿着工装和大伙儿混在一起，既出力也鼓气。福特汽车公司的早期雇员都很崇敬老板，因为他平易近人，对机械活有一种发自内心的热爱。福特也以其宽松的管理风格影响了公司的演化。他在日益壮大的工人队伍中游走晃荡，既提供鼓励也提出看法，努力营造轻松友好、同甘共苦的精神，大伙儿都称他为亨克或亨利。

比尔·盖茨也同样不喜欢制度森严的人员管理。有人说："微软员工的办公室看起来更像是一个大学的宿舍，在这里员工可以尽情地彰显自己的个性。他们可以在墙壁上涂鸦，可以悬挂各种照片，可以与各种个性化物品装饰，还可以把自己的臭袜子放在桌上，把电脑扔在地上……"

在微软，无论是开发、市场还是管理人员都可以保持自己的独立性。资深人员基本上没有

"特权"，依然要自己回电子邮件，自己倒咖啡，自己找停车位，每个人的办公室基本上都一样大。

"有一次，一些从中国来访微软的教授在等待听 Jim Gray（发明数据库的著名科学家，图灵奖的获得者，加州研究院的院长）的演讲时，看见一个满头华发的老头趴在地上接电线，还以为他只是一名老工人。等他站起来时，大家却惊讶地发现，他就是演讲者 Jim Gray，这些教授都很震惊，没想到连 Jim 这样的人都亲自动手接线装电脑。"

微软就是这样一个崇尚技术、人人平等的公司。盖茨的这种崇尚自由的"办公室理念"不仅为员工创造了最理想的工作环境，而且突出了"办公平等"的意识。微软公司的人格化管理，特别是其中无等级的安排让许多其他公司的员工欣赏，也为提高微软员工的合作精神和合作能力打下了基础。

微软核心理念是"激发每个员工的潜能"。微软公司的高明之处就在于不是靠制度管理，而是靠文化渗透。"我们公司与其他公司最本质的区别就在于所雇用的员工素质不同。公司整个系统的基础就是员工们敏锐的思维方式和惊人的工作效率。"唐骏说："什么时候才能把你的潜能激发出来？很简单，当你充满激情的时候。"在盖茨看来，一个成就事业的人，最重要的素质是对工作的激情，而不是能力、责任及其他。他的这种理念，成为一种微软文化的核心。鲍尔默是天生激情派。他的管理秘诀，就是激情管理。激情管理，给人信任、激励和压力。这位更擅长团队管理和公关的微软新掌门一上台，就向媒体公开了"重组微软"的核心价值观：用激情主义在合作伙伴、客户和业界同仁中塑造微软诚信的商业新形象。虽然在工业时代，关注员工能动性的理论并不是很完善，甚至没有很成功的案例。但是福特工厂对员工的尊重和充分授权不得不说是那个时代的进步，也正因为如此，福特的流水线、T 型车等才能走入百姓的视线。

亨利·福特和比尔·盖茨之所以采用一系列有利于员工的措施，根本点在于二者对员工的重视、对人才的重视。

人是企业管理中最重要的一环，而人才就是这个环节的关键点。一个企业人才的能力决定着企业发展的未来，并发挥着"二八法则"所说的那 80%的贡献。所以，对人才的重视以及合理的管理是每个企业都不能忽视的。加强对核心人才的管理，提高核心人才的忠诚度，如何留住核心员工，做到"相退而不相碍"成为企业人力资源管理的重要职能。

福特汽车公司是世界上一家大名鼎鼎的公司，该公司有个显著特点，就是非常器重人才。一次，公司有一台马达坏了，公司所有的工程技术人员都未能修好，只好另请高明，这个人叫思坦因曼思，原是德国的工程技术人员，流落到美国后，一家小工厂的老板看重他的才能雇用了他。福特公司把他请来，他在电机旁听了听，之后要了一架梯子，一会儿爬上去，一会儿爬下来，最后在马达的一个部位用粉笔画了一道线，写上几个字："这儿的线圈多了 16 圈"。果然，把这 16 圈线圈一去掉，电机马上运转正常。亨利·福特因此对这个人非常欣赏，一定要他到福特公司来。思坦因曼思却说："我所在的公司对我很好，我不能见利忘义，跳槽到福特公司来。"福特马上说："我把你供职的公司买过来，你就可以来工作了。"福特为了得到一个人才，竟不惜买下一个公司。

可谓"千军易得，一将难求"，福特求贤若渴的举动让人不难理解，因为市场竞争归根结底就是人才竞争，设备需要人才去操作，产品需要人才去开发，市场需要人才去开拓，人才意味着高效率、高效益，意味着企业的兴旺发达。没有人才即使硬件再好，设备再先进，企业仍然难以支撑长久。

几十年以后的盖茨更是深知在信息社会，人才对于微软的意义。曾经有人采访盖茨成功的秘诀。盖茨说：因为又有更多的成功人士在为我工作。盖茨对此充满了自豪感："在我的事业中，我不得不说我最好的经营决策时必须挑选人才，拥有一个完全信任的人，一个可以委以重任的人，一个为你分担忧愁的人。"盖茨为了网络人才，不仅是从薪酬上、工作环境上、激发个人潜力上都下了很大的工夫。微软公司之所以能迅速崛起，与之非常重视人的作用，愿意给予员工提供充分的空间，发挥他们最大的作用和潜能密不可分。

不仅对人才如此，亨利·福特和比尔盖茨都非常重视人性的因素，尊重每一位职工，并让员工参与生产决策，团结一致共建行业王国。

综上所述，我们可以看出：指导福特和盖茨的管理思想各不相同、二者所管理的对象也存在很大的差异，这导致了两者所采取的管理方式、方法特别是激励手段是不同的。这里有时代的特征，也受到当时管理领域大趋势的影响。但是从诸多不同中我们却可以看到对管理领域默认的假设、规律和惯例进行质疑和挑战是成就二者独特管理理念的关键。

从上面的比较分析中让我们看到了管理理论发展的轨迹，从泰勒的科学管理到战略管理、人性管理。管理理论是不断变化的，面对巨变作为管理者只有接纳巨变，甚至再造经营理论、把握管理的发展趋势，才能创造机会、创造经营的优势。

四、管理成就比较

在福特之前，没有一个企业家像福特那样通过持续不断地为顾客和职工创造价值来使自己获得价值。而他在管理上所获得的成就如一笔宝贵的遗产为以后的企业家提供了经验和方法。在这里我们暂不去探讨比尔·盖茨是否从福特的管理遗产中有所借鉴，但当比尔·盖茨辞去微软职务，在他的身后留下的是同福特同等分量的成就。

福特创造了一种不同于20世纪以前企业主实行的崭新的企业管理方式。

它再也不把“买者自当心”作为信条，一有机会就坑他们一把。它不但不与顾客为敌，而且把他们奉为“上帝”，尽可能满足他们从功能到质量到价格的多种多样和挑剔的需求；它也不再与职工为敌，而是尽可能公平地对待他们、满足他们。当然，这种新企业在福特时期还仅仅是个雏形。

《福特传》中，详细地介绍了福特崭新的企业管理理念：

“作为领导者，雇主的目标应该是，比同行业的任何一家企业都能给工人更高的工资。”亨利·福特的工资观念体现了“开明的利己思想”：工人得到每天6美元的最低工资；工作时间率先由9小时缩短为8小时。

他不主张雇用“双职工”，因为母亲出去工作是“对小孩作孽。”

“高工资”还有一个含义。经过分析，7882项工作中有4034项并不需要完全的身体能力。这成了福特工厂雇用残疾人士的理论基础。上万名残疾人士平等地获取正常工资。

除了工资，还有福利。享有福利的条件是：负担家庭生活的已婚男人，以及“生活节俭”的单身男人和抚养亲戚的妇女。

高工资结合福利有助于实现低成本。工人对工厂有深厚的感情，提高效率、增产节约的创造性办法就会层出不穷。

好的建议往往来自于认真工作的工人们。用高架传送装置把铸铁从铸造厂运送到机器车间，这为运输部节省了70个人。据估计，福特公司在节约上得到的收益超过4000万美元：如果每个零件都节省一分钱，一年的总数可达上百万美元；从清扫的垃圾中一年可以获取60万美元；采用一种特殊螺丝一年可节省50万美元……

“工资解决了9/10的精神问题。”亨利·福特总结道。“就像我们并不知道工资要高到什么程度一样，价格要低到什么程度我们也不知道。”

福利的享有者甚至包括了客户。

"1914 年 7 月，也就是在新的工资制实施了几个月，福特汽车公司又在全国宣布：如果福特公司在今后 12 个月内售出 30 万辆 T 型车的话，那么每个购买 T 型车的顾客将可以获得 50 美元的回扣作为报酬。这就意味着福特汽车公司又准备在未来的一年拿出 1500 万美元作为对消费者的回报……"

这种慷慨的举动又一次在全国范围内引起了轰动。一年后，成功地售出了 31 万辆车的福特公司信守了自己的诺言。顷刻间，分享了 1550 万美元的客户一下成为福特汽车公司的义务宣传员和福特本人的热心拥戴者。显然，这也是亨利公关行为的绝妙一笔。对于企业来讲，塑型与发展之间有着极其密切的关系。

同福特相同，比尔·盖茨在 21 世纪也创新性地开辟了崭新的企业管理方式。

众所周知，微软这个跨国公司拥有庞大的机构与组织，如何有效管理是至关重要的。管理有很多方式，一种成功的方式又并非是万灵药。如何在其时代中独领风骚，找到顺应时代发展的管理方式才是最重要的。而比尔·盖茨就是懂得如何审时度势创造适合自己、适合大环境的那个人。

21 世纪是用信息链编织的互联网，要想在这个网中生存并壮大，就要求企业要有灵活的执行能力和敏捷的反应速度。而比尔·盖茨所创造的微软管理方式如福特的一样，也可以算是信息时代的创新。

通过网络上传下达了解各种相关的信息和发生的情况、把网络当成管理工具实时处理公司事务并与员工进行沟通，网络管理了公司的一切事务。可以说微软管理的方方面面都实现了网络化：网络化的财务系统、人事管理系统、培训系统等。

《比尔·盖茨的微软王国》也十分肯定这种管理方式的成功：

"提起微软公司和比尔·盖茨的成功原因，有人说比尔·盖茨靠的是知识，有人说比尔盖茨靠的是自己的商业头脑，甚至还有人说比尔·盖茨靠的是运气，但更多的专家认为微软公司的比尔·盖茨成功的关键在于他和他采用的管理方式。"

通过美国记者采访微软部分高级员工，我们可以发现隐藏在微软公司背后，使比尔·盖茨成为世界首富的种种管理策略。

"尊重失败"是微软对每一个员工灌输的思想，比尔·盖茨告诫员工微软离破产永远只有 18 个月。"失败是成功之母"，微软的管理实践已验证了这句中国古话的正确性。

在《比尔·盖茨全传》中是这样写的：

"在盖茨的领导下，微软的使命是不断地提高和改进软件技术，并使人们更加轻松、更经济有效而且更有趣味地使用计算机。创业的过程就是在不断的失败中跌打滚爬。美国 3M 国内公司有一句关于创业的'至理名言'：为了发现王子，你必须与无数只青蛙接吻"。

这个面向互联网的软件开发过程说明了勇气和执著十分重要，但是它们背后应该不是一个盲目地执著和自信，是要有一个像比尔盖茨这么有智慧的人，知道什么时候该执著，什么时候该有自信，什么时候该承认错误。

微软的这种管理境界和管理哲学是很多企业所不及的，这些也是很多企业应该向微软学习的。用微软自己的话说："失败是成功的一种需要。"

"释放信息"是微软提倡的一种管理方式。

"很多公司将信息视作一种权力或是私有财产，恰恰与此相反，微软已经将'释放信息'的工作方式发挥到极致。在这种形式的背后，盖茨创造的是一种互相信任、协助、高效率的工作气氛，培养了员工个人成功服从公司成功'任何人的工作都是为了公司的发展'的企业理念。"《未来之路》中写道。

"团队协作"在这个知识主导的时代更多地被比尔·盖茨所提倡。

“……IT 业是一个出英雄的行业。但随着经济日益全球化，这个行业越来越理性，市场越来越规范，英雄也越来越少。团队协作更多地被提倡。单靠个人或者少数人的力量已经不行了，个人英雄的时代业已结束。”

领导方式与企业的发展史需要匹配的。松下幸之助说：“当我的员工有 100 名时，我要站在员工最前面指挥部署；当员工增加到 1000 人时，我必须站在员工的中间，恳求员工鼎力相助；当员工达万人时，我只要站在员工后面，心存感觉即可。”

亨利·福特和比尔·盖茨在企业管理方式上的创新，既是二者对当下的理性分析又是他们大胆革命的结果。管理方式的创新不仅“惠顾”当代的企业，更为今后的企业提供了改进的依据。

福特创造了一个不同于 20 世纪以前的崭新的市场。

汽车并非福特发明，汽车行业也在福特汽车之前就已经存在。1886 年德国工程师本兹（Karl Benz）发明了汽车。1893 年美国工程师杜里埃兄弟造出美国第一部汽油汽车。1896 年作为爱迪生照明公司主任工程师的福特，以“发烧友”的身份在自己的工作室造出了一辆汽车。到 1899 年美国共有 30 家汽车制造商，每年生产 2500 辆汽车，但美国汽车市场仍是欧洲车的天下。所有这些汽车都像今天的劳斯莱斯一样是“打造”出来的，而不是“生产”出来的。

但是正因为亨利·福特所倡导的“低廉策略”让汽车走进了千家万户。流水线产生的规模经济效应为“低价策略”打下了基础，而不断的薪酬改革提高了工人的购买水平，让贫民买车成为可能。

卖最便宜的东西才能赚最多的钱，它背后是经济学的一条基本原理，叫需求弹性：更便宜才能换来更多的需求，为消费者创造更多的价值（剩余），消费者才能更多地消费以回报给你更多的价值。 福特恰好满足顾客在价格上的现实需求。

福特认为工人有了钱才能购买包括福特汽车在内的由于大规模生产而降低了价格的工业品，从而扩大整个工业品的市场。在这个市场中，消费者和生产者是统一的。企业通过创新，从降低价格和提高工资两方面使构成这市场的人获益，这就大大扩展了市场在质和量两方面的容量。大容量的市场提供了较大的激励，推动了各种各样的创新。

在 1865~1923 年的近 60 年间，美国的平均工资每 30 年大约增长 1 倍，而在 1923~1929 年的 7 年间就增长 1 倍，同时劳动时间大大减少，工人队伍大大扩展，在整个 20 年代，构成了强大的购买力和生产力，使美国成长为世界最大的市场，促进美国经济的高速成长。

所以可以毫无疑问地说，亨利·福特在乡村广袤的土地上开辟了“大众汽车”的市场。《福特传》一书中作者对这一成就是如此描述的：

“……经过长期思想上的酝酿，一个崭新的和当时汽车产业的高档化、贵族化趋势背道而驰的生产经营理念逐渐呈现了出来，那就是要引导汽车消费的大众化趋势。而这一想法在多大程度上是可以实现的，亨利心里也没有底。然而不久 N 型车的畅销使得亨利彻底驱除了笼罩在心头的疑云，坚定了自己的信念……”

“亨利把几个月以来自己考虑的公司发展方案展现在大家面前：公司将致力于生产的标准化，生产规格统一、价格低廉、质量优越、能为广大公众接受的产品。昂贵就是灾难！大家的眼睛都不要光盯着那些富人的口袋，全美国的富人本来就少，况且有多少汽车厂商都在打那些富人的主意。我们要想立足，要想获得大发展，只有另辟蹊径，在社会公众中寻找市场，在中等收入阶层赢得我们的市场。”

比尔·盖茨也创造了一个不同于 21 世纪以前的崭新的市场——软件产业，来迎接信息时代的到来。

当所有人都盯着大型机目不转睛的时候，比尔·盖茨已经怀揣“让电脑摆在每一张桌子上面”

的理想。盖茨之所以能够创业成功，其奥秘之一就是牢牢把握了时代的脉搏，掌握了市场的先机。快速掌握并合理利用信息成为盖茨成功的法宝。与其说盖茨是创业家，不如说是产业预言家，少年的他就已经洞察大型机的末日来临。而当所有人蜂拥而挤进小型电脑行业的时候，盖茨已经在悄悄地转向了软件行业。

《比尔·盖茨的微软帝国》写道：

"'计算机的普及势必到来。'艾伦不停地对盖茨重复这一点。他们不是顺应甚至领导这一场计算机革命，就是被这一革命抛到后面去……有段时间，他们考虑制造自己的计算机。艾伦比盖茨对计算机硬件更感兴趣，而盖茨对计算机软件情有独钟，软件才是计算机的生命。"

"……由于有了他们，软件行业发展成为独立的实体，软件行业如同出售其他任何消费品一样出售其产品，并确保了自己的尊严、信誉和财源。"

如今软件已经像比尔·盖茨相信的那样，成为电脑的灵魂。没有了软件的支撑，功能在强大的电脑也只是一台机器，无法发挥其功能。比尔·盖茨成功开创了电脑软件这个市场，并确立了软件市场在整个社会经济中不可或缺的地位。

需求有现实需求、偏好需求，更有潜在的需求。需求决定市场，市场也会影响需求。就像亨利·福特开辟的市场满足了消费者的现实需求，斯隆满足了顾客在偏好上的现实需求，但盖茨却创造了市场，挖掘到了顾客的潜在需求。

无论如何，二者所创造的崭新市场都让消费者得到了最大的实惠。

福特还创造了一个不同于20世纪以前的崭新的社会。

不可否认的事实就是，是亨利·福特将美国从农村经济带入了工业时代。流水线的推广创造了工业化，高效率提供了高工资的可能。而5美元以至于不断提高的日薪，让福特创造了一个蓝领中产阶层。工人摆脱了马克思所说的"绝对贫困化"的命运，他们有了自己的汽车、住房和以后的股票。他们也有能力使自己和自己的后代接受更多的教育。

社会的大多数人历史性地告别贫困，这是自有人类历史以来的第一次。而这条道路是福特开辟的。福特还允许企业工会的成立。富裕了的工人可以出钱请律师来保护他们的利益。在《亨利福特——他的生意和生活》的最后，作者史蒂芬·沃兹这样评价道：

"在漫长的生命旅途中，亨利福特逐渐成为美国的象征。他采取大规模生产的方式把汽车带进了寻常人家，无可逆转地改变了公众生活。汽车引发了一场革命，打破了与世隔绝的乡村生活，推动了城郊发展，建立了道路和公路系统以及与之相配套的服务行业，使汽车工业成为美国现代经济的基石，通过分期付款而促使信贷系统得以扩展，还改变了男欢女爱的性质和模式。"

而福特对这种改变的认识更为清晰：

"旧时的种田方式，现在已快速地变为一种田园风景的记忆了。但这并不表示将从农场中见不到农活，'任何生产业的生活都无法没有工作。'但用动力于农业生产确实标志着乏味的劳作在农场中将日渐变没。将动力应用于农业生产即是将人体上所负担的工作转放在钢铁上面。我们的时代，正是动力应用于农业生产的扩展年代……"

任何人都有可能引领时代，只要他能把握住时代的走向。福特是这样，比尔·盖茨也不逊于工业时代的缔造者。他也站在了同亨利·福特一样伟大的时代的尖端——信息时代。

知识经济的理论家推崇盖茨为知识时代的英雄。

的确如此，是比尔·盖茨将信息时代的大门开启，将世界从工业化推向了信息化。不管以盖茨一人之力是否可以撑起"知识时代"的天空，但是他的贡献是至关重要的。是他让笨重的机器缩小化、智能化，更是让只能进行简单计算的电脑有了灵魂。除此之外，比尔·盖茨的神奇，不仅仅在于他在短时间内使自己成为世界首富，而且因为他改变了当今人类的思维模式，缩小了时间和空间的概念。虽然如今的盖茨饱受争议，但他的影响力是任何人都不能忽视的。《华尔街日报》著名专栏家虽毫不留情地抨击微软的“霸道”，但也毫不掩饰地赞叹道：“不过，批评归批评，抨击归抨击，微软的垄断地位至今无人能动摇，因而对于用户而言，明知有陷阱，也不得不沿微软‘指引的道路’前进。”

盖茨之所以有如此的成功，在于他像福特那样清楚自己正面临一个时代交替的路口。在比尔·盖茨的第二本书《未来时速》（Business @ The Speed-Of Thought）一书中，他继《未来之路》之后又具体描述了信息产业前景。在书中他认为：

“‘80年代我们注重的是质量，90年代注重的是企划，21世纪注重的是速度。’比尔·盖茨在书中还论证了科技对未来社会的影响，‘我有一个简单而强烈的信念，你怎样收集、管理和使用信息，将决定你事业的成败。’”

比尔·盖茨还描绘了信息时代的工作方式：

“这些新出现的硬件、软件和通信标准将会改变企业和消费者的行为。在10年之内，大多数人将会经常性地在工作时和在家中使用PC、例行使用电子邮件、链接到因特网，携带着存有他们个人的和企业信息的数字设备……在将来，便携式数字设备就会使我们经常地与其他系统和其他的人保持接触。日常生活使用的设备，如水表、电表、安全系统和汽车也将会连接起来，随时报告它们的使用情况和状态……”

“……这些数字信息的各种应用都在接近一个转折点即消费方式改变的突然性和大规模性。它们将一起根本性地改变我们的生活方式和商务世界……”

从个人道德角度看，福特是个独裁者，正像《财富》杂志指出：正如任何其他绝对权威一样，福特先生的权威已经倾向于走极端了。作者史蒂芬·沃兹在《亨利福特——他的生意和生活》一书中说：

“福特在30年代对公司时断时续的管理产生了三大问题：

其一，公司的权力线索自早年以来就有些不明不白，现在则扭成了一团打不开的结，埃德赛尔、索伦森和马丁等人物占据了权力的制高点，但他们之中没有人能够统管全局或者得到公司首脑的充分信任。

其二，福特对更大的公共事务的判断和他的行政决策一样，事实证明是离奇怪诞的。

其三，福特在大萧条经济中对工业劳动者不断升温的不满情绪做出了不良反应，在红河厂区引发了一系列大规模的劳资暴力冲突。”

而彼得·德鲁克在《管理的实践》一书中也同样指出：

“亨利·福特的暴政中最为根本的就是他系统地、有预谋地、有意识地试图排除管理层，从而独自掌管这几十亿美元的商业帝国。只要他的助手试图做出决定，都必定会被密探报告给他。”

福特还是一个反犹太主义者、希特勒法西斯的支持者、自大狂和阴谋家。他幻想靠他的力量就能结束第一次世界大战。他散布谣言使小股东抛弃福特公司的股票，他却暗中收购，最终获得公司的完全控制权。

但是，从历史的角度看，福特是旧企业、旧社会的掘墓人，也是新企业、新社会的不情愿的拉幕人。这种历史和道德的二律背反再次说明人类社会的复杂。

福特作为企业家的伟大之处还在于，他不仅创造了一种前所未有的企业和社会价值，而且创造了获得这种价值的内在逻辑。

比尔·盖茨也同样备受争议，虽然所有的人并不能离开他以及他的微软，但是他仍挣扎在“众矢之的”的困境中。但不管怎么说，谁也改变不了的事实就是比尔·盖茨发挥了同亨利·福特同样的作用——新企业、新社会的拉幕人。

五、福特和盖茨的管理局限

在以上各部分，我们更多的是分析了福特和盖茨之间相似的地方，有着这么多共同特点的他们最终都创造了辉煌的成就。一个开启工业时代大门的领军者，一个是信息时代的传奇人物，他们以及他们的公司，成了一个时代的标志和骄傲。但是，为什么开始同路的人却得到迥然不同的结局。

就是在福特大获全胜的那一刻，若干根深蒂固的问题开始产生出一种潜在的不安，有一小股评论家对福特处理劳工问题的方式、他的企业管理手段乃至他的改革家名声都提出了质疑。未雨绸缪，在更实际的层面投下了阴影：福特汽车的销量于 1923 年达到了新高随后在日益激烈的竞争中开始走下坡路。无法理解多元化的顾客需求而固守单一的 T 型车，使福特公司走上了漫漫的反思之路。福特后期的管理比较僵硬，有些不跟时代。

而微软较福特则显得更幸运，虽然经历了诉讼、工人流失等一系列问题，经过不断的反思与改变，今天的微软仍然是互联网界的老大。是什么导致了这样的两种结局呢？我想主要有以下四个方面的原因：

第一，对知识的认识。知识改变世界，没有知识的创新是粗糙的、原始的。而在对待知识方面，福特远比盖茨更轻视其作用。对教育、课本、知识福特可以说是嗤之以鼻的，比起教育亨利·福特更喜欢实用的教育。

“福特于 1934 年对《持家有方》杂志如是说：‘当一个孩子接受教育时，他所做的事情应该和他将来工作谋生时所做的事情非常接近，边干边学是我笃信的教育原则。’”

正是因为对知识的抵制和缺乏，才使后期的福特对背债，仍未真正赚来的富足以及推销技巧胜于商品品质等现象心怀疑惧，因而无法完全拥护现代消费者的道德观念。福特汽车公司在 20 世纪 20 年代反复无常的市场营销方针，反映了公司领袖对美国消费者价值观日益模糊的态度。与做广告的情况一样，福特公司有关货款购买与分期付款的政策走的也是一条崎岖的漫漫长路，在这个现代消费者经济中的关键机制中，落在了竞争对手的后面。而对“失业”等美国社会问题的错误解读，更是福特在方方面面衰败的迹象。

与福特不同，盖茨对知识的重视是有目共睹的。当然，这与他所处的知识经济时代有关，但是无论如何，掌握了知识的盖茨就掌握住了网络的命脉。

第二，对团队的认识。众所周知，微软是以其具有团队精神的企业文化著称的。比尔·盖茨曾说过：“微软的发展和成功来源于 28000 人的共同努力。”

但是福特却恰恰相反：

“有记者也曾对其儿子和福特做过比较：埃德赛尔笃信组织合作和团队精神，而他父亲却没什么组织合作观念，他要发号施令并把大球牢牢抱在怀里……”

从上文我们可以看出，二者对人才及员工都很重视，人性化的管理让更多的工人得到了激励。但是，一个人绝不能支起一个帝国。也许创业之初，一个英雄就可以建立一个企业，但是随着企业的不断壮大和成长，个人的力量越来越微少，个人英雄的时代已经过去。只有团队思考精神才是企业创造未来的宝贵财富。

第三，对权力的认识。企业家的成功，壮大的不仅是一个企业，更是领导者的权力。随着权力越来越大、越来越多，个人自我意识开始膨胀，如果无法牢记当初的使命，成功者就会在掌声中迷失方向。而后期的福特显然很陶醉属于自己的一切荣耀。当福特专制的管教其独生子时，曾有员工分析：

"'我想他产生了一种感觉，觉得自己永远是对的，自己的决策也永远是正确的。在公司内部，他依靠的是他自己而不依靠团队合作或大家庭精神，他把公司弄成了一个私人公司，自己的权威是至高无上的。这种需要凌驾一切之上的本能在福特处理与公司内部的其他人的关系时已显而易见，现在又延伸到了儿子身上。'"

就像《财富》杂志所报道的那样：正如任何其他绝对权威一样，福特先生的权威已经倾向于走极端了。

第四，对市场变化的认识。当盖茨以公司做赌注是，他是绝不允许失败的，甚至为了争取在新市场拔得头筹，他会砍掉正在赚钱的金牛。

"……譬如，微软最早是以 MS-DOS 起家，占有 80%~90%的软件市场，是微软最赚钱的商品。但是 DOS 终被窗口取代，不是由于竞争者的威胁，而是自我的更新。每一次微软拥有一个市场，就不断向自我挑战，推出更新的商品。"

Windows XP 值得引起人们的广泛关注，不仅因为它实现了 Dot Net 战略中的部分承诺，而且它还从程序代码上彻底告别了 MS/DOS 操作系统。这一曾经为盖茨和微软立下汗马功劳的系统就这样被一劳永逸地抹去了，虽然这个时代还是盖茨的时代。

与盖茨相比，福特对于即使不能赚钱的金牛也于心不忍。当面对市场的变化时，固执地坚守 T 型车，最终导致失败的下场。当通用汽车公司在阿尔弗雷德·P.斯隆领导下于 20 世纪 20 年代采取了一种现代销售和组织管理的规划，为消费者生产出了不同价格档次汽车：雪佛兰、庞蒂亚克斯、奥尔兹、别克和卡迪拉克，并提出了为"大小钱包和使用目标"生产汽车的口号时，福特却将公司新开发的车型砸得稀烂，并坚持认为 T 型车永远不会过时。

有人说：与其说盖茨是创业家，不如说是产业预言家。福特也曾被人这样赞誉过，但是几十年后的福特终因没有看清市场的变化而最终导致了"汽车大王"的悲情没落。

但是，微软目前的成功并不能证明盖茨的管理是完美无缺的，比尔·盖茨的管理局限确切地应当被称为管理"瑕疵"，具体地说就是"偷"别人的技术成果。从法院判决微软对其 BASIC 享有所有权的那一刻开始，微软就将他的触角延伸到了 IT 行业的各个领域。每一次的成功，都意味着太多的无辜公司成为盖茨的踏脚石。从微软花 25000 美元买下了 QDOS 的使用权开始，《比尔·盖茨与微软公司》一书这样评价：

"这或许是电脑行业短暂的历史上最大的一笔交易。"

微软把它修改和改进后提供给了 IBM。它成了 MS-DOS——微软磁盘操作系统——而且也成为微软走远的护身符。从此，不太正当的手段时常被盖茨所应用。从与 Lotus 争夺文字处理程序到"借鉴"苹果公司的先进程序，《比尔·盖茨与微软公司》这样描述："苹果公司控告微软非法复制，声称微软的 Windows 中使用的许多技术完全是苹果 Macintosh 构想的'纯真'的仿制品。"

只要是盖茨认为有利可图的领域，是不允许有任何的竞争者的。他这样"非有意"垄断确实招来了太多人的批判与憎恨。

从前面的分析中我们可以说二者在当时的管理是完美无瑕的，但正如安迪·格鲁夫在其著作《只有偏执狂才能生存》中所讲的："我们做经理的喜欢谈论变化。顺应变化已成为企业管理中的经典论调……"

世上没有一成不变的理论，再伟大的思想也有时代的局限性，作为现代经理人必须掌握"管理趋势"并深入这"趋势的转变"中。能不断接受检验、有自我革新能力的管理理念，才是好的经营之道。

六、结 论

经过上述分析比较，我们的基本结论是：亨利·福特和比尔·盖茨都是实战派的管理大家，他们都是工业时代和信息时代的标杆人物。他们都不仅为世界带来了先进的技术和创新的产品，更重要的是他们的管理理念影响着以后的管理者，更为管理史留下了宝贵的实践财产和管理遗产。

同时，分析比较二者更让我们对两者所属的时代有了更深刻的了解。生于1863年的福特，正处于美国的小农经济与工业时代交替的时代。土地、劳动、资本是最基本的生产要素，而当时的美国正好拥有广阔的土地和廉价的劳动。在福特之前，当时社会都是采用一种粗放型的资本积累战略，福特主义关键性的基础是从一种粗放型的资本积累战略，向一种以泰勒制劳动组织（见泰勒制）和大规模生产消费性商品为特征的密集型资本积累战略的过渡。他首先以生产机械化、自动化和标准化形成的流水线作业及其相应的工作组织，通过大规模生产极大地提高了标准化产品的劳动生产率，并且劳资之间通过集体谈判所形成的工资增长与生产率联系机制诱发了大规模消费，促进了大规模生产的进一步发展。刚性生产、市场导向是当时的特点。

有学者曾指出：在特定的市场条件下对低成本制造技术的追求是单件生产方式向福特制转变的根本动因，而建立在标准化基础上的规模经济和范围经济则是实现低成本制造的基本途径。因而，在市场需求单一且扩张速度的条件下，大批量单品种和以生产为导向的福特制生产方式成为当时企业和产业国际竞争优势的主要来源。

但是，大规模生产方式因仅仅适应于单一的和不断持续增长的市场环境，难以适应20世纪70年代以来以个性化、多样化和快速发展为特点的市场环境而逐渐走向衰落。随着经济全球化的发展，特别是信息化的到来，在新环境中，知识及知识的主要载体人员在生产产品和服务的过程中起着越来越重要的作用，企业管理要求围绕企业的人员及知识展开管理。以知识为本的管理思想表明了企业知识资源是创新的源泉，为了充分开发和有效利用企业的知识资源，进行以创新为目的的知识生产，需要企业建立组织学习的机制，并有计划、有组织的进行各种组织培训活动以及与外部知识资源的关合。这样才能将企业的知识资源融入产品或服务及其生产过程和管理过程。 比尔·盖茨恰是能成功把握这种脉向的企业家。他充分利用知识的杠杆撬动了这个地球跟着他一起转动。

除了能把握时代的走向，二者的所具有的企业家精神、高瞻远瞩、大胆创新、勇于实践都是现代企业家永远学习的对象。

最后我们想说的是，本文知识对亨利·福特和比尔·盖茨管理思想的一次粗略的分析和比较，主要参考书也仅有福特的自传以及《亨利·福特与福特公司》、《比尔·盖茨与微软公司》和《比尔·盖茨的微软帝国》等书。要想做详细的分析，还要参考更多的书籍与评论。

〔参考文献〕

[1] 彼得·德鲁克. 巨变时代的管理［M］. 朱雁斌译. 机械工业出版社，2006.

[2] 彼得·圣吉. 第五项修炼［M］. 张成林译. 上海三联书店，2009.

[3] 大前研一. 专业主义［M］. 裴立杰译. 中信出版社，2006.

[4] 彼得·德鲁克. 创新与企业家精神［M］. 蔡文燕译. 机械工业出版社，2009.

[5] 史蒂芬·沃兹. 亨利福特——他的生意和生活［M］. 黄豪译. 国际文化出版公司，2007.

[6] 詹姆斯·华莱士：比尔·盖茨与微软公司的崛起［M］. 石油工业出版社，1996.

[7] 于成龙. 比尔·盖茨全传［M］. 新世界出版社，2008.

[8] 刘向先. 福特传［M］. 中国广播电视出版社，2003.

[9] 陈玉章. 比尔·盖茨的微软帝国 [M]. 中国时代经济出版社，2004.

[10] 安迪·格鲁夫. 只有偏执狂才能生存 [M]. 安然译. 中信出版社，2002.

[11] 亨利·福特. 大管理 [M]. 龙婧译. 哈尔滨出版社，2004.

[12] 王云会. 福特——驰骋百年的梦想 [M]. 中信出版社，2004.

[13] 刘刚. 后福特制研究 [M]. 人民出版社，2004.

[14] 李之炜，李维嘉. 微软制胜之道 [M]. 中南大学出版社，2003.

[15] 亨利·福特. 亨利·福特财富笔记 [M]. 刘洋译. 中国工人出版社，2004.

[16] 罗长海. 微软文化 [M]. 清华大学出版社，2005.

[17] Richard Tanner Pascale. The Art of Japanese Management [M]. Science and Technology of China Translation Press，1990.

[18] Terrence E. Deal，Allan A. Kennedy. Corporate Cultures：The Rites and Rituals of Corporate Life [M]. Basic Books，1982.

[19] Thomas J. Peters and Robert H. Watorman，Jr. In Search of Excellenc，Lessons from American's Best-Run Companies. Happer & Row Publishers，New York，1982.

[20] William Ouchi. Theory Z. [M]. American Edison Wesley Publishing Company，1981.

[21] Peter F. Druker. Landmarks of Tomorrow. Transaction Pub，1959.

[22] Bill Gates，Nathan Myhrvold and Peter Rinearson. The Road Ahead [M]. Viking Penguin. Nov，1995.

[23] Frances Hesselbein.et al. The Leader of The Future. Jossey-Bass Publishers，1996.

[24] Henry ford. 向前进 [M]. 张扬译. 江苏文艺出版社，2000.

[25] Henry ford. 我的生活与工作 [M]. 梓浪，莫丽芸译. 北京邮电大学出版社，2005.

[26] DAVID MARSHALL. 比尔·盖茨与微软公司 [M]. 世界图书出版社，1999.

[27] MICHAEL POLLARD. 亨利·福特与福特公司 [M]. 世界图书出版社，1999.

[28] http：//wiki.mbalib.com/wiki.

[29] http：//hi.baidu.com/raul201314/blog/item/7a1548437d850a1672f05d31.html.

[30] http：//wiki.mbalib.com/wiki.

[31] http：//baike.baidu.com/view/1330672.htm.

[32] http：//zhidao.baidu.com/question/2557392.html.

The Comparative of Henry Ford and Bill Gates' Management

YANG Zhaoyu，LIU Qianqian，WANG Yuan

(School of Management，Shenyang Jianzhu University，shenyang，110168，China)

Abstract：Ford and Gates a man of the industrial age is the most representative of entrepreneurs，one is most representative of the information age entrepreneurs，both are the management of U.S. Shizhan Pai. Their management practice is the most typical to human of two times，and their management philosophy to the managers of follow later had a major impact. This paper presented two of life first，according to analysis and comparison of both early life，looking for their subsequent management actions arising from the root. Then combine the two in their respective life and autobiography，Henry Ford's "forward"，"me and my life，" and Bill Gates' "The Road Ahead" and other books，Next，Their thoughts of management theory were compared in three aspects：management theory，management achievement or the management of innovation and management limit，All of this aim to find out the trace of social management from information to industrial society and management development for the future direction. The main conclusion of this paper is that both them are according to the characteristics of the times bold innovation and practice，and finally succeeded. Ford will be the world into "the wheel of the word" Gates to bring people to the information age. Although they have much to modern enterprises learn，but there are lessons we should learn one.

Key Words：Henry Ford；Bill Gates；Bus；Software；Industrial Society；Information Society

【研究范式与方法】

比较管理研究的新进展

——2010 年全国第三届比较管理研讨会综述

郭斌 李伟

(首都经济贸易大学，北京 100070)

[摘 要] 在全国第三届比较管理研讨会期间，与会者就比较管理的演化理论、方法等相关问题进行尝试性研究并展开深度探讨。本文简要介绍了研讨会的发起、主要议题，并从比较管理的研究对象与分析框架、比较管理的研究方法和分析视角以及比较管理案例研究专题三个方面综述学者们的主要思想。

[关键词] 比较管理；演化理论；研究方法；案例研究

由中国企业管理研究会、首都经济贸易大学、经济管理出版社、《中国工业经济》杂志社、《比较管理》编辑部和《战略管理》编辑部共同主办，首都经济贸易大学工商管理学院承办，中国社会科学院管理科学与创新发展研究中心和首都企业改革与发展研究会共同协办的“第三届全国比较管理研讨会——比较管理的演化理论、方法及其案例分析”于 2010 年 10 月 23 日在北京隆重召开。会议期间，学者们就比较管理的演化理论、方法等相关问题展开深度探讨，本文从比较管理的研究对象和框架、比较管理的分析视角和研究方法以及比较管理案例研究专题三个方面综述大会的主要观点。

一、比较管理的研究对象和分析框架

（一）比较管理的研究对象与边界

中国社会科学院工业经济研究所副所长黄速建研究员指出，比较管理学是应用比较管理的方法来探讨世界各国企业管理理论和实践的异同、联系和相互影响，揭示企业发展一般规律和特殊规律的管理学分支。比较管理学的研究经历了从现象的描述到规律探索，从宏观要素归纳到微观要素分析，从单学科研究到多学科交叉融合的发展历程，与其他管理学相比，其预测了非普适性和差异性的管理理论，在不断检验和调试特殊与一般的对立统一关系。

武汉工程大学管理学院吕力教授提出比较管理研究应该建立在人文管理的基础之上，比较管理框架也应注重人文理解，但是基于比较管理的视角对历史文化传统进行分析时，很难用一个纯

[作者简介] 郭斌（1984—），河南洛阳人，首都经济贸易大学经济管理学院博士生，研究方向为企业管理与公司治理。李伟（1980—），山东烟台人，山东工商大学经济学院讲师，首都经济贸易大学经济管理学院博士生，研究方向为企业管理与公司治理。

粹的模型来解释。虽然现在也有一些运用模型的历史研究，比如诺思在经济史的研究中就采用了一个主流的模型，同时也有在史学里使用计量学模型的研究，但历史的主流不是模型，而是采用情境化的分析方法。比较管理正是采用情境化的方法得出结论，所以比较管理还是非常有发展前途的。由于没有采用建模的分析方法，这样比较管理从作为一个学科来说，就有可能被湮没在主流管理之中。

清华大学经济管理学院博士后关鑫尝试运用企业商业模式的概念模型，分别从比较的主体、活动域和核心问题三个维度对比较管理的研究对象进行界定，并指出：在明确研究主体与管理情境的前提下，比较管理研究关注的核心问题就是"不同的管理情境下，企业间管理模式显著差异的形成机理"。然后根据比较管理研究的基本特征和"不同情境"约束，分别从概念边界和理论边界两个方面对比较管理研究边界进行了较为系统的阐释。最后还明确指出比较管理在本质上是一种典型的解释性研究。

（二）比较管理的分析框架

西北大学工商管理学院刘文瑞教授认为比较管理研究是对管理思想的比较，采用比较研究的方法对管理思想发展有着重要的意义，主要包括：①改变以往的线性思维方式，通过不同的管理思想的比较可以建设出不同的思维网；②在管理讨论中，对立的分析范畴（建构与演化、实证与规范、范式与证伪）可以通过比较相互兼容；③不同的知识类型（显性与隐性、具体与抽象、感性与理性）可以通过比较互为补充、互为改进；④学术共同体的发展，如队伍、知识、工作等领域的分化组合，都可以在比较中获得更多的认同；⑤推动学科的进步，促进管理效益的改善和理论的发展变化。

首都经济贸易大学工商管理学院康玉梅副教授将法默—里奇曼的分析框架和孔茨的分析框架对比后发现：两者都注意到了管理环境、管理系统和管理效果之间的关系，不同之处是法默—里奇曼分析框架突出环境的影响，而孔茨分析框架进一步考虑管理的可移植性。比较管理研究分析框架的要素选择标准应具备相关性、可比性、动态性和可操作性。康教授提出框架构成要素可分成三类：管理环境要素、管理系统要素、管理效果要素，而且在每个构成要素下又细分为若干指标。最后将这三种要素的关系以模型的方式表达出来，建立起比较管理研究分析框架和管理的移植程序，通过两个分析框架共同组成一个完整且具有可操作性的比较管理研究框架。

二、比较管理的研究方法和分析视角

（一）社会学研究方法

将社会学方法应用于比较管理研究是本次会议讨论中的一个突出特点。清华大学人文社会科学学院罗家德教授发现自 20 世纪 70 年代以来在组织管理与公共管理学界出现了一系列治理理论，其中包含许多自组织治理理论，在组织管理学界称其为网络，而在公共管理学界称为社区或社群。罗家德教授综合上述理论提炼出：①自组织是市场与层级之外的第三种治理机制；②任何治理结构都应该混合层级、市场与自组织三种治理；③不同情境需要不同的治理结构，会有所偏重，但必须有所平衡。提出不能总称为社区或社群。罗家德将这些理论提炼是在市场与政府间讨论，公共管理或总是在市场与层级间讨论组织管理，而对自组织这种治理机制不够重视，好的治理应该是平衡的治理。

天津财经大学副校长于立教授借鉴马斯洛的“需求层次论”提出了“管理层次论”。他将管理分为低、中、高三层，其中低层对应着管事职能、中层包括建制职能和用人职能、高层对应立言职能，此三个层次（四项职能）即为管理层次论的总论。对管理层次总论还可以进一步划分成多个方面，从而形成管理层次分论，其中最基本的是普适与例外、柔与刚、情商与智商三对关系。管理层次总论与分论之间的关系可以认为是所谓的“一生二，二生三，三生万物”，而其他关系（如艺术与科学、高人重道与常人重术、文武德法之道）大体上可以认为是次生的，属于“万物”层次范围之内。管理层次越高越讲究虚，层次越低越讲究实，即“上虚下实”。

《中国工业经济》副主编李海舰研究员对我国社会进行分析后提出“上位解”（不等式思维）和“下位解”（等式思维）的概念，然后分别从国学、企业运作、日常生活三个方面对这两个概念进行比较分析，如国学中，“虚”与“实”的关系、“软”与“硬”的关系、“柔”与“刚”的关系、“动”和“静”的关系和“无”与“有”的关系；在企业运作中，选择与努力的关系、做得对与做得好的关系、作势与做事的关系、能力与资源的关系和经营与管理的关系；在日常生活中，文化与知识的关系、品位与品质的关系、气质与素质的关系、搬家与搬山的关系和中医思维和西医思维的关系，以此概括出从“下位解”向“上位解”发展的多种路径。

山东工商学院经济学院院长刘冰教授基于社会学视角下对权力理论进行综述，首先通过对大量文献的梳理和总结，把权力理论分为国际权力理论、国家权力理论、公共权力理论、组织权力理论、个人权力理论和软权力理论五个方面。然后得出以下结论：国家权力的三个方面本身都属于公共权力的范畴；软权力理论不但适合于解释国家与国家之间的关系，对于组织和个人的关系分析也同样适合；组织权力理论不但能够应用于企业，也适合于政府及其他各个机构；公共权力理论的研究对象曾被认为只是一个国家内部的公共事务，但现在国际性公共事务也被完全纳入到公共权力理论的研究范畴之内。

（二）比较管理的分析视角

1. 文化视角

西交利物浦大学执行校长、英国利物浦大学副校长席酉民结合本人与一些外国人接触后的体会总结出：①西方管理是计划，东方管理是多变；②西方是清晰具体，东方是模糊笼统；③西方对责权利界定得非常清楚，东方是无限延伸；④西方重分析，东方重整体。这些区别是由于思维方式不同造成的，所以应该更多关注嵌入性的、具有隐含知识的、有些是需要现场参与的、实践的、用于洞察反思的、只有观察才有可能揭示出来的情境，而不是简单的、类似文本的那种情境，然后强调应基于这种情境化的分析视角对管理理论和领导理论进行研究。

首都经济贸易大学工商管理学院崔佳颖副教授和美国莱特州立大学 Raj Soin 商学院信息系统与运营管理系 Shu Schiller 助理教授的研究旨在调查沟通渠道（面对面沟通和即时信息沟通）与沟通开放度之间的关系，并说明文化（以中国与美国间的文化比较为例）对沟通渠道与沟通开放度的调节作用。经统计分析发现：因为中国和美国两个国家间的文化不同，导致沟通渠道对沟通开放度的调节强度也是不同的。在面对面沟通时，美国员工间的沟通比中国员工间的沟通更开放，尤其是平级之间的沟通更是如此，但是当使用即时信息进行沟通时，中国员工在下行沟通、平行沟通和上行沟通方向上都明显比美国员工的开放性要强。

沈阳建筑大学管理学院杨兆宇教授把企业文化看做刚性文化和柔性文化的配合体，从仿生学角度出发，形象地将刚性文化命名为“狼文化”，柔性文化命名为“羊文化”。其后说明：在任何一个企业当中既不存在绝对的“狼文化”，也不存在绝对的“羊文化”，而是同时包括这两种类型的文化。在以狼性为主调的企业文化中，肯定能找到羊性的文化元素，反之亦然；两种文化间不存在哪个更好的问题，管理者的使命是根据企业所处的市场环境，在“狼文化”和“羊文化”之间找到适合企业发展的“黄金配比”，而且这个“黄金配比”的选择是随着企业发展和市场环境变化而不断变化的。

2. 生物学视角

江西财经大学胡大立教授总结了与企业成长战略相关文献后发现：大多文献都以企业内部条件及外部环境的分析视角为主，而基于企业生态系统及生态学理念视角对企业成长战略研究的文献较少。因此，他借用生物生态学的理念，基于生态位的视角来解释企业内涵，然后对企业间的生态位关系进行比较分析，推出具有不同生态位企业的成长路径选择也是不同的。并以腾讯公司作为实际案例对基于生态位的企业成长路径选择进行实证分析得出：腾讯模式并不是所有企业都能模仿成功的，其生态位的扩展靠的是广大的市场资源。企业生态位涉及一系列与企业自身能力有关的因素，在未能认清企业的基础生态位时，不能任意扩展企业的生态位范围，否则会使企业间的竞争加剧；当然，产业和行业是在不断地升级和扩展的，企业生态位的边界也不是一成不变的。管理者可以重新界定企业个体的边界，完全不必在一个给定的空间内进行激烈的竞争。

3. “势”科学视角

西安交通大学实证社会科学研究所李德昌副教授将物理学的发展划分成三个阶段：直观阶段、分析归纳阶段和理性阶段；类似地，将管理学的发展划分为直观管理阶段和分析归纳阶段。首先，在探索物理、伦理、管理三者间的内在联系和比较演绎时，李教授发现人性和自然界普遍存在着“二律背反”规律，以及在物质作用与信息作用中自然界同时体现出来的对称性机制，并在此基础上提出以信息作用为核心条件，以物质作用为辅助条件的“对称化管理”理论。其次，通过以相对论中由于引力不均匀所导致引力空间弯曲的现象，隐喻信息化、社会信息不均匀所造成的信息空间弯曲和分形的现象，解释了局域对称化管理是如何从有形的管理模式转变成为无形的管理模式、从有界的文化场管理转变成为连续的文化场管理。最后，李教授将这种管理对称性的产生、发展及演化机制定义为势科学机制。

4. 创新网络视角

山东大学管理学院院长徐向艺教授认为合作创新是一种突破传统企业边界的外部技术协同活动，根据其参与主体的不同可以分为产学研合作创新和企业间合作创新两种类型。这样通过比较管理“环境比较+系统内比较”的基本思想可以构建普遍适用于合作创新领域的比较研究分析框架，随后通过选取三省两市的31组典型样本，对比分析了两类合作创新类型的差异。该研究发现：产学研合作创新中，参与合作的企业数量越多，其合作创新的绩效就越差，参与企业数量与合作创新绩效呈倒U形关系；在企业间合作组织中主导企业的规模越大，合作创新的绩效就越好；产学研合作创新比企业间合作创新更需要政府的支持，而企业间合作创新比产学研合作创新要求更高的客户参与度。最后徐教授建议在企业对两种合作创新模式进行选择时，可供参考的标准是主导企业的规模，如果主导企业规模较大，则更适合选择产学研合作创新模式；反之，则更适合选择企业间合作创新模式。

5. 知识性资源视角

南京大学经济学院副院长沈坤荣教授以“经济理论将管理要素作为生产四要素之一”为根据，选择企业家知识溢出的分析视角，来说明管理要素在中国经济增长中的作用和贡献。他从理论上将管理要素界定为一种知识性资源，并结合其报酬递增性和累积性的特征，发现了管理要素的投入过程就是技术进步的一种实现机制。在这种非物化的技术进步中，资本、劳动要素的产出弹性变动和管理要素变动之间存在着规律性的联系。所以，在实证分析中将企业家类型和管理能力禀赋引入到人均生产函数中，利用我国省级面板数据分析了中小企业家数和大企业家数在人均生产量中的贡献，结果表明中小企业的人均经济贡献低于大企业，但中小企业对我国经济总量的贡献（60%）大于大企业对我国经济总量的贡献（40%）。上述差异的原因是：在使用人均利润水平表示企业家能力大小的假设前提下，中小企业的经营管理效率明显低于大企业，由此可以推断中小企业家的经营管理能力也明显低于大企业的经营管理者。最后，沈教授建议政府要力促中小企业的企业家向优秀企业家转变，切实提高中小企业家的能力，以此促进我国的经济总量不断增长。

三、比较管理案例研究专题

（一）资源配置管理方面的案例分析

以医疗资源配置管理为例，香港理工大学公共政策研究所邱小丹研究员借鉴数据包络分析（DEA）与 Malmquist 生产率指数相结合的方法，采用医疗卫生资源配置效率指数（HEC）和医疗卫生资源配置管理技术进步指数（HTE）作为主要指标对 1997~2008 年中国深圳与香港医疗卫生服务领域的资源配置水平进行动态评估，发现深圳的配置效率和效益均低于香港，主要表现为要素利用效率较高，但产出水平没有相应增长，技术进步也没有可持续性；而香港的配置效率水平维持较好，虽然要素利用效率不及深圳，但综合效益较高。在健康科学领域，通过研究深圳和香港两地医疗卫生资源配置管理技术的动态比较，为那些利用医疗卫生资源来提升管理技术进步的决策者提供政策建议与理论参考。

（二）企业管理模式方面的案例分析

东北财经大学工商管理学院院长高良谋教授指出鞍钢宪法是对马钢宪法的批判，即技术表演竞赛是一种混杂了泰罗主义、后泰罗主义以及自我泰罗化的管理制度；“一条龙”协作赛具备自组织管理的雏形；技术研究小组具备团队生产的萌芽形态；职工代表大会制度则是代议制民主在企业管理中的一种体现。鞍钢宪法的解放意蕴包括：技术表演赛和三结合小组通过个人与团体的持续创新，打破了僵化的理性主义的束缚；干部参加劳动、工人参加管理，工人、干部、技术人员三结合原则打破了管理三大主体之间对立的紧张关系；“一条龙”协作赛则打破了部门边界的束缚；职工代表大会则增加了工人决策自主权以及决策的执行力度。最后总结出鞍钢宪法是对劳动分工、责任分割、等级化控制等西方主流管理理论中片面弘扬工具理性，以及其导致人性在生产中异化的批判和超越。这些批判与解放意蕴正是鞍钢宪法和其他管理模式相比的独到之处，也是构建中国特色企业管理理论的重要思想资源。

沈阳航空航天大学经济与管理学院院长赵冰梅教授首先对中外家族企业的发展做了详细的评述，其次对中美日家族企业全力传承模式进行对比分析得出一些对中国家族式企业发展的启发性建议，同时结合该模式的驱动因素对中国家族企业权力传承模式的路径探索，揭示出短期内应继续以家族内继承为主，辅以职业经理人的继承制；中期来讲，家族创业者应逐渐退出，并选择让子女继承的传统模式；对于长期来说，应该采取家族企业股份制的形式，通过上市实现股权的逐渐分散。综合可得，未来家族企业发展的最终实现形式是将家族企业转化为大众持股的公众公司。

（三）公司治理模式方面的案例分析

辽宁大学国际关系学院孙丽教授认为中、日、韩同属东亚国家，中国与日本、韩国在地理位置上相互接壤，三个国家的历史背景也比较相似，传统文化也较为相近。中、日、美三国的上述相似点使得相对于英、美等西方先进国家的外部公司治理模式来说，中国对日、韩的公司治理模式具有较大的认知性，这就为中、日、韩三个国家的公司治理模式比较设定了一个较为统一的环境。在该环境下，基于传统文化的视角分别从公司的经营体制、经营者激励约束和内部人控制制度三个方面比较了中、日、韩三个国家的公司治理模式，为我国国有企业的改革与发展提供可行性建议。

首都经济贸易大学杨莉指出欧盟各成员国的公司治理制度可以归纳为盎格鲁—美国式（以市场为基础）治理模式和德国（以关系为基础）治理模式，然后基于两种主要治理模式的基础假设和跨国公司的治理环境来探讨分析哪种治理形式比较适用于欧盟跨国公司。从欧盟各方关于《要约收购指令》的斗争中就可以看出：随着世界经济日益向一体化方向发展，就需要各个国家的企业能够寻找到一个可以解决盎格鲁—美国式治理模式和德国治理模式之间制度冲突并弥补两个模式之间核心差异的方法。虽然有些跨国公司倾向于在一体化过程中选择盎格鲁—美国式的公司治理模式，但通过研究发现德国公司治理的“关系型模式”在跨国公司内更适用。

（四）市场营销策略方面的案例分析

在资本市场的营销行为研究方面，南开大学公司治理研究中心马连福教授采用对比案例研究的方法，选取贵州茅台和五粮液两家在产品市场上表现相当，但是资本市场上表现不同的上市公司作为研究对象，并借鉴了吸引投资者营销模型（科特勒）和投资者营销模型（西蒙），对这两家公司资本市场上的营销行为进行了对比分析，发现两家上市公司在资本市场都开展积极的公司营销活动，但是两者在资本市场定位以及投资者关系管理方面存在一定的差异。然后，马教授将这种差异进行深入探讨，去除两个营销模型的缺点，综合各个模型的优点，重新构建了资本市场公司营销模型，使其更适应现在的资本市场环境。

在市场营销策略的研究中，沈阳理工大学经济管理学院副院长孟越副教授通过阅读日本学者山本学的专著《前进中的资生堂》后，发现资生堂在中国市场的成功实际上可以运用比较管理的基本理论进行解释。例如，资生堂在中国市场战略上的成功就是应用比较方法进行准确的市场定位获得的，其比较了中国市场与日本本土市场的区别与相似处，然后将日本和中国两个市场目标进行区分和综合，最后提出具有针对性的中国市场战略。但是资生堂的中国市场战略并不是一成不变的，而是随着市场环境的变化，及时对其进行调整，以保证实施战略的有效性和正确性。

（五）人力资源管理方面的案例分析

上海理工大学管理学院李好好教授对战后德国的人力资源管理理念进行分析，发现其经历了五个阶段，分别为行政化阶段、机构化阶段、人性化阶段、经济化阶段和企业家导向阶段。进入21世纪以后，德国企业人力资源管理环境（包括就业人口结构、全球化市场、社会价值观、成本压力、信息化、社会责任深化等方面）不断发生变化，人们对企业中人力资源管理（人事部的作用和人事部经理的工作）的认识也相应深化。李教授通过对中德企业在员工招聘、培训和绩效评价等方面进行对比分析后，就是否成立类似于德国应用科技大学的高等院校，以及是否引进德国双元制人力资源管理模式等问题提出自己的看法，即我国应该成立类似于德国的应用科技大学以及双元制的人事管理制度，而且要改革中国的教育体制，将培养高素质劳动力提高到企业作为“公民”应该履行社会责任的高度。

（六）研发管理体系方面的案例分析

首都经济贸易大学工商管理学院赵华指出，近年来中国汽车市场迅猛发展，截止到2009年中国汽车产销量已经超过美国，跃居世界首位。但是，国产汽车质量投诉不断增多、召回制度尚未完善、研发水平比较落后等问题一直未能得到有效解决，特别是发生于2010年初的丰田汽车大规模召回事件更为中国汽车产业敲响了警钟。通过分析发现丰田危机的症结在于研发设计与质量控制方面的缺陷，以及丰田精益开发体系中隐藏的漏洞，揭示了中国汽车工业发展中存在的相似问题。然后作者提出中国汽车企业应该提高自主研发能力，并且中国本土供应商也应建立自己的零部件体系，将质量放在第一位。

四、结　语

第三届全国比较管理研讨会是我国管理学界的一次盛会。比较管理研究于20世纪50年代末兴起，20世纪80年代后形成高潮，其后逐渐归于沉寂。近十年来，随着中国经济的发展，“中国模式”为世人瞩目，中国管理本土化研究也随之蔚然成风。在席酉民教授等一批学者的倡导和主持下，自2008年3月开始，“管理学在中国”学术研讨会至今已举办三届，为推进中国管理本土化研究作出了卓越的贡献。在此背景下，国内一批学者于2009年5月开始在南昌和南京连续召开两次全国比较管理研讨会，以期从国际比较分析的视角推动管理本土化研究。同时，试图在管理学界重新燃起比较管理研究的热潮。本次研讨会以“比较管理的演化理论、方法及案例分析”为主题，意在探讨如何将演化理论引入比较管理研究领域，历史地、动态地揭示不同国家企业管理的差异性及其形成和演进机理，重振比较管理研究的学术魅力。本次研讨会的成功召开必将有力地推动我国的比较管理研究，为我国的比较管理研究走向国际管理学术舞台奠定更为坚实的基础。

Recent Developments in Comparative Management Research

——The Third Academic Symposium of Comparative Management in China 2010

GUO Bin，LI Wei

(School of Business Administration，Capital Economics and Business University，Beijing，100070)

Abstract: The paper introduces the initiation，main topics and viewpoints of the participating scholars of The Third Academic Symposium about Comparative Management in China 2010，and reviews three kinds of monographic study on the research framework，methodology and case studies of the comparative management research.

Key Words: Comparative Management；Evolutionary Theory；Research Methodology；Case Studies

《战略管理》征稿启事

《战略管理》（JOURNAL OF STRATEGIC MANAGEMENT）是在海内外知名专家、教授的参与和支持下，由经济管理出版社出版的国内第一本专门刊载企业战略管理研究最新成果的专业性学术刊物。

1.《战略管理》的办刊宗旨

刊物致力于推动企业战略管理理论，特别是中国企业所面临的战略问题的高层次研究。其使命是：通过凝聚海内外战略管理研究力量，在企业战略管理领域中推出一批理论领先、方法规范，具有重要理论贡献和实践意义的学术论文，以促进企业战略管理研究的发展，特别是中国本土战略管理学派的发展。刊物提倡学术面前人人平等，鼓励学术争鸣，倡导多元文化并存，反对学术霸权，优先发表原创性的、见解独立的研究成果。

因此，不管是定性的还是定量的论文，我们都要对其进行以下方面检验：文章是否聚焦于企业战略管理研究；文章所提出的问题是否具有重要的理论和实践意义；文章的研究方法是否得当，证据能否支持文章核心命题；文章的结论是否具有独特性和启发性，是否具有说服力；等等。

2. 稿件的范围与类型

刊物追求原创性、理论化和多样性。刊物的目标读者群为从事战略管理问题研究和教学的科研人员、教师、研究生，以及企业界的相关人士。刊物开设的一级栏目包括：主编寄语、理论综述、学术评论、战略思维研究、企业环境研究、战略制定研究、战略实施研究、战略创新和变革研究、跨文化战略比较研究等；二级栏目主要包括：环境变动、产业演化、战略使命、战略意图、竞争能力、业务战略、多元化战略、并购与重组战略、国际化战略、战略联盟、公司治理、战略领导力、组织结构和控制、战略创新、组织变革等。

3. 稿件的格式与处理程序

稿件字数不得低于 8 千字，一般不超过 12 千字，中英文均可。稿件应提供中英文题目和摘要、作者简介、通信地址（包括电子邮件、联系电话等）以及参考文献。文稿表达要简明扼要，所列参考文献不宜过多，要用有代表性和权威性的资料。稿件的具体格式要求请参考“战略管理杂志网络”的投稿指南。

本刊对于所有稿件，包括特约论文都采用双匿名审稿制。我们会在接到邮件后及时提供反馈，并在文稿收到后 12 周内做出稿件处理决定。无论稿件是否被录用，刊物都将向作者提出反馈意见，以期促进学习交流，提高研究水平。

为便于稿件审阅和处理，刊物只接受电子版文稿，WORD 图表应另附在文章后。

电子邮件：NJUZXH@YAHOO.COM.CN，SGP110913@163.COM

联 系 人：申桂萍　张永美

联系电话：（010）63320521

《战略管理》编辑部

《人力资源管理评论》征稿通知

近年来，我国人力资源管理学科和学术研究发展迅速。从事人力资源管理研究的人员数量逐步增加，研究水平也逐步得到提高。此时，我们迫切需要一本展现学者研究成果、联结海内外人力资源管理学界并且与国际惯例接轨的学术期刊。基于此，南京大学商学院于 2010 年正式创办《人力资源管理评论》杂志（由经济管理出版社出版发行），致力于把本刊办成国内最权威、国际有一定影响力的人力资源管理专业领域学术刊物，推动海内外的人力资源管理学术研究及学术交流，为人力资源管理学者提供沟通、交流和研究成果发表的平台。

目前，《人力资源管理评论》关注于人力资源管理的各个研究领域，并接受组织行为学、应用心理学等和人力资源管理结合较为紧密的学术研究成果。本刊倡导严谨的学术作风，鼓励采用与国际学术惯例接轨的、规范的管理学研究方法。特别鼓励并欢迎瞄准人力资源管理学科前沿科学问题的基础研究和应用基础研究，重视理论创新和新知识发现与创造的研究，重视通过实证分析、案例研究与现场观察实验研究相结合的科学积累与发现的研究，重视从中国管理实践中凝练科学问题，开展有潜在社会应用价值的研究。

欢迎海内外学者不吝赐稿。本刊的编辑政策为：①2010~2011 年为半年刊，出版时间为 2010 年 12 月、2011 年 6 月和 12 月；从 2012 年开始，本刊改为季刊，分别在 3 月、6 月、9 月和 12 月连续出版。②本刊为中文刊物，暂不接受英文论文。③作者的投稿应是未在其他期刊或论文集中公开发表过的作品，请在来稿中明确说明所投论文系专投稿，不存在一稿多投问题。④采取编辑部初审、专家匿名复审、编委会终审的评审机制，评审结果将在收到稿件的三个月内通知作者。⑤稿件如被录用，会通知作者按照本刊的编辑体例做最终的修改定稿。⑥本刊不收取任何形式的审稿费和版面费。

排版格式要求：参见本刊投稿须知（http://nubs.nju.edu.cn/research.php/R）。

本刊的联系方式为：江苏南京汉口路 22 号，南京大学商学院《人力资源管理评论》编辑部，邮编：210093；E-mail：jhrm@nju.edu.cn；电话：025-83621285，83621051。

《人力资源管理评论》编辑部

《比较管理》征稿启事

比较分析历来是管理学研究的重要方法。然而，从泰罗创立科学管理至今，比较管理分析范式的学术著作和经典文章几如凤毛麟角。比较管理分析的理论范式亟待建立。特别是，在全球经济正在走向衰退的今天，从比较分析的视角高屋建瓴地研究不同国家的企业管理问题，为促进经济增长和企业家决策提供理论支持，显得更加必要和紧迫。《比较管理》作为一本专业特征鲜明的学术期刊，在这样的时代背景下应运而生。

《比较管理》以刊登原创性的理论构建文章、实证研究（包括数理分析和案例研究两类）文章、学术思想评论文章及理论综述文章为主，并特别强调文章内容的前瞻性、学术性和现实性。《比较管理》的办刊宗旨是为从事比较管理研究的理论工作者、广大高校师生以及企业管理精英搭建起一个良好的互动交流与学习平台，并积极致力于持续提升我国管理理论的研究实力，大力推动我国管理学理论与实践的进步。

《比较管理》现向广大读者征集稿件，具体要求如下：

一、论文的选题范围（论文选题可参照以下四方面，但不局限于此）

①经济衰退与企业管理方式；②比较管理理论、范式与方法；③比较管理实践；④各类专题比较。

二、论文的学术规范

所有作者必须严格遵守学术精神，保证提交论文的原创性，杜绝一切抄袭行为和一稿多投行为。《比较管理》极为强调论文的思想性，同时兼重研究的规范性。所提交的论文应从比较研究的视角，用比较分析的方法去解释企业管理问题。此外，行文应采用规范的经济学和管理学语言，务求简洁、准确，而且鼓励采用实证研究方法。

三、字数要求

本刊对文章的长度有一定要求，一般每篇论文字数至少应在一万字左右，理论综述性论文可酌情控制在两万字左右。

四、版权声明

稿件一经《比较管理》刊用，其出版权即归本刊所有，作者若需要转载或在出版物中使用，应书面征得《比较管理》编辑部的授权。作者享有著作权。

五、投稿方式

征文采取网上投稿方式，请将来稿发至 bijiaoguanlibjb@163.com，并注明“《比较管理》征文，关鑫收”即可。

我们真诚地欢迎比较管理领域内各类论文投稿！

《比较管理》编辑部

图书在版编目（CIP）数据

比较管理. 2011.1/高闯主编. —北京：经济管理出版社，2010.12

ISBN 978-7-5096-1219-4

Ⅰ. ①比… Ⅱ. ①高… Ⅲ. ①比较管理学 Ⅳ. ①C93-03

中国版本图书馆 CIP 数据核字（2010）第 245359 号

出版发行：经济管理出版社

北京市海淀区北蜂窝 8 号中雅大厦 11 层

电话：(010)51915602　　邮编：100038

印刷：徐水宏远印刷有限公司　　经销：新华书店

责任编辑：张永美　赵伟伟

技术编辑：杨国强

责任校对：超　凡

880mm×1230mm/16　　9.5 印张　　249 千字

2011 年 1 月第 1 版　　2011 年 1 月第 1 次印刷

定价：20.00 元

书号：ISBN 978-7-5096-1219-4